禮學研究的諸面向

葉國良 著

國立清華大學出版社
中華民國九十九年十二月

目　次

自 序

　　筆者為研究生時，從屈萬里先生治經學史，從孔德成先生研究《儀禮》、《禮記》與金文、殷周青銅彝器，由屈師指導碩士論文《宋人疑經改經考》，孔師指導博士論文《宋代金石學研究》。其後專研歷代石刻，著有《石學蠡探》、《石學續探》二書；間亦撰寫經學論文，二〇〇五年十一月由國立清華大學出版社印行《經學側論》，收入論文十篇，包括《易》、《詩》、禮、經學史四部分，其中以與禮學相關者四篇佔最大部分：〈二戴《禮記》與《儀禮》的關係〉、〈介紹宋儒林之奇的《大學》改本〉、〈先秦古禮書研究之反思——以晁說之《中庸傳》之寫作動機與影響為例〉、〈郭店儒家著作的學術譜系問題〉，這自然和筆者受教於孔師最久有關。

　　最近幾年，筆者的經學研究集中在禮學，本書收入近六年從較新的各種角度研究禮學的論文十五篇，所以名為《禮學研究的諸面向》。依其議題分為三篇。上編，以《儀禮》為研究對象，共五篇。中編，討論與《禮記》相關的新議題，包括朝鮮的《禮記》學，共七篇。下編，探討儀節研究的諸方法，共三篇。以上各篇出版時間錯落不一，彙整為本書時，間有修改增刪，讀者察之。

　　《儀禮》一書，各篇雖是孔子以後陸續撰成，但其中所載多屬西周以來曾經實行之禮典，乃是研究西周文化最重要的傳世典籍。其書之分量大於《易》、《詩》、《書》作於西周的部分，其可信度和價值高於《周禮》，敘述行禮過程的完整性超過西周金文，在文獻不足的情況下，顯得彌足珍貴。但《儀禮》自唐代起就漸受冷落，宋元明清四朝更湧現許多誣蔑、誤解《儀禮》的言論，雖然朱子起草《儀禮經傳通解》，重新賦予禮書中最重要的地位，但研讀此書的人日漸減少，於是抱著某些門戶之見或政治目的的學者，遂

能利用絕大部分人未讀此書的情況予以扭曲解釋。民國以來，學界標榜出土資料的價值，研究西周文化，寧用金文而捨此書，研治此書者屈指可數，而其學術價值更是隱晦不彰。本書上編的五篇文章，針對這種狀況提出筆者的淺見。前兩篇的寫作目標在適如其分的反映《儀禮》一書的性質和原有的面貌，釐清混淆視聽的言論。後三篇選擇三種對《儀禮》有傑出研究成果的著作予以評論，目的在表彰《儀禮》的內涵，兼有提供如何閱讀和研究方法的寓意。

第壹篇是〈駁《儀禮》為孔子手定完書說及其延伸之新道統說〉。本文承續舊作〈二戴《禮記》與《儀禮》的關係〉之觀點，堅持《儀禮》本非結構完整的著作之漢人舊說，且主張各篇亦非同一人所作，以反駁邵懿辰、康有為視《儀禮》為孔子手定完書的今文家偏見。文中先指出此種言論的來源與發展，說明今文家欲藉孔子訂禮的論述以其新道統說取代程朱道統說的企圖，再進而指出今人將郭店儒家著作附會邵、康之說的根本錯誤。因而本文可視為舊作〈二戴《禮記》與《儀禮》的關係〉與〈郭店儒家著作的學術譜系問題〉二文的引申版。附帶一提的是，關於邵、康及近人所持的說辭，學者不妨從思想史的脈絡去理解，本文係從經學與文獻的角度予以評論，讀者察之。

第貳篇是〈論《儀禮》經文與記文的關係〉。本文反對沈文倬先生所提《儀禮》同一篇的經文和記文是同一人所作的主張，認為此種主張誤判《儀禮》的成書過程，也將影響讀者對文本的正確解讀。本文深入分析《儀禮》文本，主張各篇雖有相近的修辭風格，但沒有固定的寫作體例，各篇不僅非同一人所作，而且同篇的經文和記文也非同一人所作，甚至各自還有累增的現象。因而記文固然可視為經文的詮釋之一，但不必然需要遵從。在論證過程中，筆者也批判了盛世佐《儀禮集編》將部分經文移為記文的作法。

　　第參篇是〈關於劉敞的四篇禮「義」〉。劉敞《公是集》中收錄四篇關於禮「義」的文章：〈士相見義〉、〈公食大夫義〉、〈致仕義〉和〈投壺義〉。朱熹《儀禮經傳通解》將〈士相見義〉附〈士相見禮〉後，〈公食大夫義〉附〈公食大夫禮〉後。吳澄《儀禮逸經傳》、《禮記纂言》亦主張取〈士相見義〉、〈公食大夫義〉為《儀禮》〈士相見禮〉、〈公食大夫禮〉的「傳」，足見朱熹和吳澄都認為劉敞將〈士相見禮〉、〈公食大夫禮〉詮釋得很好。本文逐一分析四篇「義」的宗旨，探討其根據和優缺點，指出〈致仕義〉是一篇時政論，而非詮釋「禮」的「義」，自然不為朱、吳所取，至於不取〈投壺義〉，則是各該書的體例考量。〈士相見義〉修正《白虎通》的詮釋，又根據《孟子》有所補充，可讀性高。〈公食大夫義〉詮釋的是廣義的食禮，並非只針對〈公食大夫禮〉而作，朱、吳視之為〈公食大夫禮〉的「傳」，並不十分恰當。

　　第肆篇是〈論凌廷堪的《禮經釋例》〉。凌廷堪《禮經釋例》總結歷代以禮例研究《儀禮》的成果，並在精神上反對理學，亦即其著書宗旨有此兩個面向。本文先分析此書對禮例研究的貢獻和缺點，企圖指出改進之道；文末餘論則討論今人用「以禮代理」一詞概括凌氏之學是否恰當。

　　第伍篇是〈劉師培《禮經舊說》的寫作宗旨與詮釋上的問題〉。《禮經舊說》是劉師培生命最後八年的力作，著書宗旨在收集並討論鄭玄作《儀禮注》以前的漢人舊說。劉氏先整理舊說，再判別各屬於今文說或古文說，然後擇善而從，提出個人的特殊見解。本文指出此書之作，除有家學淵源外，和其入川後接觸廖平有關，但取徑與廖平完全不同，應是有意導正當時的學風。至於劉氏之研究方法和見解，本文有所表彰，亦有評論。

　　本書中編，包括第陸篇到第拾貳篇，共七篇，討論的是和《禮

記》相關的新議題。筆者在《經學側論》中，對〈大學〉、〈中庸〉及他篇有所論列，本編更擴大範圍，兼及「曲禮」的發展史和朝鮮儒者之《禮記》學。本書第陸、柒、捌篇，以「曲禮」的內涵和所衍生的相關著作為討論中心。第玖篇，討論公孫尼子與〈樂記〉的關係，以釐清近人若干錯誤的言論。第拾、拾壹、拾貳篇，討論朝鮮學者權近、金在魯與丁若鏞的《禮記》著作，是筆者在「東亞經學」、「比較經學」概念下的嘗試，選擇三氏著作，乃因其書代表朝鮮《禮記》學的三種典型，其書或全以性理學角度立論，或參酌漢唐注疏與韓儒之說，或對華夏學者多所批判，值得再批評。以上七篇論文，涉及的《禮記》篇章主要是〈曲禮〉、〈內則〉、〈少儀〉、〈玉藻〉、〈檀弓〉、〈禮運〉、〈樂記〉、〈學記〉等。

　　第陸篇是〈《論語》中的「曲禮」論述及其影響〉。本文強調「曲禮」教育源遠流長，乃是國人獲得教養的主要來源，若探討其源流，應從《論語》開始，而不應從《禮記·曲禮》開始。文中申明《論語》所見「曲禮」論述，其內涵與表達模式影響了上起先秦下至民國的此類著作，包括出土文獻在內。

　　第柒篇是〈戰國楚簡中的「曲禮」論述〉。本文整理並分析郭店、上博兩批出土戰國楚簡中的「曲禮」論述，證實其內涵與表達模式確與《論語》一致，印證了第陸篇〈《論語》中的「曲禮」論述及其影響〉一文的觀點，文末並以兩批楚簡「曲禮」論述之豐富推論戰國中葉時北方禮學已相當完整地傳到楚地。

　　第捌篇是〈從「小學」論述看朱子禮學思想的轉變〉。本文指出朱子《小學》一書的內容，是「灑掃應對進退之節，愛親敬長隆師親友之道」，乃其六十歲以前對「小學」教育的觀點。但六十歲以後，則只符合其所認定的「曲禮」內容，而不能含蓋「小學」內容的全部，因為朱子六十歲以後認定的「小學」教育還包括「禮樂

射御書數之習」，亦即其所編纂《儀禮經傳通解》的內容。此一內容上的轉變，研究朱子晚年思想者應予重視。

第玖篇是〈公孫尼子及其論述考辨〉。《禮記》中曾被指為孔門後學公孫尼子所作的有〈樂記〉和〈緇衣〉兩篇，但沒有定論。近年因郭店、上博戰國楚簡的出土，再度引發該兩篇作者屬誰的討論，且牽涉到戰國儒家各派思想譜系的認定問題。由於〈樂記〉是理學家的重要依據之一，〈緇衣〉也曾被指稱出自子思，因而需要認真研判。本文認為組成〈樂記〉的十一小篇，只有〈樂化篇〉可以肯定出自公孫尼子，其餘十小篇的來源和時代恐怕頗為分歧。至於公孫尼子學說之可知者，有情性說、養氣說和樂論三部分，且三部分可以互相印證，並和〈樂記〉若干小篇、郭店〈性自命出〉、上博〈性情論〉說法相通，而和〈緇衣〉無任何交集。易言之，公孫尼子沒有屬於今人所謂「思孟學派」的跡象。

第拾篇是〈韓儒權近《禮記淺見錄》評論〉。權近是高麗末期、朝鮮初期具影響力的朱子學學者，其經學著作被稱為「朱子學式經學」。《禮記淺見錄》是其《五經淺見錄》中的一部，受到朱子《大學章句》、《中庸章句》及《儀禮經傳通解》的影響，對《禮記》各篇或區別經傳，或重編章節，或論辨內容之可疑者。權氏之意見，係從性理學的角度出發，本文則站在現代華夏學者的立場，檢驗其作法是否符合古文獻之本真，考察其企圖是否達成，探討其論辨是否持平。由於《禮記》卷帙浩繁，本文僅選擇權說中具有代表性的〈檀弓〉、〈禮運〉、〈樂記〉、〈學記〉四篇進行探討，基本上筆者對權說多不贊同。

第拾壹篇是〈韓儒金在魯《禮記補註》研究〉。韓國學界曾認為金書為朝鮮「朱子學式」《禮記》學的最高峰，本文則指出金在魯摒棄權近《禮記淺見錄》區分經傳、崔錫鼎《禮記類編》重編全

書的作法，且不完全從性理學的角度立論，而重視漢唐注疏、文句訓解，頗有「回歸經典」與「復古」的意味，乃是朝鮮從「朱子學式」經學轉向考證學的開拓之作。若與時代稍晚的丁若鏞《檀弓箴誤》相較，丁氏顯得過度自信且錯誤極多，金書則較謹慎持平。

　　第拾貳篇是〈韓儒丁若鏞《檀弓箴誤》平議〉。丁若鏞是朝鮮後期的實學派學者，著述繁多，五經均有論述，而以禮學最富，自稱最喜閱讀〈檀弓〉。其《檀弓箴誤》一書，共一百七十二條，對起漢至清的數十名華夏著名學者進行措辭極端嚴厲之批評，乃是進行「比較經學」研究的最佳個案。本文對丁說逐條檢驗，分別舉出丁說之有理據者、說理未安者、正誤參半者、錯誤者，證明丁氏之批評太過偏頗，並分析其原因有三：一為其對喪禮過程均以「人子不忍死其親」的觀念視之，而忽略「因以飾群」的因素；二為太受元人敖繼公《儀禮集說》的影響；三為未見華夏若干重要禮學著作。

　　本書下編，包括第拾參篇到第拾伍篇，共三篇，寫作宗旨在探討具體儀節的研究方法，目的是企圖突破傳統經學的框架，以新思維去看待古禮的來源與流變，方式是以具體例證的討論，呈現該種研究方法的意義和限制。

　　第拾參篇是〈先秦禮書中保存的古語及其意義〉。本文提醒學者，先秦禮書所見古代禮典之儀節遠比其著成年代早，此點可從禮書中有時使用較著成年代為早的古語去證實；亦即可以用語言的層累現象去說明禮儀的層累事實。全文分四個部分舉例說明：使用西周時期已出現的成語、需要先秦學者特別訓解的詞語、對話中保留的古語、長期使用的敬語。內容則涉及《儀禮》、《周禮》和二戴《禮記》。寫作的目的，在指出禮學終以禮儀本身的研究為最根本，不應受限於所謂「著成年代」。

　　第拾肆篇是〈冠筓之禮中取字的意義及其與先秦禮制的關係〉。

中國古書向來未曾真正討論在三月之名之外何以尚需取字的理由，現代學者自須予以合理解釋。文中先依據西方交感巫術的理論提出假說，再將此假說置於先秦相關禮制中去檢驗。文中就父子、君臣、外交、婚嫁、喪葬、祭祀幾項，一一分析，以證明該假說符合先秦禮制中稱名或稱字的精神，宜可相信。本文寫作的目的，在打破傳統經學中的「聖人制作說」和「大漢沙文主義」，指出許多古禮源自文明未甚進化的遠古時代。

　　第拾伍篇是〈從婚喪禮俗中的異族文化成分論禮俗之融合與轉化〉。本文以南北朝唐宋時代為範圍，討論當時婚喪禮俗中的異族文化成分。昏禮部分，聚焦於唐宋，分就婦家成禮、障車下婿、百子帳、坐鞍、催妝、婿騎馬繞婦車三匝、卻扇、戲弄女婿八項討論；喪禮部分，聚焦於南北朝，分做七七、做百日兩項討論；每項均指出該習俗從何時分別來自北方游牧民族、西南民族或印度，再敘述該習俗在華夏的演變，最後分析該習俗消失或轉化的原因。結論為：凡一民族，若其原本禮俗未能提供空間容納外來禮俗，則無法有效融合。而融合後是否能夠轉化為本民族之禮俗，則視此一民族原本之禮俗是否居於強勢。南北朝唐宋時期婚喪禮俗雖融合不少異族文化成分，但仍以先秦禮儀為骨幹，異族習俗為枝葉，其後並將異族習俗逐漸轉化為具有華夏特色之禮儀，此乃華夏文化能夠傳承不絕且逐漸豐富之原因。本文寫作的目的，在指出古代與近代華夏民族所行禮儀，固多源自本民族者，而亦雜有異民族文化，以呼籲國人多認識古禮，亦應開放心胸去了解或接納異文化之禮俗。就禮學研究言，則指出研究者不應以經部書自限，否則無法了解古禮之流變；若不能了解其流變，終屬無用之學。

　　以上十五篇，雖然分成三編，但在論證上，往往互相呼應，形成內在理路，目標是彰顯古禮書的價值和古禮儀的流變，釐清它

們在各種學術中的定位，並說明它們對當代社會有何啟發。在寫作的過程，筆者有一個隱含的企圖，即希望盡可能的發展出不同或不全同於前人的思考面向，包括研究的議題和方法，以求禮學研究在二十一世紀仍有其新面目，從事這方面研究的意義仍能獲得一定的認同。只是筆者面對學術問題，態度一向比較保守，所以本書如果未能達成原定的企圖，自然要歸咎於筆者才學的不足，尚請各方大雅不吝賜教為感。

二〇一〇年十月二十八日　葉國良

序於孔師逝世二週年

上 編

《儀禮》研究的諸面向

壹、駁《儀禮》為孔子手定完書說及其延伸之新道統說

一、前言

《儀禮》一書，由於漢代列為五經之一，立於學官，影響後世的華夏文化至鉅，這包括朝廷的禮樂制度，以及社會習俗等，這一點是無庸置疑、不必討論的。需要討論的問題是：這部經書的內容反映的究竟是那一個時代的制度？完成於那一個時代？全書出於一人之手？抑或後人將出於不同人之手的諸篇編輯而成？編輯後各篇有無增改的事實？等等問題。因為這些問題將直接影響《儀禮》一書價值的認定，也直接關涉到今人研究周代文化應在何種程度依據該書的問題之上。

漢人並未直接論定《儀禮》一書的作者或著作年代。唐人則以為《儀禮》和《周禮》都與周公的施政有關，孔穎達（574~648）《禮記正義・序》說：「成王幼弱，周公攝政，六年，制禮作樂。但所制之禮，則《周官》、《儀禮》也。」其後，賈公彥（生卒年不詳）《儀禮疏・序》也說：「《周禮》、《儀禮》，發源是一，理有始終，分為二部，並是周公攝政太平之書。《周禮》為末，《儀禮》為本。」孔、賈二人其實並沒有明言二書出於周公的手筆，但都指

明二書記載的內容是周公制禮作樂的記錄，因而孔、賈二人至少認定《儀禮》、《周禮》都是西周的著作。本論文將僅討論《儀禮》。

　　宋代以後，研究《儀禮》的學者對孔、賈二人的看法提出不少質疑和批評。有的否認此書為周公作，有的認為是春秋戰國時書（註1），有的認為作於戰國末年，（註2）其目的在貶低《儀禮》的價值。而清中葉以後的經今文學家則有人逕指該書是「孔子手定完書」，其目的在確立《儀禮》的價值。到了民國以後，在疑古學風極為旺盛的氣氛下，學界在有意無意間忽視《儀禮》一書的存在。總之，宋代以來，許多學者不承認《儀禮》反映西周初年的禮樂制度，但又無法明確的為此書設一定位。到了當代，這更反映在學界研究西周的歷史文化時，寧願多用點金文或其他考古資料，而不太參考《儀禮》一書的狀況上。（註3）如此一來，學界一方面宣稱周代禮樂文明對華夏文化的重要性，一方面卻又忽視記載禮樂文明最具體的著作，而形成了一個很大的矛盾。

　　有鑒於此，筆者將針對首段所提的問題另撰論文加以探討。至於本文，則聚焦於清代經今文學家所持「《儀禮》為孔子手定完書」一說及其延伸之新道統說的討論。由於該說之餘波至今依然盪漾，混淆學界視聽，影響後學對於中華文化形成過程之認知極大，已不僅是經學問題而已，因而筆者認為有必要將此說產生的目的、論據、發展之過程敘述清楚，並加以批駁，俾能端正視聽，使該書有一較正確合理的定位。下文將依序逐層陳述解析。

1. 清・崔述，《豐鎬考信錄》（臺北：藝文印書館，百部叢書集成，據光緒定州王氏謙德堂刊本影印，1966 年），卷 5，頁 1 下至 7 下。

2. 清・毛奇齡，「《禮記》雜篇皆戰國後儒所作，而《儀禮》、《周禮》則又在衰周之季、《呂覽》之前。」見《經問》，收入《皇清經解》（臺北：藝文印書館，據同治九年本影印，1962 年），卷 163，頁 1649 上。

3. 如許倬雲，《西周史》（臺北：聯經出版公司，1984 年 10 月）。

二、《儀禮》為孔子手定完書說的
主要論據及其延伸論述

　　西漢學官所傳五經都屬今文，此五經曾經誰人論定？戰國以來，古籍有孔子刪《詩》《書》、訂禮樂、贊《易》、作《春秋》的記載，漢代又有孔子乃「素王」為漢制作之說，然而漢代以降，從未有學者主張今文經都出孔子手定，更沒有《儀禮》乃是完書的說法。此說出自清代經今文學家。

　　先是，道、咸間人邵懿辰（1810~1861）撰有《禮經通論》一卷(註4)，主張《儀禮》當恢復《禮經》的原名，乃是孔子手定的完書。邵氏自言其說的緣起為：

> 安溪先生（撰按：李光地）有四際八編之目，四際八編者何？冠昏也，喪祭也，鄉射也，朝聘也。……安溪之說，略本小戴之〈經解〉、大戴之〈盛德〉，而其編未成，引而不發，待後人疏通證明焉。懿辰初不習《禮經》，偶因讀〈禮運〉，識「御」、「鄉」一字之誤，因據孔子之言，證以〈經解〉、〈盛德〉及十七篇大戴之次，有會於四際八編之說，竊自幸為天牖其衷，是乃二千年儒先未發之覆也。

據其言，李光地（1642~1718）本有「冠昏、喪祭、鄉射、朝聘」乃是人倫重要禮儀的看法，而有「四際八編」的構想，但無成書（李說詳下文第四節）。邵氏偶因閱讀《禮記·禮運》，認為孔子對子

---

4. 邵懿辰，字位西，號半巖，浙江仁和人。嘉慶十五年（1810）生，道光十一年舉人，官至刑部員外郎，咸豐十一年（1861）卒，年五十二。著有《禮經通論》、《孝經通論》（稿，散佚）、《尚書通義》、《四庫簡明目錄標注》、《尚書傳授同異考》、《半巖廬遺集》、《位西先生遺稿》等。《禮經通論》，一卷，收入《皇清經解續編》（臺北：藝文印書館，1964~65 年），卷 1277。

游所言的「冠、昏、喪、祭、射、御、朝、聘」當為「冠昏、喪祭、鄉射、朝聘」之誤，不僅和李光地的四際八編說相合，也和大戴本《禮經》各篇編序相合（註5），邵氏認為這不是偶然的，遂主張四際八編蘊藏著孔子禮學的精義，大戴本《禮經》即是孔子「手定」原貌，乃是「完書」，並宣稱這是「二千年儒先未發之覆」，此外，又在此基礎上進行若干延伸論述。邵氏之說對後來的經學及戰國學術的研究產生一定的影響，因而對《禮經通論》中的言論，有加以探討的必要。

　　茲為便利討論，先將邵氏最主要的言論抄錄於下：

> 夫經禮三百，曲禮三千，《儀禮》所謂經禮也。周公所制，本有三百之多，至孔子時，即禮文廢闕，必不止此十七篇，亦必不止如〈漢志〉所云五十六篇而已也，而孔子所為定禮樂者，獨取此十七篇，以為教配六藝而垂萬世，則正以冠昏喪祭朝聘鄉射八者為天下之達禮耳。

此說有兩個重點：一、孔子自周公所制之「經禮三百」中選取十七篇編為《禮經》。二、《禮經》十七篇乃有機之組合，已依序包含冠昏喪祭朝聘鄉射八種「天下之達禮」，並無闕佚。

　　邵氏為何主張《儀禮》出於孔子手定？這必須從經今文學的傳統去理解。上文提及戰國以來有孔子刪《詩》《書》、訂禮樂、贊《易》、作《春秋》的記載，但在此說中，《詩》、《書》、《易》、《春秋》四經孔子都有具體述作，「禮樂」方面則學者向來不認為孔子所談論的是根據某一成書或自己撰有成書。站在經今文學的立場，

---

5. 漢代經師往往依己見編定經籍以教授，故《儀禮》一書各篇篇次、篇名之異同，今所知者共有五本，即大戴本、小戴本、別錄本、鄭注本、武威漢簡本（殘），其中別錄本與鄭注本篇次相同、篇名略異。大戴本之篇次為：士冠、昏禮、相見、士喪、既夕、士虞、特牲、少牢、有司徹、鄉飲酒、鄉射、燕禮、大射、聘禮、公食、覲禮、喪服。

《詩》、《書》、《易》、《春秋》經孔子述作，所以擁有神聖性，但不論六經或五經，若孔子有所述作的只有四經，體系顯然不完整。於是邵氏在其書中特立一節宣稱「樂本無經」，因為「樂之原在《詩》三百篇之中，樂之用在《禮》十七篇之中，故曰『興於《詩》，立於《禮》，成於樂』，『子所雅言，《詩》、《書》、執禮』，不言樂也」，以此先將「樂」排除在經書之外。接著又依據《禮記・雜記下》「恤由之喪，（魯）哀公使孺悲之孔子學士喪禮，〈士喪禮〉於是乎書」的記載，認定這乃是孔子手定《禮經》的證據。如此一來，孔子對五經便都有述作了，確保了經今文學的依據的神聖性與完整性。

　　邵氏為何強調《儀禮》無闕佚？這可從三個方面看。一方面是既然強調《禮經》經孔子手定，自然不能又承認其中有所闕佚。另一方面是要批駁《漢書・藝文志》的記載。〈藝文志〉載《禮》古經五十六篇，並稱「（內容）雖不能備，猶痛后倉等推士禮而致於天子之說」。一般認為：此五十六篇中，其十七篇與今文相同，即鄭玄注《儀禮》時所參考的古文本，其餘的三十九篇則亡於唐初，學者習稱「逸《禮》」，宋王應麟曾考知其中若干篇篇名及內容（篇名詳下文第六節）[註6]。可見不僅今傳《儀禮》不是完書，即使《禮》古經對於古禮的記載也「不能備」。對此，邵氏特立「論逸《禮》三十九篇不足信」一節，聲明將所知各該篇「廁於十七篇之間，不相比附而連合也」，「文辭不古」，「誕而不足信」，「劉歆剽取《大傳》以為〈王居明堂禮〉，明矣。即此一端，而其他可知。亦猶十六篇逸《書》，即偽〈武成〉之剽〈世俘解〉，見其他皆作偽也」。易言之，邵氏認為所謂逸《禮》與十六篇逸《書》都是劉歆偽撰，

---

6. 詳宋・王應麟，《漢藝文志考證》（清光緒十一年刻本，藝六藝園叢書），卷2，頁7下至8上。

既是偽撰，自然不能據以認定《儀禮》不完整。第三方面則是為了答覆宋人有關此書不完整的具體言論。宋初人樂史（930~1007）說：「《周官》所載，自王以下，至公侯伯子男，皆有其禮，而《儀禮》所謂〈公食大夫禮〉及〈燕禮〉，皆公與卿大夫之事，不及于王；其他篇所言，曰主人、曰賓而已，似侯國之書；使周公當太平之時，豈不設天子之禮？」[註7] 南宋寧宗時人章如愚（生卒年不詳）則說：「今考其書，猶有可疑者。且吉凶賓嘉皆有其禮，而軍禮獨闕焉。自天子至士皆有冠禮，而大夫獨無焉。鄉飲酒之禮，有黨正以正齒位，而今獨不載焉。賓禮之別有八，燕禮之等有四，冠昏之篇皆冠以『士』，大射之禮獨名曰『儀』。朝遇之禮不錄，而獨存覲禮。其他禮食不載，而獨有公食大夫禮。」[註8] 本來宋人的質疑乃是針對唐代孔穎達、賈公彥所持《周禮》、《儀禮》都出自周公的主張而來的，因此每每以《周禮》所載質疑《儀禮》，而重點則放在《儀禮》內容不完整之上：其中之一是士禮獨多、大夫禮次之，諸侯禮獨少、天子禮最少，這是階級分布上的不合理，和〈藝文志〉的評論其實是一樣的，只是說得比較具體。二是禮儀種類上的不完整，如缺少軍禮，缺少朝遇之禮等。而邵氏則認為《儀禮》冠昏喪祭鄉射朝聘八種達禮齊備，已經包含了重要的禮儀，孔子之所以從「經禮三百」中只選取十七篇，乃是「與其失之繁多而終歸於廢墜，不如擇其簡要而可垂諸永久也」，而且其中還蘊含有「從質救文」的用意，因為「天子諸侯之禮事雖重，而所行者狹，大夫士庶之禮制雖殺，而所行者廣」，「然則孔子所定十七篇，雖斷自聖心，傳為世則，而大意疑亦本之鄉官以教萬民，保氏以教國子者，舉要以例

---

7. 見宋·章如愚，《群書考索》（臺北：新興書局，據明正德三年刻本影印，1969年9月）《前集》，卷9引。
8. 同前注。

其餘，損文而存其質，亦周公之志也」。換句話說，邵氏認為孔子只是「舉要以例其餘」，本不求全，也無法求全。邵氏又立「論五禮」一節說：「前漢諸儒，不見《周官》之書，未有以五禮為吉凶賓軍嘉者。……故吉凶賓軍嘉者，特作《周官》者創此目，以括王朝之禮，而非語於天下之達禮也。」易言之，邵氏認為五禮之說出自古文家，本不必採信。此外，又立「論十七篇中射禮即軍禮」一節，說明「鄉射、大射，亦寓軍禮之意」，顯然也是為了回應「軍禮獨闕」的質疑。總之，邵氏非常巧妙（或武斷）的閃躲了關於《儀禮》一書內容不完整的相關質疑。其書易求，茲不盡述。

《禮經通論》的論述，值得注意的，還不止上文所舉。依邵氏的思路，由於《儀禮》的內容、大戴本的編序，均和〈禮運〉中孔子對子游所述之言相合，因而可證子游乃孔門弟子中最為知禮者。其「論聖門子游傳禮」一節說：

> 子游不獨上通〈禮運〉大旨，深契禮義之精微，又旁及〈曲禮〉、〈玉藻〉之類，遍窺禮文之奧博，故孔子語之曰：「欲能則學，欲知則問，欲善則訊，欲給則豫。」其於禮也，可謂博而能精矣。先儒見〈中庸〉、〈大學〉曾氏聖學之傳出於《禮記》，而〈曾子問〉考禮綦詳，遂疑〈檀弓〉所記，曾子失而子游得之者，為言氏之徒自譽其師，妄為抑揚，而不足信。

邵氏遂依此線索推論《禮記》中可能為子游及其門人所作的篇章：

> 聖門子夏傳《詩》，子游傳《禮》，此學者之恆言也。……子游特受〈禮運〉精微之說，其徒又為〈檀弓〉上下等篇，記行禮節目甚詳。〈禮運〉自稱「言偃」，則全篇皆子游所記孔子之言也。〈禮器〉、〈郊特牲〉本

一篇，書以文多分之，摘篇首三字為名。或以〈郊特牲〉
專論祭者，非也，注疏已謂與上篇聯屬矣，皆子游門人
所記，以釋〈禮運〉之意。……〈仲尼燕居〉疑亦子游
所記。又疑〈曲禮〉、〈玉藻〉並子游之徒傳之也，〈玉藻〉
與〈曲禮〉下篇文相承接，引孔子之言一，子游之言一，
故知子游門人就古〈曲禮〉而附記之。

接著又提出孔門諸高弟所作而保留在二戴《禮記》的篇章：

大抵二戴《記》中：子游門人所為約有九篇。曾子自著
十篇外，又有〈王言〉等篇。子夏〈喪服傳〉外，有〈大
傳〉、〈閒居〉等篇。宰我有〈五帝德〉等篇。子貢有
〈衛將軍文子篇〉。子張有〈問入官篇〉。而〈三朝記〉
諸與哀公問答，不知何人所記。惟子游諸記，皆為小戴
所取。故曾子、子思，聖學之正傳，而子游，則禮學之
正傳也。子夏兼通五經，而子游則禮學之專門也。荀卿
書以禮法為宗，大小戴多所采取，而其言曰「仲尼、子
游為茲厚於後世」，以子游與仲尼並稱，疑其隆禮之學，
自子游而來也。

邵氏的說法，觸及了孔門之中誰最知禮的爭辯，更觸及了荀子禮學
的淵源問題，當然，學者便很容易因此聯想到道統的問題了。至於
二戴《禮記》各篇出自那一家派的問題，由於先儒僅談到少數篇章
的作者作時[註9]，長期以來成為學者好奇卻又不敢明白論斷的課
題，邵氏一一具體指明的各篇，大多為先儒所不言，卻又沒有太多

---

9. 禮記各篇作者或作時，宋代以前，先儒有說者，筆者曾加以整理，僅〈曲禮〉、〈王
制〉、〈月令〉、〈學記〉、〈樂記〉、〈坊記〉、〈中庸〉、〈表記〉、〈緇衣〉、
〈儒行〉，其餘無聞。詳參拙著，《宋人疑經改經考》（臺北：國立臺灣大學文學院，
《文史叢刊》，第55種，1980年），第4章第3節「禮記」，頁110。

的論證，這便引發了其後學者對戰國儒書學派譜系的討論。

　　總之，邵氏從「四際八編」之說出發，依據〈禮運〉及大戴本的編序，作成了《儀禮》乃孔子手定完書的結論，又循此線索論斷孔門子游傳禮，再傳及荀子，終而提出二戴《禮記》各篇為孔門弟子誰人所作的看法。其書雖然僅有一卷，由於新說多，影響頗大，不僅助成了晚清經今文學家所持六經皆孔子改制所作、劉歆偽造經傳之說，挑起了戰國儒學譜系的真象究竟如何的問題，也觸發晚清及民初疑古學派對戰國諸子的討論。下節將對此略做論述，以明其說的影響。

三、《儀禮》為孔子手定完書說及其延伸論述的發展

　　邵氏的論點，獲得同為經今文學家皮錫瑞（1850~1908）的高度肯定，皮氏《經學通論》[註10]三〈三禮〉「論禮十七篇為孔子所定邵懿辰之說最通訂正禮運射御之誤當作鄉射尤為精確」及「論邵懿辰以逸禮為偽與偽古文書同十七篇並非殘闕不完能發前人之所未發」條的標題，即掌握了邵說的要點。

　　但邵說最大的影響，乃在康有為（1858~1927）。康氏「新學偽經」、「孔子改制」的學說，本受廖平的影響而來，但在《儀禮》方面的相關論述，則邵說影響康氏最大，此外還影響了康氏對儒學道統的看法。

　　康說論及群經，而關於《儀禮》，幾乎全取邵說，分見於《新學偽經考》、《孔子改制考》及《禮運注》等書。康氏既說〈禮運〉「射御」乃「鄉射」之誤，又主張《儀禮》是孔子改制所作，當名《禮經》，內容已備諸禮，其《孔子改制考》說：「今十七篇，孔子作，

---

10. 清・皮錫瑞，《經學通論》（臺北：臺灣商務印書館，1969 年）。

高堂生傳本是也,即今《儀禮》。今文十七篇皆完好,為孔子完文,漢前皆名為《禮》,無名《儀禮》,亦無名《士禮》者。自劉歆偽作《周官》,自以為《經禮》,而抑孔子十七篇為《儀禮》,又偽〈天子巡狩〉等禮三十九篇,今目為《逸禮》,而抑《儀禮》為《士禮》。」^(註11)《禮運注》說:「《禮經》十七篇,具矣備矣!自〈冠〉、〈昏〉、〈覲〉、〈聘〉各為一篇外,其喪禮有〈士喪禮〉一篇,〈既夕禮〉乃〈士喪禮〉之下篇也,又有〈士虞禮〉,又附以〈喪服傳〉一篇;其祭禮有〈特牲饋食禮〉、〈少牢饋食禮〉、〈有司徹〉三篇,其射禮有〈鄉射禮〉、〈大射禮〉二篇;其鄉禮有〈鄉飲酒禮〉、〈士相見禮〉二篇;〈燕禮〉、〈公食大夫禮〉二篇,雖飲食禮,亦可謂朝禮也。故十七篇已備飲食、冠昏、喪祭、射鄉、朝聘之義,〈禮運〉所稱毫無少缺,孔子所言最可信據矣。」^(註12)《新學偽經考》說:「十七篇斷自聖心,傳為世法。」^(註13)不過,對於孔子手定者究為若干篇的問題,《新學偽經考》中也有所修正:「《禮經》十七篇,自西漢諸儒無以為不全者。……而〈喪服〉為子夏作,故大戴附之於末,則孔子所手定者,實十六篇,云十七者,合〈喪服傳〉言之。」^(註14)此一修正是為了符合古人指稱〈喪服傳〉為子夏作的記載,並答覆宋人鄭樵對該篇以問答體例寫作的質疑。^(註15)以上的說法,大致根據邵說,「斷自聖心,傳為世法」二語更是襲自邵書,

---

11. 康有為,〈六經皆孔子改制所作考〉,《孔子改制考》(北京:中華書局,1988年第2次印刷),卷10,頁248。

12. 康有為,《禮運注》(北京:中華書局,1987年,與《孟子微》、《中庸注》合為一冊),頁260。

13. 康有為,〈漢書藝文志辨偽上〉,《新學偽經考》(北京:中華書局,1988年第3次印刷),頁71。按:此二語襲自邵書,詳上文。

14. 同前註。

15. 舊題宋・鄭樵,〈儀禮辨〉,《六經奧論》,收入《通志堂經解》(臺北:臺灣大通書局,影印康熙十九年刻本,1969年),第40冊,卷5,頁23088至23089。

但康有為將此納入「六經皆孔子改制所作」的體系之中，[註16]而邵氏的孔子「手定」（選編）周公之書的觀點，遂變為孔子為了改制而「作」（創制）。至於邵氏所持的《儀禮》本名《禮經》、逸《禮》三十九篇乃劉歆偽造等說，康氏也全部吸納，甚至將邵氏觸及的若干史料，只要不利於經今文學的，也全部說成劉歆偽造，而成為其《新學偽經考》的素材。

這一轉變，影響極大。因為若是孔子「手定」周公之書，則《儀禮》乃是西周初年的禮儀，孔子的「手定」只是為了保存有價值的古禮。若是孔子為改制而作，則該書的內容可能有孔子保存古禮的部分，而必有孔子的「創制」，這便引發了何者為西周古禮、何者為孔子創制的問題，於是又會因此轉而影響若干古籍的定位問題，以及古代歷史文化的實情的問題。

在此僅舉一個例子來說明，以見此說威力之大。康氏門人梁啟超（1872~1929）論《儀禮》，大意如下：「今十七篇或出孔子之手。周代禮節繁縟，孔子釐定之，使其適宜。……十七篇中，至少〈士喪禮〉為孔子手定，或口授孺悲寫定。此篇如此，則餘篇焉保其不為孔子手定或口授他人寫定？又三年之喪，人以為遠古相傳，堯舜曾行；但《論語》宰我敢提出短喪的主張，孔子只斥其『汝安則為之』，而不能禁之；孟子為滕文公主張三年之喪，文公之父兄百官皆不欲，謂魯、滕先君均未之行；可見非社會之所通行，乃儒家孔子之主張，非周公之制。而《儀禮》最後五六篇皆言喪，可藉此推定其為孔子手定或儒家寫定。但《儀禮》全部固非全由孔子創造，如〈鄉飲酒禮〉、〈鄉射禮〉，依《論語》、《禮記》所記，孔子

---

16. 詳康有為，〈六經皆孔子改制所作考〉，《孔子改制考》，卷 10。另參康有為，《孟子微》（北京：中華書局，1987 年，與《禮運注》、《中庸注》合為一冊），卷 8〈闢異第十八〉，頁 164：「蓋《詩》、《書》、《禮》、《樂》為孔子早年所作，而《春秋》、《易》為晚年定論。」

時已有，不過編定成文耳。」^(註17)梁氏雖在邵說和師說之間做了一個折中，不明言十七篇都是孔子改制所作，但又認為其中一部分是孔子的創制，如三年喪，即依其師「孔子創三年之喪」^(註18)的論述而來。但三年喪若是孔子的創制，則《左傳》所載三年喪當如何解釋？晏嬰行三年喪將如何解釋？孔子及其弟子關於三代喪葬的言論是否全部出自杜撰？這些問題，康、梁除了全部以劉歆偽造為藉口外，其實沒有能夠讓人心悅誠服的解釋。

邵氏關於孔門子游傳禮的論述，也影響了康有為。康有為撰有《論語注》、《禮運注》、《中庸注》、《孟子微》四書，其宗旨即在取代朱熹《四書章句集注》，企圖將「孔子、曾子、子思、孟子」的道統譜系轉為「孔子、子游、子思、孟子」，另創新道統。《禮運注》說：

> 言偃，孔子弟子，字子游。《荀子・非十二子篇》稱：「仲尼、子游為茲厚於後世」，以子游與仲尼並稱，且以子思、孟子同出於子游。蓋子游為傳大同之道者，故獨尊之。此蓋孔門之祕宗，今大同之道幸得一傳，以見孔子之真，賴是也。

《孟子微》則說：

> 《論語》開章，於孔子之後，即繼以有子、曾子。又孔門諸弟子皆稱字，雖顏子亦然，惟有子、曾子獨稱子，蓋孔門傳學二大派，而有子、曾子為巨子宗師也。自顏子之外，無如有子者，故以子夏之學，子游之禮，子張

---

17. 見梁啟超，《古書真偽及其年代》（臺北：臺灣中華書局，1963年），〈分論〉第4章〈三禮〉，頁105至106，原文以語體寫作，今據張心澂《偽書通考》以較簡潔文字改寫者，以省篇幅。

18. 見康有為，〈六經皆孔子改制所作考〉，《孔子改制考》，卷10，頁251。

之才，尚願事以為師，惟曾子不可，故別開學派。今觀子夏、子張、子游之學，可推見有子之學矣。子游傳大同之學，有子必更深，其與曾子之專言省躬寡過，規模陿隘者，蓋甚遠矣。後人併《孟子》不考，以曾子、顏子、子思、孟子為四配，而置有子於子夏、子張、子游之下，不通學派甚矣。大約顏子、子貢無所不聞，故孔子問子貢與回也孰愈，而歎性與天道。子貢傳太平之學，曰「我不欲人之加諸我，吾亦欲無加諸人」，人己皆平。莊子傳之，故為「在宥」之說，其軌道甚遠。有子傳升平之學，其傳在子游、子張、子夏，而子游得大同，傳之子思、孟子。曾子傳據亂世之學，故以省躬寡過為主，規模少陿隘矣。曾子最老壽，九十餘乃卒，弟子最多，故其道最行。而有子亦早卒，其道不昌，於是孔子之學隘矣，此儒教之不幸也。按：《荀子·非十二子篇》攻子思、孟子，以為仲尼、子游為茲厚於後世，此傳據亂之學，以攻傳升平之學者，同門別派。然則子思、孟子傳子游、有子之學者也。程子以子思為曾子門人，蓋王肅偽《家語》之誤。今以〈中庸〉、《孟子》考之，其義閎深；曾子將死之言，尚在容貌辭氣顏色之間，與荀子之禮學同，其與子思、孟子異矣。

康氏之說和邵氏不同的是：邵氏仍推重曾子、子思是「聖學正傳」，子游僅是「禮學正傳」，只是在道統的主流外加一個旁支；康氏則因強調〈禮運〉能見三世、三統之說，而主張子游傳的是升平、大同之學，才是孔子嫡傳，曾子傳的是據亂之學，與荀子均非正宗。

　　儘管邵氏的持論獲得經今文學家的支持，其孔子定禮乃選自周公的三百經禮之說也未與孔、賈說直接牴觸，其目的乃在尊經，以

確保經今文學的依據的神聖性與完整性；然而學術必須求真，乃能獲得學者的尊重，並非推重某書，某書即能獲得學者的尊重，這也許是清代經今文學家的迷失點。筆者雖然主張《儀禮》一書對研究周代文化具重要性，但仍然主張必須廓清該書寫作的時代與性質，因而下文將對邵氏一些似是而非的論述提出批評，則邵氏及其後某些學者的若干延伸論述當自能廓清，而不勞辭費。

四、論邵氏、康氏説有明顯矛盾及錯誤者

邵氏、康氏的若干論述，有些自相矛盾，有些則有明顯錯誤，茲舉大要，加以說明。

邵氏自言受李光地「四際八編」說的啟發，從而展開他獨創的論述。但查李光地《榕村全集》，其中〈禮學四際約言序〉一文，大要稱：「古禮湮廢，不可盡知，又多不行于今世，故其追而考之也難。蓋《儀禮》缺而不完，《禮記》亂而無序，自朱子欲以經傳相從，成為禮書，然猶苦於體大，未究厥業。然則後之欲為斯學者，不益難哉！余姑擇其大者要者，略依經傳之體，別為四際八編，以記禮之綱焉，其詳且小，則未暇也。又采小學儀節於首，附王政大法於後，而通為之序曰：四際八編者何？冠昏也，喪祭也，鄉射也，朝聘也。（下略）」[註19]據其言，李光地固然認為冠昏喪祭鄉射朝聘乃是人倫重要禮儀，而有「四際八編」的構想，但李氏此一構想，是在「《儀禮》缺而不完、《禮記》亂而無序」的前提下進行的，同時也聲明「詳且小，則未暇也」，更重要的是「四際八編」前附「小學」，後有「王政大法」，李光地並不認為「四際八編」是完整的「達禮」。而邵說對此則不予重視，並跳脫李氏的思路，自行發展《儀禮》

---

19. 清·李光地，〈禮學四際約言序〉，《榕村全集》（臺北：力行出版社，1969 年），卷 10。

是「完書」的學說。按：邵說既有扭曲依據之事實，則冠昏喪祭鄉射朝聘為八達禮之說，已先啟人疑竇。

　　邵氏說大戴本編次符合冠昏喪祭鄉射朝聘八達禮之序，也頗勉強。按：大戴本編次為〈士冠〉、〈昏禮〉、〈相見〉、〈士喪〉、〈既夕〉、〈士虞〉、〈特牲〉、〈少牢〉、〈有司徹〉、〈鄉飲酒〉、〈鄉射〉、〈燕禮〉、〈大射〉、〈聘禮〉、〈公食〉、〈覲禮〉、〈喪服〉。其中〈相見〉與冠昏關係不大，更與喪祭無關，卻置於二者之間；〈喪服〉明與喪祭有關，而編次遠離，與朝聘無關，卻相附近。不論邵氏如何解釋，很難令人相信此一編序與八達禮緊密貼合而蘊含孔門禮學的精義，更何況〈經解〉、〈盛德〉所載八者並不完整，次序也不相同，而〈禮運〉的兩處，一作「喪、祭、射、御、冠、昏、朝、聘」，一作「冠、昏、喪、祭、射、御、朝、聘」，二者也不相同，又需改字，則邵氏冠昏喪祭鄉射朝聘八達禮之說竟無明文可為確證，理論基礎可謂薄弱。

　　又，關於《儀禮》的書名問題，《禮經通論》「論儀禮之稱當復為禮經」一節說：「自東漢人崇重《周官》，乃改題《周官》為《周禮》，復改題《禮經》為《儀禮》，其意以《周官》當禮經三百，以《儀禮》當威儀三千，而西漢禮家以《禮》與《記》相為經傳之意遂亡，幾若《周禮》為經而《儀禮》為其傳矣。」邵氏認為《禮經》被稱為《儀禮》，乃是經古文學家為《周禮》爭奪「經」的地位而改稱的。其實，漢人稱五經書名都不加「經」字，《儀禮》在漢代只稱《禮》，[註20] 有時「禮經」二字連用，是指《禮》的經文，和「禮

---

20. 皮錫瑞，《經學通論》（臺北：臺灣商務印書館，1969 年），三〈三禮〉「論段玉裁謂漢稱禮不稱儀禮甚確而回護鄭注未免強辭」條：「晉元帝時，荀崧請置鄭《儀禮》博士。是《儀禮》之名，已著於晉時。段以為梁陳以後，乃為此稱，說亦未諦。」惟「儀禮」一名，見《禮記·奔喪篇》篇題下孔疏引鄭玄語，皮氏「論漢初無三禮之名儀禮在漢時但稱禮經今注疏本儀禮大題非鄭君自名其學」條以為不足據。但該名又見《論衡·謝短篇》，則漢末已稱該書為《儀禮》。

記」二字連用最初原指《禮》的記文，而不指二戴所編書，情形是一樣的。顯然，邵氏此論有今古文爭勝的意味。

再者，邵氏既然宣稱《儀禮》內容並無不全，則必須回答二戴為何編輯《禮記》此一問題，所以邵氏特立「論漢初經記分而不分」一節加以說明。邵氏說：「《禮經》有《記》，猶《易》之有《十翼》，《春秋》之有《三傳》，雖各自為篇，實相比附。然則戴德之八十五，戴聖之四十七，疑其引記以釋經文，可附者，略相比附，不可附者，併歸通記、通論，而非必經記別相傳授，離而二之，如鄭注之各自為書也。」邵氏認為二戴編輯《禮記》是為了解釋經文，這是合理的了解；至於說漢初經記「略相比附」，則違反經學史常識，一般認為漢代經、傳、記都先是單行，何況各篇之中還有並非通記、通論而又不能相比附的呢？如邵氏說：「《記》中有經，如〈奔喪〉、〈投壺〉、〈遷廟〉、〈釁廟〉、〈公冠〉，先儒固以為古經之逸，而升與十七篇並列矣。」這便和《儀禮》為完書說矛盾了，因為該五篇內容都為《儀禮》所無，無法比附，所以邵氏說是《記》中有「經」，他固然可以宣稱這五篇未經孔子手定，因而不在《禮經》之列，但這不就承認了《儀禮》的內容的確不完整嗎？

至於子游傳禮及另立道統方面，邵說、康說的證據力其實相當薄弱，引證也多錯誤，但至今仍擁有信徒。1998 年《郭店楚墓竹簡》出版，其中如〈性自命出〉等篇強調「情」字，且有段落極近〈檀弓〉所載子游論情之言，於是有若干學者亦根據〈非十二子篇〉重提「孔子、子游、子思、孟子」道統譜系的舊案，企圖論證孔門乃重「情」而非重「理」的學派，並申論儒學真正的傳統不應歸於宋明理學家。但邵氏以來的這些說法實屬誤讀，他們忘了回歸原典，都未查檢〈檀弓〉與〈非十二子篇〉原文，並仔細閱讀注家的詮解，遂致以訛傳訛，而不知〈檀弓〉所載，恰是有子主「情」，而子游加以反對，並說：「直

情而徑行者，戎狄之道也。」至於〈非十二子篇〉，有「子游氏之賤儒」的明文，而所謂「仲尼、子游」，乃是「仲尼、子弓」之誤，因而不論是邵說，還是康氏及近人的「孔子、（有子）、子游、子思、孟子」的道統譜系，在文獻佐證方面完全失去依據，其說是無法成立的。以上筆者曾有〈郭店儒家著作的學術譜系問題〉（註21）一文予以批評，讀者參之。

儘管如此，擁護邵說者仍然可以宣稱此說雖有瑕疵而無大誤，因此本文再從幾個方面論證邵說不足依據。

五、從文獻記載論今傳《儀禮》並非漢初原貌

今傳《儀禮》各篇的傳承，在先秦文獻中曾被提及的，只有〈士喪禮〉，《禮記·雜記下》載：「恤由之喪，（魯）哀公使孺悲之孔子學士喪禮，〈士喪禮〉於是乎書。」既說因魯哀公使孺悲來學，〈士喪禮〉才被書寫下來，則正可證明當時（孔子晚年）並無《儀禮》一書，〈雜記下〉所述的正確理解應是孔子背誦古籍傳授孺悲寫下，這和《穀梁傳》至漢始著於竹帛、晁錯詣伏生學《尚書》的情況相同。邵氏根據〈雜記下〉，尚且不能證明〈士喪禮〉經孔子「手定」，遑論它篇。到了漢代，經指稱作者的，也只有所謂子夏〈喪服傳〉。〈喪服〉有「經」有「傳」有「記」的情形，已能自證該篇不出於一人之手，而問答的文體又與其它十六篇不同，邵、康二氏所持「十七篇斷自聖心」之說自然不夠圓滿。

又《史記·儒林傳》說：「諸學者多言禮，而魯高堂生最本。禮固自孔子時，而其經不具，及至秦焚書，散亡益多，於今獨有士

---

21. 本段請參考拙作，〈郭店儒家著作的學術譜系問題〉，評論較詳，原載《臺大中文學報》，第13期（臺北：國立臺灣大學中國文學系，2000年12月）。轉載《中國哲學》，第24輯（瀋陽：遼寧教育出版社，2002年4月）。後收入拙著，《經學側論》（新竹：國立清華大學出版社，2005年11月）。

禮，高堂生能言之。」既說孔子時「其經不具」，則是明言孔子時沒有《儀禮》一書。既說「散亡益多，於今獨有士禮，高堂生能言之」，則是明言《儀禮》並非完書。

　　漢朝初年以及高堂生所傳授的《儀禮》，究竟有多少篇？《史記‧儒林傳》並沒有明言，《漢書‧藝文志》說是十七篇，荀悅《漢記》引劉向語說是十八篇，而《論衡‧謝短篇》則稱十六篇。古籍書寫在竹帛上，竹帛和文章長短不一定相稱，有時一文分為二篇，有時二文合為一篇，所以十六、十七、十八之數，不必細較，但《論衡‧正說篇》說：

> 至孝宣皇帝之時，河內女子發老屋，得佚《易》、《禮》、《尚書》各一篇，宣帝下示博士，然後《易》、《禮》、《書》各益一篇。

關於此事，先師屈翼鵬（萬里）先生認為《易》所益者為〈雜卦〉，《書》所益者為〈泰誓〉，乃漢人偽作。至於《禮》所益者，孔達生（德成）師認為當是〈喪服〉，因為《儀禮》諸篇鄭注都雜采今古文，惟獨〈喪服〉不注今古文的差異，可能是漢人所作，所以獨無古文；而且石渠論禮時，竟討論該篇「經」文而有所去取，武威漢簡本《儀禮》對「經」「記」亦有「刪削」，「此漢人於他經所未有之態度者也」。因而孔師說：

> 蓋〈喪服〉一篇，既為後出，或如〈雜卦〉之於《易》，〈泰誓〉之於《書》，竟為漢人所為者。……仲任所謂後益之一篇，甚可能即〈喪服〉一篇矣。

據此，則漢朝初年及高堂生所傳授的《儀禮》並沒有〈喪服〉一篇，邵氏稱今十七篇之大戴本即是孔子手定原貌，其說自然無法成

立。（註22）

　　根據上述，今傳《儀禮》並非漢初原貌。但是論者（如康有為）仍可辯稱〈喪服〉以外的十六篇乃是先秦原貌，出於孔子手定。所以本節所論，還不足以撼動邵、康之說，有待其他論證。

六、從二戴《禮記》與《儀禮》的關係論《儀禮》並非完書

　　筆者曾經撰文討論二戴《禮記》與《儀禮》的關係，（註23）主張《儀禮》並非完書，所以才有二戴《禮記》的編纂，編纂的目的即在補充《儀禮》內容的不足。現略述要點，並加必要的補充，論述如下，以證明邵氏「魯高堂生傳《禮經》十七篇，五傳至戴德、戴聖，分為大戴、小戴之學，皆不言其有闕也」之說不可信。

　　《漢書‧藝文志》說：「《禮》古經者，出於魯淹中及孔氏，與七十（撰按：劉敞以為乃十七之誤倒）篇文相似，多三十九篇，及《明堂陰陽》、《王史氏記》，所見多天子諸侯卿大夫之制，雖不能備，猶痛倉（撰按：指后倉）等推士禮而致於天子之說。」按：后倉為《儀禮》博士，因其書各篇以士禮居多，階級愈高，篇章愈少，所以后倉依據禮的隆殺原則，推論天子諸侯卿大夫之制，如〈士冠禮‧記〉稱：「無大夫冠禮，而有其昏禮。」而《儀禮》並無大夫昏禮的篇章，則后倉等便以推論的方法加以建構。此法，班固不以為然，提議應當依《禮》古經較為有據。但后倉等何以需要辛苦「推士禮而致於天子」？第一，當時學官，本為朝廷政治的需要而服務，

---

22. 本段所述，依據孔德成師，〈儀禮十七篇之淵源及傳授〉，文載《東海學報》，第8卷第1期，1967年1月。

23. 參拙作，〈二戴《禮記》與《儀禮》的關係〉，原載《錢穆先生紀念館館刊》，第6期，1998年12月。後收入拙著，《經學側論》。

《儀禮》有關天子、諸侯禮如此之少，自然不能滿足朝廷及博士弟子所需。第二，根據《禮記·奔喪》疏引鄭玄語，《逸禮》當時「藏在秘府」，后倉當年未必能夠獲得。第三，依班固說，似乎只要將《禮》古經立於學官，便能解決《儀禮》內容不夠完整的問題，但《禮》古經並無師承，難立學官，至於《明堂陰陽》、《王史氏記》等，並無「經」的地位，自然也不能立於學官。因為上述原因，所以后倉才採取推論的方法，乃是為了因應事實上的需要。如果依邵說，《儀禮》已包含了各種達禮，已可致太平大同之治，后倉等還需要如此費事嗎？

　　《禮》古經是否真如班固的說法「多天子諸侯卿大夫之制」呢？宋末王應麟著《漢書藝文志考證》說「今其篇名頗見於他書」，並指出其中十八篇的篇名：〈學禮〉、〈天子巡守禮〉、〈朝貢禮〉、〈朝事儀〉、〈烝嘗禮〉、〈中霤禮〉、〈王居明堂禮〉、〈古大明堂禮昭穆篇〉、〈本命篇〉、〈聘禮志〉、〈奔喪〉、〈投壺〉、〈曲禮〉、〈少儀〉、〈內則〉、〈遷廟〉、〈釁廟〉、〈弟子職〉，其餘二十一篇無考。僅從這十八篇篇名看，至少有〈天子巡守禮〉、〈朝貢禮〉、〈朝事儀〉、〈王居明堂禮〉、〈古大明堂禮昭穆篇〉五篇是載天子禮儀的，至少有〈聘禮志〉、〈諸侯遷廟〉、〈諸侯釁廟〉三篇是載諸侯禮儀的，比例相當高，那麼三十九篇中，天子諸侯禮說不定有十餘篇之多，若再加上《明堂陰陽》、《王史氏記》等書中的篇章，應該更多，如果取以補《儀禮》記載天子諸侯禮的不足，應該比純粹推論的辦法來得有根據，所以班固的評論並非不合理。

　　《儀禮》內容既不完整，博士自然需要有所因應。但漢代經師講學的作風各有不同，如《史記·儒林傳》說：「申公獨以《詩》經為訓以教，無傳。……韓生推《詩》之意而為內外傳數萬言。」

申培只據經文訓詁傳述大意，韓嬰則另撰傳、記等發揮性或補充性的著作，這自需博引他書。后倉精通禮學之外，還通《齊詩》，《漢書·藝文志》載其《詩》學著作有《齊后氏故》二十卷、《齊后氏傳》三十九卷，「故」是訓詁之作，「傳」即屬發揮性、補充性的著作。后倉講授《儀禮》，作風與此相同，《漢書·藝文志》載有《曲臺后倉》九篇，顏師古注引如淳曰：「行禮射於曲臺，后倉為記，故曰《曲臺記》。」《漢書·儒林傳》則說：「倉說《禮》數萬言，號曰《后氏曲臺記》。」顏注：「服虔曰：『在曲臺校書著記，因以為名。』曲臺殿在未央宮。」二說微有不同，但為引據他書以發揮或補充禮學之書當可確定。

　　后倉的作風，為其弟子戴德、戴聖、聞人通漢等所繼承，[註24]戴德、戴聖取當時可見的其他禮書編成二戴《禮記》，目的便在解釋或補充《儀禮》之不足。《隋書·音樂志上》載蕭梁時沈約上奏論漢時禮學研究與運用的情形說：「案漢初典章滅絕，諸儒捃拾溝渠牆壁之間，得片簡遺文，與禮事相關者，即編次以為禮，皆非聖人之言。〈月令〉取《呂氏春秋》，〈中庸〉、〈表記〉、〈防記〉、〈緇衣〉皆取《子思子》，〈樂記〉取《公孫尼子》，〈檀弓〉殘雜，又非方幅典誥之書也。禮既是行己經邦之切，故前儒不得不補綴以備事用。」關於「捃拾溝渠牆壁之間」的說法，是否都得其實，

---

24. 唐·杜佑，《通典》卷73載漢宣帝甘露三年后倉弟子聞人通漢、戴聖論石渠云：「經云：『宗子孤為殤。』言孤何也？聞人通漢曰：『孤者，師傳曰：「因殤而見孤也。」男子二十而冠，而不為殤，亦不為孤，故因殤而見之。』戴聖曰：『凡為宗子者，無父，乃得為宗子；然為人後者，父雖在，得為宗子，故稱孤。』聖又問通漢曰：『因殤而見孤，冠則不為孤者，〈曲禮〉曰：「孤子當室，冠衣不純采。」此孤而言冠，何也？』對曰：『孝子未曾忘親，有父母，無父母，衣服輒異。記曰：「父母存，冠衣不純素；父母歿，冠衣不純采。」故言孤。言孤者，別衣冠也。』」文中「經」字指《儀禮·喪服》，〈曲禮〉指小戴《禮記·曲禮》，今〈曲禮上〉亦有「父母存，冠衣不純素；孤子當室，冠衣不純采」四句，稱「師傳」蓋引先師之說，稱「記」疑出《記》百三十一篇之類。可見后倉弟子也有引據古禮書來解說《儀禮》的作風。

此處不作判斷，但「禮既是行己經邦之切，故前儒不得不補綴以備事用」的觀點，是符合西漢初中葉傳禮的狀況的。

關於二戴《禮記》各篇的來源問題，前人有不少爭論，主流的論點是《四庫提要》所持的選自《記》百三十一篇之說；但由於百三十一篇篇名並無記載，要加以證明或否定，都有困難。邵氏「論漢初經記分而不分」一節則歷舉各篇出處說：「若夫《記》中有經，如〈奔喪〉、〈投壺〉、〈遷廟〉、〈釁廟〉、〈公冠〉，先儒固以為古經之逸，而升與十七篇並列矣。然〈內則〉、〈曲禮〉、〈玉藻〉、〈少儀〉及《賈子‧容經》、《管子‧弟子職》，似其全篇皆古〈曲禮〉遺經。〈喪大記〉、〈喪服小記〉、〈雜記〉，與經後附記相類。〈文王世子〉、〈保傅〉中亦多古記，凡此皆古制之遺，以孔子所定為限，而引附於十七篇，則亦併謂之記。而〈夏小正〉傳中有經，其來最古，〈武王踐阼〉，疑與〈文王官人〉並取《周書》，〈祭法〉取之《國語》，〈月令〉、〈明堂〉取之《明堂陰陽》，〈帝繫〉取之《世本》，〈千乘〉等七篇取《孔子三朝記》，〈坊記〉等四篇取之《子思子》。至若〈王制〉成於孝文時博士，〈勸學〉、〈三年問〉、〈禮三本〉取之《荀子》，〈禮察〉、〈保傅傳〉取之《賈子》，則為時最晚矣。」邵氏之說，筆者認為需要修正。

首先，小戴《禮記》中〈曲禮〉、〈少儀〉、〈內則〉、〈奔喪〉、〈投壺〉等篇，及大戴《禮記》中〈諸侯遷廟〉、〈諸侯釁廟〉、〈投壺〉等篇，篇名都見於《禮》古經的逸《禮》中。〈投壺〉二戴皆有，比對內容，大同小異，應當出於一源。以上總數達到七篇。我們有理由相信某些篇與《禮》古經有淵源關係。邵氏既指稱逸《禮》三十九篇不可信，對諸篇名稱大量雷同的情況，卻又沒有解釋，難以服人。

再者，小戴《禮記》有〈曲禮〉上下兩篇。關於「曲禮」的名

義，陸德明《經典釋文》以為是「委曲說禮之事」，因該篇雜記許多細碎的禮儀而定篇名；二戴《禮記》的篇名，確有依內容而定的，陸說有據。但〈曲禮〉開頭有「曲禮曰」三字，卻是其他各篇所無的情況，孔達生師認為這是因為選錄自《后氏曲臺記》的緣故，小戴係后倉弟子，選取師書編入，在情理之中；至於逸《禮》也有〈曲禮〉，可能是內容上有淵源關係。

以上所作的推測，雖然不能十分肯定其正確性，但至少可以得到以下結論：二戴《禮記》並非完全出自《記》百三十一篇，還相當程度地含蓋了《漢書・藝文志》所載的其他禮、樂古籍，包括《禮》古經、《明堂陰陽》、《王史氏記》、曲臺后倉、《明堂陰陽說》、《中庸說》等，甚至可能有取於其他先秦漢初之書如《曾子》、《荀子》、《賈子》等。

二戴本《儀禮》博士，為何要如此費事編輯無法正式立於學官的書籍？很顯然的，這是因為《儀禮》的內容不足應付需求，需要補充與發揮。就因二戴《禮記》是補充與發揮性質，所以二書的內容與編輯也就缺乏系統性了。

那麼，邵氏說《儀禮》經過五傳都不言其有闕，顯然站不住腳。然而論者仍然可以說，孔子手定十六篇，備冠昏喪祭鄉射朝聘八種「天下之達禮」，圓滿自足，乃是「完書」，並非要滿足帝國統治者的全部需求，所以儘管博士認為此書無法應付現實上的需要，另外編輯補充教材，仍然不能否定十六篇為孔子手定完書之說。因而筆者仍然需要再進一步析論。

七、從文本內容論《儀禮》各篇非一人所作

《儀禮》一書，除〈喪服〉乃漢人所作，且不出一人之手，可

置不論外，其餘十六篇的修辭風格的相似度頗高，極易令人相信乃出於一人之手，或是曾經某人疏理整齊過。但吾人如果細心比對各篇內容，仍可發現其相異性，而得出今傳《儀禮》各篇不出一人之手的結論，從而可以推翻《儀禮》乃孔子手定完書及出孔子創制之說。以下分三個層次論證，首先是各篇經文內容的比對，其次是經與記的比對，最後是各篇行文措辭的比對。

　　《儀禮》各篇有性質相關或相同的，如〈鄉飲酒禮〉與〈鄉射禮〉、〈特牲饋食禮〉與〈少牢饋食禮〉等，可以比較其敘事方式，以觀察二篇是否一人所作。以〈聘禮〉與〈公食大夫禮〉為例，兩篇都是記國與國間的聘禮，由卿擔任使者稱大聘，由大夫擔任使者為小聘，〈聘禮〉記大聘，〈公食大夫禮〉記小聘。〈聘禮〉詳細記載了命使、授幣、將行告禰與行、受命遂行、過他邦假道、豫習威儀、至竟迎入、入竟展幣、郊勞、致館設飧、聘享、主君禮賓、私覿、賓禮畢出公送賓、卿勞賓、歸饔餼於賓介、賓問卿面卿、介面卿、問下大夫、大夫代受幣、夫人歸禮賓介、大夫餼賓介、還玉報享、賓將行君館賓、賓行主國贈送、使者反命、使還奠告……等儀節（以上據張爾岐《儀禮鄭注句讀》[註25]所立章名，下〈公食大夫禮〉同），詳細描述國君任命、準備禮物、檢視禮物、過境他國、練習禮儀、會見國君夫人大臣、致贈禮物、返國復命等等過程，而〈公食大夫禮〉則記戒賓、陳具、賓入拜至、載鼎食於俎、為賓設正饌、賓祭正饌、為賓設加饌、賓祭加饌、賓食饌三飯、公以束帛侑賓、賓卒食、禮終賓退、歸俎於賓、賓拜賜……等，全部的篇幅幾乎都在描寫食禮的細節，比〈聘禮〉中相關的飲食儀節詳細許多倍。從上述，似乎可得出兩篇內容互補的結論。但是，如果這兩篇

25. 清・張爾岐，《儀禮鄭注句讀》（臺北：藝文印書館，影印乾隆八年和衷堂藏板，1965 年 5 月）。

出於一人之手，這現象便很奇怪了，如果說作者在〈聘禮〉中完整敘述大聘從命使到使還奠告等儀節，希望讀者從大聘推小聘，因而〈公食大夫禮〉不需完整敘述，只需詳述食禮的細節，而希望讀者從小聘推大聘，則這真是極不尋常的做法，很難令人相信。何況〈聘禮〉經文之末有「小聘曰問，不享，有獻，不及夫人。主人不筵几，不禮，面不升，不郊勞。其禮，如為介，三介」之文，明白論及小聘，可見作者並無寫作「小聘之禮」的打算。因此對於這兩篇，最合理的解釋，即先有〈聘禮〉傳世，再有〈公食大夫禮〉的出現。那麼，〈聘禮〉與〈公食大夫禮〉便不是出自一人之手了。

同一篇中，內容也有前後明顯不同的，〈士相見禮〉即是。自後半「凡燕見於君」以下「經」文，除了所述與他篇行禮之「儀」有異外，文氣很像「記」文，張爾岐便曾指出：「以下博言圖事、進言、侍坐、侍食、稱謂諸儀法，殆類記文體例矣。」學長張光裕也說：「章首皆有『凡』、『若』等字，極似記文性質之辭。」並懷疑本是記文，因無「記」字，遂混入經文^(註26)。但〈士相見禮〉更可疑的是大部分內容與「相見之禮」關係不大或甚微，如「凡言，非對也，妥而後傳言。與君言，言使臣；與大人言，言事君；與老者言，言使弟子；與幼者言，言孝弟於父；與眾言，言忠信慈祥；與居官者言，言忠信」，「凡侍坐於君子，君子欠伸，問日之早，以食具告；改居，則請退可也。夜侍坐，問夜，膳葷，請退可也」，這類內容，與《禮記‧曲禮》所載極為類似，如果此類也算相見禮的必要內容，那麼「曲禮三千」，文章豈有止盡？筆者懷疑「凡燕見於君」以下乃是後人附入，與其上經文不出一人之手，亦即今所見經文乃是累積而成。

---

26. 張光裕，〈士相見禮成篇質疑〉，《孔孟月刊》，第 6 卷，第 4 期，1967 年 12 月，頁 23 轉頁 9。

　　《儀禮》有數篇「經」後有「記」，細閱其文，可知二者不出一人之手。如〈士冠禮・記〉稱：「以官爵人，德之殺也。死而謚，今也。古者生無爵，死無謚。」此段所論內容，與冠禮完全無關，乃是作「記」者在論大夫以上是否有冠禮、昏禮之後的延伸發揮，可見〈士冠禮〉之「經」與「記」不出一人之手。再者，〈鄉射禮・記〉稱：「君在，大夫射則肉袒。」這是說大夫參與鄉射本來不必肉袒，但君在則須肉袒。而〈燕禮・記〉也稱：「君在，大夫射則肉袒。」按：根據〈大射〉，大射時君在場，大夫以上射本來即須肉袒，如果以上的「經」、「記」作者為同一人，行文何須如此累贅？可見〈鄉射禮・記〉、〈燕禮・記〉與〈大射〉不完全出於同一人之手。

　　對於完全相同的儀節，各篇有時採取不同的敘述方式。如〈鄉飲酒禮〉述陳設：「尊兩壺于房戶間，斯禁，有玄酒在西，設篚于禁南，東肆，加二勺于兩壺。」這裡談到的是酒壺、玄酒（撰按：即水）壺、斯禁、篚、勺的相對位置。而〈鄉射禮〉記完全一樣的擺設，則為：「尊於賓席之東，兩壺，斯禁，左玄酒，皆加勺，篚在其南，東肆。」敘述的先後次第不太相同。特別是描寫玄酒壺的位置，〈鄉飲酒禮〉說「玄酒在（酒）西」，是以東西方位的概念來描述的，與〈士冠禮〉、〈士昏禮〉所載相同；而〈鄉射禮〉則稱「左玄酒」，是以左右的概念來描述的，並且是以人取酒（及玄酒）北面時的左右為左右，二者差異頗大。如果〈鄉飲酒禮〉與〈鄉射禮〉出於一人之手，何須如此行文？又，對於相同服飾、相同動作，各篇有時也採用不同的辭彙來描述。如〈士昏禮〉：「使者玄端至。」玄端，即玄冠、玄端。而〈特牲饋食禮〉稱：「主人冠端玄。」鄭注：「冠端玄，玄冠、玄端。」這是描寫同一服飾而用兩種措辭。又同是記筮，〈士冠禮〉：「卒筮，書卦，執以示主人。」而〈特牲饋食禮〉則稱：「卒筮，寫卦，筮者執以示主人。」賈疏：「彼云書

卦，即云執以示主人，則筮者書寫以示主人也。此經云卒筮，寫卦，
乃云筮者執以示主人，則寫卦者非筮人，故此鄭云卦者主畫地識爻，
爻備以方寫之也。」按：〈士冠禮〉、〈特牲饋食禮〉都記士禮，
而一作「書卦」、一作「寫卦」，根據賈疏，也許可以解釋用語不
同的原因，但〈少牢饋食禮〉記大夫之禮，乃稱：「卒筮，乃書卦
於木，示主人。」則賈說便不足以解釋了。簡言之，「書」即「寫」，
這是同一動作而用兩種措辭。這些細節，顯現了各篇不出於一人之
手的痕跡。

　　綜合上述，今傳《儀禮》無法認定出於一人之手，自然不能說
是孔子手定之完書。

八、結論

　　清代經今文學家提出的《儀禮》為孔子手定完書說及其延伸出
的新道統說若能成立，則在學術上影響極大，舉其最重要者約有數
端：一、若依康氏之說，則《儀禮》所載禮儀非周代禮儀之紀錄，
乃孔子所創制，則孔子以前的禮樂文明將僅餘極少數文獻可資探討，
內涵將縮小，年代將縮短。二、由於今傳鄭玄注本《儀禮》編次與
大戴本不同，若依邵氏、康氏之說，鄭玄之禮學未能掌握孔子的精
義，方向有所偏差，則二千年來「禮是鄭學」便成為一項嚴重的錯
誤。三、新道統說若能成立，不僅朱熹建構的道統說及其《四書章
句集注》大部分應予摒棄，孔學的內涵更應重新認識與思考。由此
可見，清人《儀禮》為孔子手定完書說及新道統說對原有學術具有
極大的震撼力和殺傷力。

　　上段所述的三項，在學界曾造成巨大迷思，迄今餘波猶存，或
以新面目出現，因而今日仍有必要將其發展過程敘述清楚，批駁其

錯誤理據。據以上各節所論，可知《儀禮》並不是具有結構性的完整著作，今傳十七篇也不是漢初原貌，且不出於同一人之手，所以不是孔子「手定」之「完書」。十七篇中，文獻上可以證明和孔子有明顯關係的只有〈士喪禮〉（或包括其下篇〈既夕禮〉），其餘各篇著作年代恐有參差，但筆者以為大多反映西周文化，乃是後人研究西周文化的寶貴資產。十七篇既非孔子手定完書，則大戴本的編次只能顯現其個人的見解，不能代表孔門禮學的精義，且在傳承過程中為鄭玄本取代。至於孔門中子游得升平大同之學，傳之子思、孟子，為道統所繫等說，更是誤讀（或故意曲解）古書，而發為附會影響之談，迷惑學子，今人不應據為典要。

　　（本文原以〈駁《儀禮》為孔子手定完書說及其延伸論述〉為名，載《屈萬里先生百歲誕辰國際學術研討會論文集》。臺北：國家圖書館、中央研究院歷史語言研究所、國立臺灣大學中國文學系編印，二〇〇六年十二月。）

貳、論《儀禮》經文與記文的關係

一、前言

今傳《儀禮》十七篇，其中十二篇有所謂附「經」之「記」，〈士冠禮〉、〈士昏禮〉、〈鄉飲酒禮〉、〈鄉射禮〉、〈燕禮〉、〈聘禮〉、〈公食大夫禮〉、〈覲禮〉、〈既夕禮〉、〈士虞禮〉、〈特牲饋食禮〉十一篇篇末有「記」，〈喪服〉則篇中有「記」。另〈士相見禮〉、〈大射儀〉、〈士喪禮〉、〈少牢饋食禮〉、〈有司徹〉五篇無「記」。有人因〈士喪禮〉與〈既夕禮〉為上下篇，稱四篇無「記」，若然，〈少牢饋食禮〉與〈有司徹〉亦為上下篇，亦可稱三篇無「記」。五、四、三，不論何稱，事實相同。(註1)

這十二篇「記」文，與「經」文的關係如何？這牽涉到「經」文的詮釋問題，必須正確了解。而欲理清「經」文與「記」文的關係，「經」與「記」各自的問題，諸如寫作體例、性質、作時等又須清楚定位。本來，「經」與「記」各自的問題，前人已多異說，但都主張「記」作於「經」之後，未見有人明白主張同一篇之「經」與「記」屬於同一作者，所以在邏輯上，詮釋「經」文，可以參考「記」

---

1. 如元‧熊朋來，《經說》（臺北：臺灣商務印書館，影印文淵閣四庫全書本），卷5云：「《儀禮》名為十七篇，實十五篇而已。〈既夕禮〉乃〈士喪禮〉之下篇也，〈有司徹〉乃〈少牢饋食禮〉之下篇也。」又言：「十七篇惟〈士相見〉、〈大射〉、〈少牢饋食〉、〈有司徹〉四篇不言『記』，其有『記』者，十有三篇。」

文，但不必然要受「記」文之說的限制。

以上傳統的看法，沈文倬先生〈略論禮典的實行和《儀禮》書本的撰作〉（註2）一文認為有四個問題難以解決（詳下文），遂參考出土漢簡《儀禮》提出新說：

> 1958 年甘肅武威漢墓出土西漢簡本《儀禮》七篇九卷，其中〈喪服〉、〈特牲饋食禮〉、〈燕禮〉三篇有附經之「記」，而經記之間，不但沒有如今本標有「記」字，而且所標□、○符號與經文分章符號相同，顯然不是用來區分經、記的特殊標誌。從簡本上受到啟發，恍然領會《儀禮》本經篇末所附之「記」，不過把行文上不便插入正文的解釋性、補充性的文字，在後人可以用雙行夾注或加括弧來處理的，在它就安排在篇末作附錄。……今本「記」字顯然是漢以後人所加，不足憑信。附經之「記」本來就是經文的組成部分，「於是乎書」時便已包括在內。經與附經之「記」不是前後撰作的兩種書，而是同時撰作的一書的兩個部分。

其意謂：「經」文撰作既竟，該篇作者又將不便寫入正文者安排在篇末為附錄，以資解釋或補充，有如後代的自作自注。如依沈先生之說，「經」文的詮釋便不得與「記」文所言相左。其說然乎否乎，影響「經」文的詮釋，必須細心求證。

本文寫作的宗旨，在反對沈說，並維護各篇「記」文均作於「經」文之後的舊說，主張詮釋「經」文不必然要受限於「記」文。因而全文僅聚焦於有關的直接議題上，其餘連類牽涉的間接議題則不擬著墨太多。在論證上，筆者的觀點傾向於傳統說法，但未必全然承

2. 文原載中華書局《文史》第十五、十六輯，後收入沈文倬先生，《宗周禮樂文明考論》（杭州：杭州大學出版社，1999 年）。

襲或贊同前賢。全文的進行，先論「經」文的寫作體例與累增現象，再論「記」文的性質、作時與累增現象，然後據以反駁沈說，最後作出結論。

二、經文的寫作體例與累增現象

《儀禮》的作者作時問題，以及所載禮典反映何種時代的問題，前人頗多異說，宋元明清及近代學者尤多誤解、誣蔑之言。[註3]筆者既不贊成賈公彥的周公攝政太平之書、邵懿辰的孔子手定完書之說，[註4]也不認同宋元明清及近代學者的某些誤解、誣蔑之言，而服膺沈文倬先生〈略論禮典的實行和《儀禮》書本的撰作〉一文的觀點，亦即《儀禮》各篇成書雖晚至孔子之後，全書十七篇並非同一人所作，但所載多是周代曾經實行的禮典，反映出宗周文化。沈說對於廓清誤解、誣蔑，表彰《儀禮》對研究宗周文化的重要性，貢獻極大。不過，沈先生既認為同一篇的「經」與「記」乃同一人所作，自然是認為同一篇的「經」文也只出一人之手。其觀點關涉到各篇的寫作體例問題和累增現象，筆者未能完全接受。

十七篇「經」文非只一人作，筆者也曾有所論證，只是角度和沈先生不同而已。[註5]若從十七篇的內容看，筆者認為：除了〈喪服〉外，其餘十六篇雖有大致相同的修辭風格，卻沒有一致的寫作體例，某些篇甚至還有後人附益之文，造成累增現象。

「經」文的寫作體例問題，主要由宋人引發。《禮記》中的〈大學〉、〈中庸〉本無經、傳之分，朱子為作《章句》，遂區分之。

---

3. 參考張心澂，《偽書通考》（臺北：明倫出版社，1971 年），頁 269~280。鄭良樹，《續偽書通考》（臺北：臺灣學生書局，1984 年），頁 349~351。

4. 參本書第壹篇，〈駁《儀禮》為孔子手定完書說及其延伸之新道統說〉。

5. 參本書第壹篇第七節，〈從文本內容論《儀禮》各篇非一人所作〉。

其後朱子作《儀禮經傳通解》^(註6)，又仿《章句》之法，大致取《儀禮》各篇「經」文為經，二戴《禮記》等書之內容為傳。《儀禮》各篇之「經」文，朱子又依己見將其認定為「正禮」的部分列為經，非正禮的部分及「記」文列入傳中。

　　由於朱子的巨大影響力，後儒遂有《儀禮》「經」、「記」相混之論，如清代盛世佐《儀禮集編》^(註7)卷二說：

> 凡為記者有三：有記經所未備者，有記禮之變異者，有各記所聞頗與經義相違者。記經所未備者，周公之徒為之，與經並行者也。記禮之變異，則非周之盛時之書矣，蓋自巡守禮廢，天子不能申變禮易樂之討，而異政殊俗者出焉，其在春秋之際乎。……至于各記所聞而頗失經意者，則七十子後學所記也。意其初，經與記分，記與記亦不相雜，至漢儒掇拾灰爐之餘，竄以經師之說，而三者之辨不可復知。且有經連于記，記混于經，錯亂無次，于記為甚，讀者不可不分別觀之。

盛氏認為「記」文依性質不同可分為三類，分別是不同年代的產物，而且今本「有經連于記，記連于經」者，如〈士冠禮〉「若不醴」以下，朱子《儀禮經傳通解》卷一謂〈士冠禮〉「賓出，主人送于外門外，再拜，歸賓俎」章云：「此章以上，正禮已具，以下皆禮之變。」盛世佐上揭書同卷遂認為此章以下是「記」不是「經」，今本誤入「經」中，其理由如下：

> 此篇之經，至「歸賓俎」而止矣。自此以下皆記也。
> ……何以明自此以下之為記也？試以〈昏禮〉較之。此

---

6. 宋・朱熹，《儀禮經傳通解》（臺北：臺灣商務印書館，影印文淵閣四庫全書本）。
7. 清・盛世佐，《儀禮集編》（臺北：臺灣商務印書館，影印文淵閣四庫全書本）。

「若不醴」及下文「若殺」，猶〈昏禮‧記〉「若不親迎」
也，所謂記禮之變異也；「若孤子」、「若庶子」及「冠
者母不在」，猶〈昏禮‧記〉「庶婦」及「宗子無父」
之類，所謂記經未備也；諸「辭」，則〈昏禮〉俱屬記，
尤為明證。唯「屨制」一節，朱子移附陳器服節之末，
或是彼處脫簡，然詳其文體，亦似〈昏禮‧記〉「摯不
用死，腊必用鮮」之類，經蓋以屨賤，不與冠者並言，
而記者詳之，亦是記所未備也。

亦即認為「若不醴」以下所記是「變禮」，而且和〈士昏禮〉「變禮」
見於「記」中的體例不同，因而認定「若不醴」以下是「記」不是
「經」，其說實從朱子對「正禮」的觀點而來。盛氏又認為〈士昏禮〉
「經」文最後一章「舅姑既沒」也是「記」文，今本也誤入「經」中，
其理由如下：

此章亦記體也，當在「婦入三月然後祭行」之後，蓋編
禮者誤置于此，否則錯簡耳。斷為記者，以其言禮之變
也。凡言禮之變者二：一、後世變禮，自不合入經，如〈冠
禮〉「不醴」、「若殺」，此篇「不親迎」之類是也。一、
古者元有其禮，以通乎正之所窮，特以非常，故不見于
經，而賢者識之，以補其所未備，如〈冠禮〉「孤子冠
母不在」、此篇「宗子無父」之類是也。此章亦其類矣。
二者皆記，而作記之人則非一時。愚于上篇詳之矣，後
凡言變禮者放此。

盛氏認為：「舅姑既沒」一章雖是「古者元有其禮，以通乎正之所窮，
特以非常，故不見于經，而賢者識之，以補其所未備」，但仍是「變
禮」，既是「變禮」，便只能視為「記」文。

　　若依照朱、盛之說，今本《儀禮》便是一部編輯很錯亂的經籍，需要更動的地方不少；其觀點及做法，筆者頗不以為然。依筆者之見，朱子與盛氏的主張有兩項缺點：第一項缺點是他們的「正禮」、「變禮」之說恐怕不符合古代社會的實情。他們認為「經」文乃聖人所定，所記必然只有「正禮」，若是「變禮」，不是衰世之法，便是「非常」，聖人不會寫入「經」中。然而古代是否真有一個禮制嚴明不二、各方都嚴格遵守的時期，大可質疑。筆者雖服膺《儀禮》所記為宗周以來曾實施的禮典之說，但不論是其儀節或禮意，筆者乃是就大體予以承認，並不意味著筆者相信宗周所行禮儀的細節一一和「經」文所載相符。因為當時各地所行必有差異，學者的見解也會有所不同，一如〈檀弓〉所見關於喪禮記載的差異和學者的歧見一般。此外，今傳《儀禮》與孔門關係密切，成書過程必然曾經儒者之手，其中蘊涵有儒家的主張。所以「經」文所載不必完全視為宗周禮典的實錄，更不必視為「正禮」。相對而言，上揭〈士冠禮〉的「若不醴」以下、〈士昏禮〉的「舅姑既沒」一章，應該也是行禮常見的情形，所以「經」文作者載入，不能逕指為「變禮」。第二項缺點是他們對「經」、「記」的嚴格區分不符合先秦古籍成書和流傳的通例。先秦古籍多為各篇單行，各自發展，因而後代流傳的先秦古籍，其中各篇大多體例不一，詳略有別，而且某些篇有明顯的累增現象，近年出土的簡帛古籍，更能證實這一點。《儀禮》在先秦與漢初也是如此，各篇「經」文的作者與寫作年代既然不一，而要求都不將盛世佐所言的「後世變禮」和「古者元有其禮，以通乎正之所窮」兩種情況寫入，顯然並不合理。

　　依筆者之見，今本各篇「經」文體例有所不同，大部分是著於竹帛之初即是如此。鄭、賈注疏未從內容差異性提出寫作體例的問題，便是默認各篇體例本有不同。按：古人行文，本無人訂定規範，

體例的觀念，在先秦還很模糊，《儀禮》各篇作者自然可以選擇不同的寫作策略，除了必然會陳述其心目中常規的儀節外，既可以將常見的特殊狀況寫入，也可以不寫，既可以在文後自行補述，也可以不補。以〈士冠禮〉言，「若不醴」應是異於「醴」的另一種常見情況，其禮典又未見有不合禮意處，何必視為「變禮」而將之貶入「記」文？〈士昏禮〉「舅姑既沒」一章，其理相同。又如〈士昏禮〉「經」文未載諸辭而見於「記」的原因，應該是「經」文作者認為辭本無定，所以不書，而「記」文作者加以補充，也只是供參考而已，並非行禮之時必須照本宣科。但〈士冠禮〉「經」文作者何必不能將祝辭、醮辭等寫入？（關於辭的問題，另參下文）又如〈覲禮〉「經」文有「同姓大國則曰伯父，其異姓則曰伯舅。同姓小邦則曰叔父，異姓小邦則曰叔舅」一段，是作者在前文記天子稱侯氏為「伯父」，為恐讀者誤會，遂加補述，但如當初未撰此段，並不算缺失，而若有人錄入「記」文，以補「經之未備」，也不足為奇。以上諸例，都可以用寫作體例本有不同加以解釋，朱、盛等人對「經」、「記」內容和體例的嚴格區分，並不全然合理，也不符合先秦古籍通例。

　　除體例可能在「於是乎書」時便已不同外，今本各篇體例有所不同，也可能有一部分出於後人附益累增造成的。以近年出土秦漢簡帛觀之，同一篇文章幾無兩本文字完全相同，而且將前後本比對，還可看出若干刪改或累增現象，使我們不能排除《儀禮》也有這種可能。依筆者之意，〈覲禮〉的累增是最明顯的，從「諸侯覲于天子」至「祭地，瘞」一段，所載方明顏色及公侯伯子男事，與「饗禮乃歸」以上，本不相關，何況方明的方位與顏色充滿戰國時流行的五行色彩，而公侯伯子男五等爵又非宗周制度，所以該段應屬後人附益。其他各篇，如〈士相見禮〉，後人附益，也頗明顯。

從〈覲禮〉的例子看,「經」文的成書有一個過程,有些篇在過程中後人有所附益。更後來,有人將「記」文錄於「經」文之後,「經」文累增的痕跡便相對不明顯了。

三、記文的性質、作時與累增現象

《儀禮》十二篇附「經」之「記」,其性質與作時如何?賈公彥在〈士冠禮〉「記冠義」三字之下說:

> 凡言「記」者,皆是記經不備,兼記經外遠古之言。鄭注〈燕禮〉云:「後世衰微,幽、厲尤甚,禮樂之書,稍稍廢棄。」蓋自爾之後有「記」乎?又案,〈喪服〉「記」,子夏為之作〈傳〉,不應自造還自解之,「記」當在子夏之前,孔子之時,未知定誰所錄。云「冠義者,記〈士冠〉中之義」者,記時不同,故有二記,此則在子夏前。

賈公彥這段話,需要補充一些背景資料才易充分了解,茲分段說明:
(一)凡言「記」者,皆是記經不備,兼記經外遠古之言。按:這是說附「經」之「記」的性質,既有補充「經」文不及敘述者,也有和「經」文關係不密切的古代禮制。
(二)鄭注〈燕禮〉云:「後世衰微,幽、厲尤甚,禮樂之書,稍稍廢棄。」蓋自爾之後有「記」乎?按:賈公彥在〈儀禮疏序〉中明言:「《周禮》、《儀禮》,發源是一,理有終始,分為二部,並是周公攝政太平之書。《周禮》為末,《儀禮》為本。」可見賈公彥認為《儀禮》的「經」文乃是周初的著作,「記」文則是幽、厲之後才附加的,並非著作之初即附在「經」文之後。
(三)〈喪服〉「記」,子夏為之作〈傳〉,不應自造還自解之,

「記」當在子夏之前，孔子之時，未知定誰所錄。按：〈喪服〉有「經」、有「記」、有「傳」，依據賈公彥的認知，「凡言『記』者，皆是記經不備，兼記經外遠古之言」，乃是「經」的「記」，不是「傳」的「記」，而且子夏沒有自作〈喪服傳〉又自作「記」的道理。所以賈公彥認為作時的先後依序是：「經」，周初；「記」，幽、厲之後所作、孔子之時所錄；「傳」，子夏。賈公彥把「記」的下限定在孔子之時，是因「記」中有「其緌也，孔子曰：吾未之聞也，冠而敝之可也」之文。至於「未知定誰所錄」一句，「錄」字不作「作」字，是因《禮記・郊特牲下》也收有〈士冠禮〉「記」文的全部，將「記」文附「經」之後的人，不見得就是「記」文作者，所以不用「作」字。

（四）云「冠義者，記〈士冠〉中之義」者，記時不同，故有二記，此則在子夏前。按：今本「記冠義」下，鄭玄無注，阮元校勘記云：「此節疑當有注云：『冠義者，記〈士冠〉中之義。』故疏疊其文而釋之，今本佚脫耳。疏云：『記時不同，故有二記。』此釋注中『記』字也，否則此賈自疏『冠義』二字，非另有鄭注也。」據此，「記冠義」下，原有鄭玄注「冠義者，記〈士冠〉中之義」九字，今本脫。賈疏既用「云……者」套語，阮校云「否則此賈自疏『冠義』二字，非另有鄭注也」，實有不通。至於賈疏所謂「記時不同，故有二記，此則在子夏前」，指〈士冠禮〉附「經」之「記」作於子夏前，《禮記》另收有一篇〈冠義〉是子夏之後所作，二者著作年代不同。

根據上述，鄭玄作《儀禮注》時，經文和記文中間是否有一「記」字加以區隔，雖然無法證明；但確實有「冠義」二字在經文與記文之間，則無疑問，可見當時知道「冠義」二字之前後文有別。關於「記」的性質，鄭玄指明是「記〈士冠〉中之義」，表示「記」乃是闡釋「經」中儀文的「義」。賈公彥則說「皆是記經不備，兼記

經外遠古之言」，指出「記」文有補充「經」文不及敘述者，也有和「經」文關係不密切的古代禮制。關於「記」文的作者作時，鄭玄沒有明言，但他說「記〈士冠〉中之義」，應當不會認為與「經」文作者為一人。賈公彥則明白指稱「經」文作於周初，「記」文的作者已在幽、厲之後或孔子之時。總之，鄭、賈的看法認為《儀禮》之「記」乃是後人附加，並非「經」文原有。既然如此，學者自可將「經」文、「記」文分別看待。

　　鄭、賈之外，歷代對於《儀禮》附「經」之「記」的性質和作時也有闡述。如元人熊朋來《經說》卷五說：

〈冠禮〉之記，有「孔子曰」，其文與〈郊特牲〉所記冠義正同。其餘諸篇，惟〈既夕〉之記略見於〈喪大記〉之首章，〈喪服〉之「傳」與〈大傳〉中數與相似，餘記自與小戴〈冠〉、〈昏〉等六義不同，何二戴不以《禮經》所有之記文而傳之也？十三篇之後各有記，必出於孔子之後、子夏之前，蓋孔子定禮而門人記之，故子夏為作〈喪服傳〉而并其「記」亦作傳焉。

張爾岐《儀禮鄭注句讀》^(註8)卷一說：

此記已有「孔子曰」，當在孔子後，不知定誰所錄。「冠義」又記中小目，餘篇不復言某義者，或欲舉一例餘也。又戴《記》亦有〈冠義〉，又後儒所為，故與此異也。

吳廷華《儀禮章句》^(註9)卷一「記冠義」下說：

後世所作，以補經所不及。

---

8. 清・張爾岐，《儀禮鄭注句讀》（臺北：藝文印書館，1965年）。

9. 清・吳廷華，《儀禮章句》（臺北：藝文印書館，影印皇清經解本）。

盛世佐《儀禮集編》說之尤詳，已見上引，茲不贅。胡培翬《儀禮正義》[註10] 卷二引熊、張、盛之說，以為各有理致，但他認為：「此經古本相傳已久，未可據易，而其說則可存參云。」所以不更動鄭、賈注疏本的樣貌。熊、張、吳的看法，和鄭、賈沒有重大歧異，作時大多定為孔子之後，比「經」文的成書晚。盛世佐則將「記」文的性質分為三類，並認為三類不同性質的記文是三個不同年代的著作，有「周公之徒」作的，有「春秋之際」作的，也有「七十子後學所記」，盛氏的說法，就是指「記」文是累增而成的。但盛氏又認為「意其初，經與記分，記與記亦不相雜，至漢儒掇拾灰燼之餘，竄以經師之說，而三者之辨不可復知。且有經連于記，記混于經，錯亂無次，于記為甚，讀者不可不分別觀之」，所以盛氏對於如何區分「經」、「記」，甚至對「記」文應當如何重整，也有所論斷，如《儀禮集編》卷五便重定〈士相見禮〉章句。

　　沈文倬先生治禮有成，他在上揭文中把「記」文內容的性質分成六類：

> 今存十七篇中十二篇篇末有附「記」，就其內容而論，一是闡發禮的意義，二是追述遠古異制，三是詳述因故變異其制的不同儀式，四是備載因爵位不同而引起器物、儀式的差異，五是敘說所用器物的製作、形狀和數量，六是記錄禮典所用的「辭」。因此歷代禮家都以為：經文是敘述一個禮典的始末，記文是補經之作，從而把它與二戴所輯《禮記》相等同。

沈先生對於「記」文的分類比前人更為具體詳密，但也沒有超越處，可見對內容的性質，學者的認知並無重大差異，比較不同的是沈先

10.清・胡培翬，《儀禮正義》（臺北：藝文印書館，影印皇清經解續編本）。

生不認為「記」文有累增現象。

　　關於「記」文的累增現象，盛世佐以「記經所未備」、「記禮之變異」、「各記所聞而頗失經意」三種性質來區分時代，也許有主觀成分太強的顧慮，恐怕不能獲得學者的完全贊同。故筆者特別另外舉例說明如下。〈聘禮〉「記」中有「凡餼，大夫黍、粱、稷，筥五斛」之文，是為解釋經文「大夫餼賓」章「米八筥」之筥的容量。但〈聘禮〉「經」文在該章之前早就出現「米百筥，筥半斛」以及秉、籔、秅等度量衡單位，「記」文卻在「筥五斛」之後一百二十字才出現解釋度量衡制度之文「十斗曰斛，十六斗曰籔，十籔曰秉，二百四十斗。四秉曰筥，十筥曰稯，十稯曰秅，四百秉為一秅」，遂形成記中之記。如果「經」文與「記」文作者是同一人，按理說此兩條應該相互靠近，而事實不然，可見不僅〈聘禮〉的「經」文與「記」文不出一人之手，而且「記」文也不出一人之手。此例在盛氏看來是「錯亂無次」，但筆者不認同盛氏的重整辦法，因為所謂「錯亂無次」本是逐次累增造成的，而不是在流傳過程中由於書手的粗心造成的，因此不應更動重整，而應保持原貌以見其累增的痕跡。

四、沈文倬先生新說的理據與盲點

　　前文已述，1958 年甘肅武威出土西漢簡本《儀禮》，經文與記文之間並無「記」字，遂引發沈文倬先生對傳統看法的質疑，並提出新說。沈文倬先生在上揭文說：「經」文與「記」文間的關係，有「四個問題」雖經歷代禮家多方辨解疏通，仍然不能令人信服，所以在看了武威漢簡《儀禮》之後恍然領會「附經之『記』本來就是經文的組成部分，『於是乎書』時便已包括在內」。沈先生提出

新說，目的在解決其指出的「四個問題」。然而舊說是否真的無法
解決？筆者認為可以再予以檢討。新說是否會引發無法解釋的新問
題？筆者也認為必須慎重考慮。因而不揣仄陋，就所知所慮加以析
論，惟大雅君子不吝賜教為懇。

　　沈先生所提的「四個問題」，以下逐段逐字引述，並予以析論。
二者用不同字體區別，筆者之意前加「析論」二字：

　　（一）十七篇中四篇無「記」，但與有「記」之篇相對照，
　有些章節不像是經文，如〈士相見禮〉篇末的進言之法
　節、侍坐於君子之法節，稱謂及執贄之容節，顯屬記文，
　因其篇無「記」字而被當作經文了。

析論：沈先生所謂四篇無「記」，是將〈士喪禮〉和〈既夕禮〉視
為一篇。沈說主要在指出〈士相見禮〉篇後有些文字極像其它篇的
「記」文，企圖要和其「附經之『記』本來就是經文的組成部分」
之說相呼應。依照沈說，〈士相見禮〉篇後這些部分也是「解釋性、
補充性」的附載文字，但「漢以後人」沒在這篇加上「記」字，因
此被後代誤視為「經」文。對此一現象，上引盛世佐說，則甘脆加
一「記」字，重定〈士相見禮〉章句。但沈先生不如此主張，反而
主張有「記」的各篇都應取消「記」字，如此，則各該篇「經」文
各有補述性文字附後。筆者認為，討論「經」文與「記」文之關係
的關鍵，即不應設想《儀禮》十七篇的「經」或「記」都有相同的
寫作體例，且依沈先生此文的主張，《儀禮》各篇所記的禮典雖是
宗周以來所行，但著於竹帛的卻是孔子及其弟子或後學，作者、作
時既不一，體例不同自然不足為奇。沈先生提出〈士相見禮〉篇後
一些看起來像它篇「記」文的文字，其實正與〈士冠禮〉在「經」
文中寫入「若不醴」一段、〈公食大夫禮〉也在「經」文中寫入「若

不親食」一段一樣，都是作者自行補述，或出後人累增。

（二）同類的章節，有的在經文而有的在記文，如〈士
冠禮〉經文有冠辭、醮辭，而〈士昏禮〉六禮之辭俱入
記文。又如〈特牲饋食禮・記〉有「設洗，南北以堂深，
東西當東榮，水在洗東，篚在洗西」云云，而〈鄉射禮〉
經陳設節有相同的設洗設篚之文。又如〈士昏禮〉、〈公
食大夫禮〉俱有附記，〈士昏禮〉「若不親迎」在記末，
〈公食大夫禮〉「若不親食」在經末記前。

析論：此條沈先生的疑惑，一部分也可用上條的析辯予以消除。〈士
冠禮〉「經」文作者寫入冠辭、醮辭，〈士昏禮〉「經」文作者則
未將六禮之辭寫入，「記」文作者才補述，本不足為奇。〈公食大
夫禮〉「若不親食」一章在「經」末，〈士昏禮〉「若不親迎」一
章在「記」末，其理相同。又，〈鄉射禮〉設洗設篚之文在「經」中，
而〈特牲饋食禮〉有相同之文在「記」中，此當是後人以〈特牲饋
食禮〉是士禮，而〈士昏禮〉親迎前預陳饌也有「設洗于阼階東南」
之文，與〈鄉射禮〉主要由士人參加而洗設于阼階東南相類，故推
士禮當如此，而納入〈特牲饋食禮〉之「記」中。蓋「記」之產生，
必有此類。

（三）如果附經之「記」屬于補經之作，那末有的經文
單獨來看就顯得殘缺不全了。以〈喪服〉為例，如缺少
記文「公子為其母練冠麻，麻衣縓緣，為其妻縓冠葛絰
帶，麻衣縓緣」，「大夫、公之昆弟、大夫之子於兄弟
降一等」等條，就不是完整的服制；以〈士昏禮〉等為例，
賓主之辭在記內，記文後作，當時就無辭可用了。

析論：古書流傳，郭公夏五的情況不少，後人能予補正最佳，如不

能，只好付諸蓋闕。〈喪服〉「記」文能補「經」之所闕，豈能據此得出二者為一人所作的結論？若二者本無分別，後人有何種理由故意在其間加一「記」字，而造成「經」文「殘缺不全」的觀感？關於「辭」的問題，《儀禮》各篇，其儀節進行時之應對，或有辭，或無辭，並無一定。〈聘禮〉「擯者曰：寡君從子，雖將拜，起也」句下鄭注：「此禮固多有辭矣，未有著之者。是其志而煥乎，未敢明說。」賈疏：「云此禮固多有辭矣者，謂此《儀禮》之內，賓主之辭固多有辭矣。但周公作經，未有顯著明言之者，直云辭耳。此及〈公食〉皆著其辭，此二者是志記之言，煥乎可見。云未敢明說者，據此二者，觸類而長之，餘辭亦可以意量作，但疑事無質，未可造次明說，故上注每云：其辭未聞也。」有辭者，並非當年必據此照本宣科；無辭者，亦非當年均閉口不言。〈聘禮‧記〉云：「辭無常，孫而說。辭多則史，少則不達，辭苟足以達，義之至也。」可見行禮應對時，主要靠臨機應變。有辭者，只如古代之書儀或今之應用文範本，係供參考用，並非都要照說照唸；無辭者，是沒有標準辭令，當事人「孫而說」即可。沈說〈士昏禮〉「賓主之辭在記內，記文後作，當時就無辭可用了」，以此呼應記文和經文都是作者「於是乎書」時所作，未免太過牽強。《儀禮》各儀節有「經」、「記」均未載其辭者，鄭注亦云「其辭未聞也」，當事人豈都嚜而不言？可見沈說之不然。

（四）可能出于同樣的原因，後世的學者對經和記也不曾加以嚴格的區分，有人把記當作經，如《禮記‧問喪》引「禮曰：童子不緦，唯當室緦」，《通典》卷七十二引《石渠議奏》「經云：宗子孤為殤」，都見于〈喪服‧記〉，而〈問喪〉作者和戴聖都把它當作經。有人把經當作記，如鄭玄《詩‧采蘩》箋引〈少牢〉經文云「禮記主婦髲

鬄」，郭璞《爾雅‧釋言》注引〈有司〉經文云「禮記曰扉用席」，二者都是經文而鄭、郭稱之為記。還有引述記文而或稱禮或稱記，如何休《公羊傳》隱公元年「隱長而卑」解詁引〈士冠‧記〉文，而稱「士冠禮曰」而不言記，而閔公三年「三年之喪實以二十五月」解詁引「士虞記曰」又正言記。

析論：沈說漢人引「記」文而稱「經」，引「經」文而稱「記」，不甚謹嚴，以與其「記」字為漢以後人所加、漢代以前本無「經」、「記」之分之說相呼應。案，引「記」文而稱「經」，是《儀禮》一書既內含「記」、「傳」，則引「記」文而稱「禮曰」、「經云」、「士冠禮曰」，本不必質疑。至於引「經」文而稱「記」，的確需要斟酌。按〈少牢饋食禮〉「主婦被錫」，鄭注云「被錫讀為髲鬄」，並非〈少牢〉作「主婦髲鬄」，〈采蘩〉鄭箋本不言「主婦髲鬄」四字逕引〈少牢〉「經」文，沈先生的認定失之武斷。至於郭璞稱「禮記曰扉用席」，邢昺疏已指出「扉用席」三字見〈有司徹〉，而謂郭注「云『禮記』者，誤也」，沈先生不應舉誤引者為證據。

　　如果以上的析論可以成立，便說明了沈先生的「四個問題」是可以用舊說解答的，那麼他提出新說的基礎便動搖了。更重要的是，其新說無法圓滿解釋以下六個問題：

（一）武威簡本《儀禮》有經記之別

　　反駁沈說最有力的直接證據，即同樣依據《武威漢簡》[註11]。檢甲本〈燕禮〉（二），在經文結束的第 37 簡下端記載字數「凡三千六十六字」，書手又換第 38 簡寫，從上端錄有「燕，朝服於寢。

---

11. 甘肅省博物館、中國科學院考古研究所編，《武威漢簡》（北京：中華書局，2005年新版）。

……有房中之樂」之文，與今本「記」文僅有數字之差，並在結束的第 53 簡記載字數「記三百三文」，明顯的表示這是「記」文，和「經」文有別。又檢甲本〈特牲〉（一），在今本經文結束時其下空白，換簡從上端錄有今本記文「特牲饋食，其服皆朝服，……升受，降飲」，並在最後一簡記載字數「凡三千四百四十字」。按甲本〈特牲〉（一）和甲本〈燕禮〉（二）的字跡，書手不是同一人，甲本〈燕禮〉（二）將「經」、「記」字數分開算，甲本〈特牲〉（一）的字數則是合併計算，但其書寫上的區隔，說明了「特牲饋食，其服皆朝服」以下和前面的「經」文是不同的。沈先生根據簡本，說「記」字是「漢以後人」所加，不如說漢人非常清楚「經」文與「記」文的區別。

（二）先秦古籍無自作自注之例

沈先生認為《儀禮》有「記」諸篇乃「經」文作者自作自注，此說令人起疑，乃因先秦古籍絕無此例。學者對先秦兩漢經籍的認知，所謂「經」、「傳」，「經」、「說」，「經」、「記」，「經」、「注」，即因不是同一人作，「傳」、「說」、「記」、「注」本自單行，並不附在「經」後或「經」中，其後才有人取而相合，但並不是自作自注。

如果沈先生之意，是《儀禮》的「經」與「記」，有如〈大學〉、〈中庸〉原本雖無「記」、「傳」之名但在實質上有層次之分，因而可以加以區別。則姑不論朱子《章句》的觀點能否成立，只須將《儀禮》各篇和〈大學〉、〈中庸〉對照，便知比擬不倫，無法援以為據。總之，自作自注之說，在學術上找不到可能性。

（三）經文記文都有明顯累增現象

上文已論證，《儀禮》「經」與「記」都有累增現象，說明了

即使同一篇也不見得全出一人之手，自然無法將同一篇的「經」與
「記」說成同一人所作。

（四）別本記文的內容與今本不同

今傳《儀禮》鄭注，有些地方標明「經」文某字屬於今文或古文，
間亦注出別本的異同，但都是些個別文字的差異，不是內容的差異，
武威簡本情況相同。但漢代還有別本「記」文和今本內容有所差異
的情況。

今本〈士虞禮〉的「記」文，沒有祭祀時有主的明文，鄭玄注
遂認為大夫、士祭祀時無主。劉師培《禮經舊說》[註12]〈士虞禮第
十四〉則指出漢時別本〈士虞禮〉的「記」有作主之文，疑是大戴
或慶氏本：

> 案：《公羊》文二年，《解詁》引〈士虞・記〉曰：「桑
> 主不文，吉主皆刻而謚之。」……何氏所引，鄭本無其文，
> 或據大戴、慶氏本也。

劉氏又指出：古文經說認為大夫、士之祭祀有主，但作主在既祔之
後，虞祭時還沒有。主張大夫、士祭祀無主的乃是今文師說，鄭玄
從之，而與古文不同。

關於別本「記」文存在的可能性，在此另提一個佐證。二戴《禮
記》都有〈投壺〉篇，其前大半敘述儀節的內容與字數相同度頗
高，其後小半附加部分則內容與字數相異頗大，前大半學者或稱為
「經」，後小半或稱為「記」。姑不論原文是否適合用「經」、「記」
二字去區分，但前述情況，說明了兩篇〈投壺〉原來有共同的祖本，
後來在各自發展的過程中，前大半的文字產生了些微差異，而後人
又各在其後附加文字，因此後小半差異頗大。以〈投壺〉篇發展的

---

12. 收入劉師培，《劉申叔先生遺書》（臺北：華世出版社，1975年）。

情形推論，若說別本《儀禮》「經」文文字稍有差異，而別本「記」文內容和今本不同，這是完全可能的。別本〈士虞禮〉「記」文與今本內容有異，應是此說的有力證據。此一事實，極難以「經」、「記」作者為同一人解釋。

（五）記文內容有明顯與經文無涉者

前引賈公彥疏，已言「記」有「兼記經外遠古之言」，也就是說「記」中也有和「經」文關係不密切的古代禮制，他指的應是〈士冠禮〉「記」文中「死而諡，今也。古者生無爵，死無諡」之類。此外，筆者也可以另舉明顯與經文無涉的例子，如〈聘禮〉「記」中有「所以朝天子，圭與繅皆九寸，剡上寸半，厚半寸，博三寸，繅三采六，朱、白、倉」之文，但〈聘禮〉是記客國之卿聘於主國之君的儀節，與朝天子無涉，「記」文既非補充，也非解釋，敘述何須如此詳細？若說此是與下文「問諸侯」之圭、繅相比較，以供參考，則朝天子與聘諸侯在其他儀節方面的差異何以不記？因而此段之出現缺乏必然性。即使用沈先生論「記」的性質「四是備載因爵位不同而引起器物、儀式的差異，五是敘說所用器物的製作、形狀和數量」來解釋，在這裡也不能說得圓滿。

（六）經文與記文的內容無法以同一人作來解釋者

〈鄉飲酒禮〉卷首，「經」言「主人就先生而謀賓介」，不言主人何服，「記」則言「朝服而謀賓介」，如果「記」的作者和「經」為同一人，作者為何不在「經」文之首逕書「主人朝服就先生而謀賓介」而待後文補述？〈覲禮〉「經」文言「乃朝，以瑞玉，有繅。……侯氏入門右，坐，奠圭」，不言奠圭時其下是否有繅，「記」則言「奠圭于繅上」，如果「記」的作者和「經」為同一人，作者為何不在「經」文逕書「侯氏入門右，坐，奠圭于繅上」而待後文

補述？又，〈士昏禮〉「經」文明載牲鼎內容及方位，以及設尊、設洗、設篚的數量與方位，而〈鄉飲酒禮〉、〈鄉射禮〉、〈燕禮〉三篇，「經」文也都明言設尊、設洗、設篚的數量與方位，獨獨不言設何牲及亨於何方，而三篇「記」文都記載「其牲狗也，亨于堂東北」，如果「記」的作者和「經」為同一人，作者為何不仿效〈士昏禮〉行文之法在「經」文逕書而費事於後文補述？又，〈公食大夫禮〉敘述為賓設加饌，截、膾、炙、醢位置寫得非常詳細，但截、膾、炙的豆數與醢（含芥醬）的豆數不相當，「經」文不言其意為何，讀之頗費推敲，而記文則用「凡炙無醬」一語點破炙以外有醬、炙則無醬的安排，足見「經」文所述位置配置極為巧妙，如果「記」的作者和「經」為同一人，作者為何不在「經」文「魚膾」下逕言之而待後文補述？以上各例，都無法用「經」文與「記」文作者為同一人來解釋。

五、結論

《儀禮》十七篇「經」文，除〈喪服〉外，雖有大致相同的修辭風格，卻沒有固定的寫作體例，有些篇作者在文後補述若干內容，有些篇則有累增現象。十二篇「記」文，其性質為補充和解釋「經」文，少部分文字和「經」文沒有密切關係，而且也有累增現象。這些都反映出同一篇的「經」、「記」不是一時一人所作。

盛世佐認為各篇體例不一而想重新調整《儀禮》的「經」與「記」，乃是忽略了「經」文作者也可能進行補述，並非補述性文字必然屬於「記」。沈文倬先生認為各篇本無「記」字，主張「經與附經之『記』不是前後撰作的兩種書，而是同時撰作的一書的兩個部分」，更忽略了《儀禮》成書過程的複雜性，同時也未想到其

說將引發無法解釋的新問題。

　　總之，《儀禮》各篇應是在流傳相當歲月後才獲得「經」的地位，過程中有些篇有後人附益。「記」文附「經」，更應當是在各該篇獲得「經」的地位之後，至於累增的情形，在附「經」前後都有可能。「記」文的內容，既然大多屬於補充與解釋性質，其作者也是「經」文的詮釋者之一，所以「經」文的詮釋，可以參考「記」文，但不必然需要採信「記」文的說法，正如詮釋《儀禮》不一定要採納《禮記》中的說辭一般。

　　　　　　　　　　（本文宣讀於「紀念孔德成先生逝世週年及九十冥誕學術
　　　　　　　　　　　研討會」。後收入《孔德成先生學術與薪傳研討會論
　　　　　　　　　　　文集》。臺北：國立臺灣大學中國文學系，二〇〇九年
　　　　　　　　　　　十二月。）

參、關於劉敞的四篇禮「義」

一、前言

北宋劉敞（字原父，1019~1068），經學湛深，在其《公是集》[註1]卷三十七中有〈士相見義〉、〈公食大夫義〉、〈致仕義〉、〈投壺義〉四篇文章。南宋朱熹（1130~1200）推動編撰《儀禮經傳通解》[註2]，將《儀禮》、二戴《禮記》及其它古籍相關篇章打散之後重組，在相關的「經」之後附有所謂「傳」，依序為〈冠義〉、〈昏義〉、〈士相見義〉、〈鄉飲酒義〉、〈鄉射義〉、〈學義〉、〈燕義〉、〈大射義〉、〈聘義〉、〈公食大夫義〉、〈諸侯相朝義〉、〈朝事義〉，希望構成一套儀節、詮釋較為完整的古禮體系。其中將劉敞的〈士相見義〉附〈士相見禮〉後，〈公食大夫義〉附〈公食大夫禮〉後，即出自朱子之意，稱：「劉原父補亡記，如〈士相見義〉、〈公食大夫義〉盡好。」朱書為未完成之作，黃幹、楊復的《儀禮經傳通解續》[註3]則在喪禮各卷之後附有〈喪服義〉，祭禮各卷之後附有〈祭義〉，顯然也是繼承朱子的體例。但朱書實

1. 宋・劉敞，《公是集》（臺北：臺灣商務印書館，影印文淵閣四庫全書本）。此本係四庫館臣據《永樂大典》輯出者，內容遠較他本豐富。
2. 宋・朱熹，《儀禮經傳通解》（臺北：臺灣商務印書館，影印文淵閣四庫全書本）。
3. 宋・黃幹、楊復，《儀禮經傳通解續》（臺北：臺灣商務印書館，影印文淵閣四庫全書本）。

有缺點，即打亂《儀禮》與二戴《禮記》原有的結構與個別篇章的文字次第。元代吳澄（1249~1333）則主張保存《儀禮》十七篇為「正經」，以小戴〈投壺〉、〈奔喪〉、大戴〈公冠〉、〈諸侯遷廟〉、〈諸侯釁廟〉及鄭玄《三禮注》所引〈中霤〉、〈禘於太廟〉、〈王居明堂〉八篇為「逸經」，而殿以〈冠義〉、〈昏義〉、〈士相見義〉、〈鄉飲酒義〉、〈鄉射義〉、〈燕義〉、〈大射義〉、〈聘義〉、〈公食大夫義〉、〈朝事義〉十篇為「傳」，十篇中除見於小戴《禮記》者外，〈鄉射義〉及〈大射義〉由小戴〈射義〉一析為二，〈朝事義〉取自大戴〈朝事〉，〈士相見義〉、〈公食大夫義〉即劉敞所作。（註4）若取朱、吳二氏的著作加以比較，吳書實是對朱書的修正，但對《儀禮》所載儀節需要適當的詮釋這一點，主張是一致的。在這個背景下，劉敞所作的〈士相見義〉、〈公食大夫義〉受到朱、吳很大的推崇，被視為可與古人相比肩的作品。

　　本文討論的重點有二：一是逐一討論四篇「義」的宗旨，探討其根據，並分析其優缺點。二是探討為何四篇「義」中只有〈士相見義〉、〈公食大夫義〉兩篇受到朱熹、吳澄的重視。

二、四篇禮「義」的寫作宗旨及相關問題的討論

（一）士相見義

關於〈士相見義〉，先列原文於下，以利討論：

自天子至于庶人皆有摯，摯者，致也，所以致其志也。

---

4. 吳澄的主要禮學著作與主張，見於《儀禮逸經傳》和《禮記纂言》。另參姜廣輝，〈評元代吳澄對《禮記》的改編〉，收入《元代經學國際研討會論文集》（臺北：中央研究院中國文哲研究所籌備處，2000年），下冊，頁559~578。

天子之摯鬯，諸侯玉，(註5)卿羔，大夫鴈，士雉。鬯也者，
言德之遠聞也。玉也者，言一度不易也。羔也者，言柔
而有禮也。鴈也者，言進退知時也。(註6)雉也者，言死
其節也。故天子以遠德為志，諸侯以一度為志，卿以有
禮為志，大夫以進退為志，士以死節為志。明乎志之義，
而天下治矣。故執斯摯也者，執斯志者也。君之摯以事
神，臣之摯以養人。惟君受摯者，惟君受養也；非其君
則辭摯，不敢當養也。古者非其君不仕，非其師不學，
非其人不友，非其大夫不見。士相見之禮，必依于介紹，
以言其不苟合者也；必依于摯，以言其以道親也。苟而合，
惟小人而不恥者能之。君子可見也，不可屈也；可親也，
不可狎也；可遠也，不可疎也。賓至門，主人三辭，見，
賓稱摯，主人三辭摯，所以致尊嚴也。大夫以禮相接，
士以禮相諭，庶人以禮相同，然而爭奪興于末者，未之
有也。人苟為悅而相親，若者未必爭；苟為簡而相親，
若者未必怨。是故士相見之禮者，人道之大端，所以使
人重其身而毋遁于辱也，所以使人審其交而無遁于禍也。
惟仕于君者，召而往；未仕而見于君者，冠而奠摯，在
邦曰市井之臣，在野曰草茅之臣，君雖召，不往也。是
故雖有南面之貴，千乘之富，士之所以結者，禮義而已
矣，利不足稱焉。刑罰行于國，所誅者好利之人也，未
有好利而俗不亂者也。無介而相見，君子以為諂，故諸
侯大國九介，次國七介，小國五介。

關於相見有摯的理由，《白虎通》說：

5.「玉」字原誤作「王」，據《儀禮經傳通解》改。
6.「言進退知時也」原誤作「言進退之時也」，據《儀禮經傳通解》改。

傳曰：臣見君所以有贄者何？贄者，質也。質己之誠，致己之悃愊也。王者因臣之心以為之制，差其尊卑以副其意。子見父無贄何？至親也，見無時，故無贄。臣之事君，以義合也，得親供養，故質己之誠，副己之意，故有贄也。

又解釋私相見也有贄的理由說：

私相見有贄何？所以相尊敬，長和睦也。朋友之際，五常之道，有通財之義，賑窮救急之意，中心好之，欲飲食之，故財幣者，所以副至意也。

劉敞〈士相見義〉則說：

贄者，致也，所以致其志也。天子之贄鬯，諸侯玉，卿羔，大夫雁，士雉。鬯也者，言德之遠聞也。玉也者，言一度不易也。羔也者，言柔而有禮也。雁也者，言進退知時也。雉也者，言死其節也。故天子以遠德為志，諸侯以一度為志，卿以有禮為志，大夫以進退為志，士以死節為志。明乎志之義，而天下治矣。故執斯贄者，致志者也。君之贄以事神，臣之贄以養人。唯君受贄者，唯君受養也；非其君則辭贄，不敢當養也。

劉敞和《白虎通》的說法略有不同。首先是贄字的聲訓問題，《白虎通》以質和致為訓，又說「質己之誠，致己之悃愊也」，這便把質和致當成動詞，而與贄之為名詞不相當。劉敞則以致和志為訓，又說「所以致其志也」，這便把動詞致轉為名詞志，而和贄相稱。劉敞揭出志字，其實乃來自《白虎通》的「誠」和「悃愊」，但整體說來，較《白虎通》的詮釋為順暢且符禮意。其次，《白虎通》補充了私相見有贄的理由，劉敞則有所遺漏。

　　至於劉敞關於未仕者君召不往的論述，乃襲自《孟子・萬章下》所載孟子的論述：

> 萬章問曰：「敢問不見諸侯，何義也？」孟子曰：「在國曰市井之臣，在野曰草莽之臣，皆謂庶人。庶人不傳質為臣，不敢見於諸侯，禮也。」萬章曰：「庶人，召之役，則往役；君欲見之，召之，則不往見之，何也？」曰：「往役，義也；往見，不義也。且君之欲見之也，何為也哉？」曰：「為其多聞也，為其賢也。」曰：「為其多聞也，則天子不召師，而況諸侯乎？為其賢也，則吾未聞欲見賢而召之也。……」

兩相比較，孟子的解說顯然較為闡透。劉敞的行文，是接著「未仕而見于君者，冠而奠摯」而來，言下之意，是未仕而欲仕者衣冠執摯主動見君，不仕則不見君，然而行文緊接以「在邦曰市井之臣，在野曰草茅之臣，君雖召，不往也」，對於欲仕與未仕者的義理沒有明顯區隔，終較含糊，而且也沒有闡述「君雖召，不往也」的意義，所以不如孟子語。

　　對於〈士相見義〉，朱子曾說：

> 「《儀禮》是經，《禮記》是解《儀禮》。如《儀禮》有〈冠禮〉，《禮記》便有〈冠義〉；《儀禮》有〈昏禮〉，《禮記》便有〈昏義〉；以至於燕、射之類，莫不皆然。只是《儀禮》有〈士相見禮〉，《禮記》卻無〈士相見義〉。後來劉原父補成一篇。」文蔚問：「補得如何？」曰：「他亦學《禮記》下言語，只是解他《儀禮》。」

> 劉原父補亡記，如〈士相見義〉、〈公食大夫義〉儘好。

蓋偏會學人文字，如今人善為百家書者。（註7）

若據朱子所言，劉敞不談私相見，可以解釋為《儀禮・士相見禮》
未記此事，劉敞「只是解他《儀禮》」。但這話不完全正確，事實上，
〈士相見禮〉也沒提到君召不往。

　　整體而言，劉敞〈士相見義〉以志詮釋摯的意涵，較「質己之
誠，致己之悃愊也」的說法更直接而清楚，對未仕則君召不往的補
充，則依據《孟子》，對於了解士相見禮頗有助益，這應是受到朱
熹、吳澄的採納的理由。不過，若從當代學術的要求看，古代論述，
包括《白虎通》與劉敞此文，並沒能完整詮釋相見禮的各個環節，
譬如相見何以需要「介」？其起源為何？該種角色的功能為何？何
以稱之為「介」？種種問題其實未經釐清。劉敞說「無介而相見，
君子以為諂」，這只能說是此禮實行久了之後一般人的認知，乃是
結果，而不是成因的探究，這就有待今人以更寬闊的學術視野加以
詮釋了。（註8）

（二）公食大夫義

　　關於〈公食大夫義〉，亦先列原文於下，以利討論：

食禮，公養賓，國養賢，（註9）一也。親之故愛之，愛之
故養之，養之故食之，食之而弗愛，猶豢之也，愛而弗敬，
猶畜之也。饗禮，敬之至也；食禮，愛之至也。饗為愛
弗勝其敬，食為敬弗勝其愛，文質之辨也。公使大夫戒，
必以其爵，恭也；已輕則卑之，已重則是以其貴臨之也。

---

7. 以上兩條均見《朱子語類》，卷85，「儀禮」。

8. 關於「介」的字源、相見有介的原因和此一角色的流衍，筆者指導學生賈宜瑮撰有《先
　秦禮儀中「介」的研究》（臺北：國立臺灣大學中國文學系碩士論文，1998年），
　可以參看。

9.《儀禮經傳通解》「養賢」上脫一「國」字。

賓三辭，聽命，言是禮之貴弗敢當也；弗敢當故難進也。公迎賓于大門內，非不能至于外也，所以待人君之禮也，臣之意欲尊其君，子之意欲尊其父，故迎賓于大門內，所以順其為尊君之意也。三揖至于階，三讓而升堂，充其意、諭其誠也。于廟用祭器，誠之盡也；君子于所尊敬不敢狎，不敢狎故神明之，故忠臣、嘉賓樂盡其心也。大夫立于東夾南，西面，北上；士立于門東，北面，西上；小臣東堂下，南面，西上；宰東夾北，西面，北上；內官之士在宰東，北面，南上。百官有司備，以樂養賢也。設筵加席几，致安厚之儀也。公設醬，然後宰夫薦豆菹醢，士設俎，公設犬羹，然後宰夫設鉶，啟簋，言以身親之也。賓徧祭，公設粱，宰夫膳稻，士膳庶羞，為愍慼也。賓三飯，飯粱，以涪醬，此君之厚己也。賓必親徹，有報之道也。庭實乘皮，侑以束帛，雖備物，猶欲其加厚焉也。公拜送，終之以敬也。有司卷三牲之俎，歸于賓館，不敢褻其餘也。上大夫八豆、八簋、六鉶、九俎、庶羞二十，其餘衰，是見德之殺也。君子之言曰：愛人者，使人愛之者也；敬人者，使人敬之者也；親人者，使人親之者也；自卑者，使人尊之者也。是故公養賓，國養賢，其義一也。未有愛之敬之親之尊之，而其位不安者也；未有不愛不敬不親不尊，而能長有國者也。將由乎好德之君，則將飴焉，惟恐其不足于禮；將由乎驕慢之君，則將曰是食于我而已矣。故禮，君子所不足，小人所泰者也。孔子食于少施氏，將祭，主人辭曰：「不足祭也。」將殽，主人辭曰：「不足殽也。」孔子退曰：「吾食而飽。少施氏有禮哉！」故君子難親也，將親之，舍禮何以哉！

從題目看，本篇是為〈公食大夫禮〉作「義」，而〈公食大夫禮〉乃是《儀禮‧聘禮》的姐妹篇，據鄭玄《三禮目錄》，聘禮是以卿為使者，是為大聘；公食大夫禮也是聘禮，只是使者為大夫，是為小聘，規格較低。《禮記》中已有〈聘義〉，因而此篇〈公食大夫義〉理論上應與〈聘義〉呼應，補其不足。但就此篇內容看，其實不然。

　　文章一開始，劉敞即說「食禮，公養賓，國養賢，一也」，文中又以「忠臣、嘉賓」並舉，本來公食大夫禮乃是聘禮，只能說是「公養賓」，不能說是「國養賢」，國養賢讓人想到養三老五更或燕禮，與公養賓的意義絕對不同，而劉敞將二者合而為一，顯示劉敞意圖藉此泛論食禮，而不只是公食大夫禮，這也可從全篇不特別強調兩國之好看出。

　　按廣義的食禮有三：一、饗禮，二、食禮，三、燕禮。饗禮有酒，食禮無酒（有酳無獻），但如與燕禮相比，則饗禮、食禮在廟，禮較重，燕禮在寢，禮較輕。[註10] 但不論重輕，都是上養下之禮。據〈聘禮〉及〈公食大夫禮〉，公對使者均行饗禮及食禮。〈饗禮〉亡，[註11] 所以《禮記》中也沒有〈饗義〉。但《儀禮》中〈聘禮〉、〈公食大夫禮〉、〈燕禮〉含蓋了廣義的食禮，《禮記》雖有〈聘義〉和〈燕義〉，但內容不只詮釋食禮而已，而涉及食禮的部分，發揮也有限。筆者認為劉敞此篇正因如此而同時對聘禮（含公食大夫禮）、饗禮、燕禮中的食禮有所詮釋，並不是因為〈聘禮〉已有〈聘義〉所以單純詮釋〈公食大夫禮〉而已。筆者甚至認為：此篇原名可能是〈食義〉而不是〈公食大夫義〉，所以篇首以「食禮」二字開始，公養賓之外兼及國養賢，不一定都與公食大夫有關，而篇末又云孔子食於少

10.《儀禮‧公食大夫禮》「設洗，如饗」句下孔疏：「饗、食在廟，燕在寢，則是饗、食重，先行之。」
11.《儀禮‧公食大夫禮》「設洗，如饗」句下鄭注云：「〈饗禮〉亡。」

施氏而飽，亦與公食大夫無關，這些或許都可以支持筆者的推測。如果筆者推測不誤，則朱子將此篇置於〈公食大夫禮〉之後，便不是那麼恰當了。

至於文中從「公使大夫戒，必以其爵，恭也；已輕則卑之，已重則是以其貴臨之也」到「上大夫八豆、八簋、六鉶、九俎、庶羞二十，其餘衰，是見德之殺也」，其內容主要依據〈公食大夫禮〉，這是因為該篇記食禮較〈聘禮〉為詳細；至於詮釋方面，大致乃依鄭注，如「公食大夫之禮，使大夫戒，各以其爵」下鄭注「戒猶告也。告之必使同班敵者，易以相親近」，劉敞即據以發揮，並沒有什麼問題，因此本文不一一分析。

（三）致仕義

關於〈致仕義〉。劉敞開頭便敘明此篇作意：

> 自頃有司屢言士大夫過七十而不致仕，請引籍校年而卻之。天子弗忍也，以詔戒告之而已。予謂致仕之義，君非使之，臣自行也，宜乎天子弗忍督迫之，而以詔書告戒也。然而天下之老臣猶自若也，甚矣夫其非天子之意也。故作致仕義。

顯然，此篇是為了當時有不少官員年過七十尚不引退而發的議論[註12]，議論的內容為：

> 致仕之義，古者大夫七十而致仕，君非使之也，臣自行

12. 經查宋·李燾，《續資治通鑑長編》（北京：中華書局，點校本，第2版，2004年），卷104、卷170，均有御史上言年過七十而不致仕之事，但天聖四年，仁宗批准「年七十者，令上表自陳」之奏，皇祐三年，則「先是，（吳）奎及包拯皆言在官年七十而不致仕者，並令御史臺以時案籍舉行。知制誥胡宿獨以為：『文吏當養其廉潔，武吏當念其功舊，今欲一切以吏議從事，殆非優老勸功之意。當少緩其法，武吏察其任事與否，勿斷以年；文吏使得自陳而全其節。』朝廷卒行宿言。」則劉敞所言者，當指皇祐三年之事而言。

也。臣雖行之，君曰：是猶足以佐國家社稷也，留之不
可失也。于是乎有几杖之賜，安車之錫，所以致留之意
也。君留之，臣曰：不可貪于人之榮，不可涸于人之朝，
不可塞于人之路。再拜稽首，反其室，君不彊焉，義也。
毋奪其爵，毋除其祿，毋去其采邑，終其身而已矣。此
古者致仕之義也，此之謂上下有禮。故古者大臣讓，小
臣廉，庶人法，百姓不競，由此道也。是以古之為臣者，
不四十不祿，不五十不爵，不七十不致仕。四十而祿，
為不惑也；五十而爵，為知命也；七十而致仕，則以養
衰老也。不惑，故可與謀大事矣；知天命，故可以受大
寵矣；養衰老，故可以全節儉、教百姓矣。故古之仕者，
為道也，非為食也；為君也，非為己也；為國也，非為
家也。是以時進則進，時止則止也。是以進不貪其位，
止不慕其權也。凡致仕之義，君曰：畜犬馬不可以盡其
力，而況士大夫乎？是雖誠賢也，雖誠智也，吾不可盡
其力也。此恩之至也。臣曰：為人臣者不顧力，雖然，
吾力不足矣，不可以當社稷之役，而蒙干戈之任矣，不
可以勞夙夜之慮，而苟旦暮之利矣，全而歸焉，亦可已
矣。此義之至也。故君以恩御臣，臣以義事君，貪以是
息，而讓以是作。今之人則不然，仕非為道也，而為食也；
非為君也，而為己也；非為國也，而為家也。是以進不
知止，而困不知恥也。是以當老者，上雖屢督教之，而
猶莫從也；有司雖痛詆發之，猶莫顧也。此無他，廉讓
之節不素屬，而賞罰之政混也。然則奈何？曰：必引籍
校年而命之退，則薄于恩而殽于義；必毋引籍校年而待
其退，則貪位而害民蠹國。均之二者，莫若察有功者而

必賞之，無問其齒焉；察無功者而必廢之，無問其齒焉。彼知賞不出于有功，廢不遺于無功也，則震而自謀矣。震而自謀，則賢不肖去與就決矣。如是，亦焉用引籍校年而命之退，以損吾義哉？今夫無功與有功者，皆雜然莫辨也，彼所以得偷容于其間也。故夫偷容之人，而欲其畏義由禮，以自潔于繩墨之外，是難能也。聖王之治也，非禮義所誘，則毆之以法；毆之以法，亦不廢其禮義之指，此故法之毆也。嗚呼！為致仕而卒以法毆也，不已薄乎！其亦出于不得已為之者乎？然則又何憚而不為哉！

致仕指官員退休，退休一事，本身並無儀式，因此在古書中固然有討論致仕的章節，但沒有一整套的〈致仕禮〉這樣的專篇，本篇自然也就不是針對其禮所作的「義」，性質和其他三篇「義」不同，其實是一篇時政論。

　　至於劉敞的論旨，主要是發揮《論語》「君使臣以禮，臣事君以忠」的精神，指出君臣之間不應以利結合，所以國君不應以臣子老邁難用而勒令致仕，臣子也不應貪戀名位而拖延致仕，也因此劉敞讚美皇帝「有司屢言士大夫過七十而不致仕，請引籍校年而郤之。天子弗忍也，以詔戒告之而已」，而譴責本應致仕者「上雖屢督教之，而猶莫從也；有司雖痛詆發之，猶莫顧也。此無他，廉讓之節不素厲，而賞罰之政混也」，末句也一併譴責了當局「以法毆也，不已薄乎」，易言之，有害君之禮與君之恩。

　　所謂君之禮與君之恩，劉敞文中有不少論述，而最顯著的作法是對致仕者「毋奪其爵，毋除其祿，毋去其采邑，終其身而已矣」，此說並非直接襲自古籍，而是轉化儒者對國君應如何對待去國之臣的論述而來。按：據《孟子‧離婁下》，孟子答齊宣王「禮，為舊

君有服,何如斯可為服矣」之問,說:

> 諫行言聽,膏澤下於民;有故而去,則君使人導之出疆,
> 又先於其所往;去三年不反,然後收其田里。此之謂三
> 有禮焉。如此,則為之服矣。

對待去國之臣如此,對待仕宦多年的致仕老臣自然應該更加優厚。
又,《禮記・曲禮下》載:

> 去國三世,爵祿有列於朝,出入有詔於國。若兄弟宗族
> 猶存,則反告於宗後。

可見古人確有(或說希望有)去國三世而爵祿仍然列於朝廷的,那
麼優待致仕老臣豈非國君應有之恩義!所以劉敞會有「毋奪其爵,
毋除其祿,毋去其采邑,終其身而已矣」之說,這和當代退休年金
的觀念是一致的。

(四)投壺義

　　大、小戴《禮記》都有〈投壺〉篇,文字僅有局部差異。鄭玄《三
禮目錄》云:「名曰投壺者,以其記主人與客燕飲,講論才藝之禮。」
劉敞〈投壺義〉自然是針對這兩篇而作,茲先錄原文於下:

> 古者投壺之禮,主人以賓燕而後投壺也。燕者,禮之輕
> 者也。輕則易,易則褻,褻則慢,酒之禍恒由此作。是
> 以君子惡其褻以慢也,為壺矢以節其禮,全其歡也。君
> 子之于人,苟有以歡之,必有以禮之;苟有以禮之,必
> 有以樂之;苟有以樂之,必有以言之。賓者,所法也,
> 非法人也;所養也,非養人也。主人奉矢以親之,言卑
> 其身以事賢也。主人三請不怠,賓三辭不煩,尊禮重樂
> 之義也。尊禮則敬矣,重樂則和矣,敬以和,故上下能

相親也。君子之所異乎人者，其惟易事而難說乎？不褻
其接，所以致難說也。主人拜送，賓辟；賓拜受，主人辟；
授受之禮也。授受者，人道之大也，不可以不敬也，拜
以敬之也。勝飲不勝者，罰也，辭不曰罰，曰養，不尚
人以勝也，不恥人以不能也。飲曰賜灌，不恥過也，不
忌人以勝己也。故尚人以勝則矜，恥人以不能則怨，自
恥其過則忿，忌人以勝也則懟。矜以怨，忿以懟，此辨
訟之所由作也。勝者有爵，貴也；有馬，富也；內不失
其樂，外不失其功，然後富貴可保也。投順為入，不順
雖入不釋，明順而後有功也。樂以〈貍首〉，以順為節也，
侍于先生長者，不角，不擢馬，以順為禮也。順為功，
故弗非也；順為節，故節可守也；順為禮，故禮不悖也。
故曰：「古之君子乎，不必相與言也，以禮與行示之而
已矣。」詩云：「示我顯德行。」此之謂也。

劉敞對於投壺儀節的詮釋，除了解「立馬」之「馬」為「有馬，富
也」，而和鄭玄解為「馬，勝筭也。謂之馬者，若云：技藝如此，
任為將帥乘馬也」，有所不同外，基本上符合古人對禮意的認知，
為何朱子、吳澄卻不予以採納？茲推測如下。

　　所謂投壺，是賓主在燕飲之後，手執矢在短距離內投向壺中以
較勝負的餘興節目，所以陸德明《經典釋文》引皇侃說：「與射為
類。」呂大臨說：「投壺，射之細也。」[註13] 也就是說，投壺僅是
具體而微的射禮，和大射、鄉射相較，乃是很輕的禮。而且射禮，
講究的是舉止有禮，周旋有節，勝飲不勝者，投壺和射禮並無二致，
既然《禮記》已有〈射義〉，那麼〈投壺〉是否有「義」便不重要了。
其次，劉敞此篇最強調的是「授受之禮」，但授受之禮決非投壺時

---

13. 宋・衛湜，《禮記集說》（臺北：臺灣大通書局，影印通志堂經解本），卷146引。

獨有的規範，因而此篇的貼切性便不足了。第三，朱子《儀禮經傳通解》附有「義」的有〈士冠禮〉、〈士相見禮〉、〈士昏禮〉、〈鄉飲酒禮〉、〈射禮〉、〈燕禮〉、〈聘禮〉、〈公食大夫禮〉、〈覲禮〉，都是《儀禮》原有的篇名，只有〈學制〉和〈諸侯相朝禮〉例外，但〈學制〉、〈學義〉、〈諸侯相朝禮〉都是「古無此篇」，朱子「集諸經傳」諸如《尚書》、《周禮》、〈曾子問〉等篇章而成，〈諸侯相朝禮〉與〈聘禮〉之「義」則分割《大戴禮・朝事》而成，在大小戴《禮記》的篇章中並無其「義」，而〈投壺〉在二戴《禮記》中，若加入〈投壺義〉，則如〈奔喪〉等禮是否也應該有「義」？因此若予採入，將造成體例不純的困擾。至於吳澄，雖將〈投壺〉列為八篇「逸經」之一，但十篇「傳」也都是傳十七篇「正經」而非「逸經」，因而不取〈投壺義〉應該也是體例的考量。

三、結論

　　根據上文的討論，朱熹、吳澄不取〈致仕義〉極容易理解，因為〈致仕義〉談的是仁宗皇祐三年發生的政務問題，不是針對禮書作的「義」；由於古人編纂文集時，依例以「文類」相從，〈致仕義〉便與其它三篇性質不同的「義」編在一起。至於〈投壺義〉為朱、吳二人所不取，是因投壺只是主人宴客的餘興節目，並不是大的禮儀，但更主要的是朱子、吳澄依體例不予列入，四庫館臣稱吳書偶遺之，[註14]恐不正確。

　　劉敞在〈士相見義〉中修正《白虎通》的詮釋，又根據《孟子》補入「未仕者，君雖召不往」的意見，可讀性頗高；但對相見為何必須有介，卻無適當解釋，也留下遺憾。至於〈公食大夫義〉，詮

14.《四庫全書總目》（臺北：藝文印書館），卷20，「儀禮逸經傳二卷」提要云：「（劉）敞擬記而作者，尚有〈投壺義〉一篇，亦見《公是集》中，澄偶遺之。」

釋的是廣義的食禮，並非只針對《儀禮》的〈公食大夫禮〉而作，朱熹《儀禮經傳通解》將之置於〈公食大夫禮〉之後，其實並不完全恰當。

（本文原載《傳統中國研究集刊》，第三輯。上海：上海社會科學院，二○○七年十一月。）

肆、論淩廷堪的《禮經釋例》

一、前言

　　禮的功能，主要在維繫人際關係的和諧；禮的來源，除了橫的移植外，大抵經過長期的演化，因此往往有旺盛的生命力，在社會上普遍甚至長期施行，只是大多數人「日用而不知」而已。就此而言，研究古禮以了解今禮的來源並探討當今不足之處，並不是不具現代意義的。

　　清儒淩廷堪的《禮經釋例》，是研究《儀禮》的專書，近代討論學術史發展的學者，每視之為乾嘉時期反理學的代表著作之一，其說固是；但該書在學術上還有一個重要面向，即繼承以禮例研究《儀禮》的舊法並企圖總結，而其曲直是非卻極少有人加以檢討。如此一來，淩書兩個重要面向的研究便缺少其中之一。本文寫作的宗旨，即在分析淩氏對禮例的研究有何貢獻，存在什麼缺點，以及缺點應如何補足，同時也舉例說明今禮仍有沿襲兩千餘年前之古禮者，文末則附帶討論今人用「以禮代理」一詞概括淩氏之學是否恰當。

二、前人對《禮經釋例》的評論

　　研究經學，方式不一，至漢代，均已發端，如訓、詁、傳、記、注、箋、章句、義、例等皆是，目的都在闡釋經旨。其中揭「例」以見義者，《春秋》之研究最為明顯，如杜預有《春秋釋例》，列出「公即位例」、「會盟朝聘例」等四十二種。[註1]而其他經籍亦有之，如古人研究《易經》卦象，有以例求之者即是。[註2]因為整理歸納，以理清大量資訊的頭緒，本屬人心所共願，乃人類發展智慧的重要方式之一。《三禮》內容繁複，《周禮》、《禮記》經文已不乏揭例者。[註3]至於《儀禮》，揭例以明義，自學者為《儀禮》作「記」時已經如此，如《儀禮‧聘禮‧記》云：「凡執玉無藉者，襲。」可見「禮例」本禮家原有之舊學，[註4]筆者姑名之為「禮例研究法」。鄭玄遍注《三禮》，間亦揭例明義，如〈士冠禮〉「冠者奠觶于薦東，……北面，見于母」句下，鄭注：「薦東，薦左。凡奠爵，將舉者於右，不舉者於左。」又，「主人玄冠朝服緇帶素 ，即位于門東，西面」句下，鄭注云：「凡染黑，五入為緅，七入為緇，玄則六入與？」賈公彥疏亦常揭例，同上引句鄭玄注下疏云：「禮之通例，衣與冠同色。」可見禮例研究法的確是禮家常使用的方法，其最明顯的功能便是可以據以補經之省文、正經之訛誤。[註5]至後

---

1. 關於義例的討論，另參杜預，〈春秋序〉，載孔穎達，《春秋左傳正義》，卷1。
2. 參考屈萬里師，《先秦漢魏易例述評》（臺北：臺灣學生書局，1969年）。
3. 黃季剛說：「求條例，奈何？發凡言例，本《禮經》之舊法，《周禮》之列數陳事，條理粲然；此固凡之大者，雖不言凡，而義在晐括可知也。」見氏著，《黃季剛先生論學名著》（臺北：九思出版社，影印《黃侃論學雜著》更名，1977年），《禮學略說》，頁458。
4. 黃季剛說：「《儀禮》中經文言凡，尚稀。至〈記〉之言凡者，則不可勝數。」見氏著，《黃季剛先生論學名著》，《禮學略說》，頁459。
5. 黃季剛說：「鄭君注《禮》，大抵先就經以求例，復據例以通經，故經文所無，往往據例以補之，經文之誤，往往據例以正之。」見氏著，《黃季剛先生論學名著》，《禮學略說》，頁459。

世，專為《儀禮》釋例者，以清儒淩廷堪《禮經釋例》一書最稱巨擘。

淩氏著有《校禮堂文集》、《校禮堂詩集》、《禮經釋例》、《燕樂考原》、《元遺山年譜》、《梅邊吹笛譜》等書，而以《禮經釋例》最為知名且重要。該書共分十三卷，分為通例、飲食之例、賓客之例、射例、變例、祭例、器服之例、雜例八類（宮室方面因宋李如圭《儀禮釋宮》已詳而從缺），每類之下，各有細目，全書共二百四十六例。另外又於卷首附有〈復禮〉上中下三篇，相關各卷附有〈周官九拜解〉一篇、〈周官九祭解〉一篇、〈儀禮釋牲〉上下二篇、〈觀義〉一篇、〈周官鄉射五物考〉一篇、〈射禮數獲即古算位說〉一篇、〈封建尊尊服制考〉一篇、〈詩楚茨考〉一篇、〈論語黃衣狐裘說〉一篇、〈燕樂二十八調說〉上中下三篇，以確立著作宗旨、補充說明或加強印證。

對於淩書，前人多加推崇，如程瑤田覆淩氏的書信稱：「諸例細緻精審，令人敬服，不復得作聲也。」（註6）李慈銘稱：「條綜貫穿，已無遺誼。」（註7）可謂賞譽備至。但李慈銘對《禮經釋例》也有如下評語：

未及申釋制禮之由，俾人知等威節文，俱有精義。（註8）

今人張壽安則申辯道：

廷堪《禮經釋例》一書雖以考訂禮制之條例儀文為主，但在歸納條例之後，卻每有超乎考訂之上而直指是非之準則者在。……個別條例下所附廷堪之案語，和其〈封建尊尊服制考〉、〈觀義〉及文集中〈讀顧命〉、〈慎

6. 見淩廷堪，《校禮堂文集》（上海：上海古籍出版社，續修四庫全書本，2002年），卷25。
7. 李慈銘，《越縵堂讀書記》（臺北：世界書局，1961年），「禮經釋例」，頁81。
8. 李慈銘，《越縵堂讀書記》，「禮經釋例」，頁81。

獨格物〉諸篇都直接討論到禮意，而且頗具突破意義，
不容忽視。^(註9)

按：李氏所謂「制禮之由」，自然是指「如此行禮的理由」；不過，
由於禮大都為長期演化而來，將之理解為「如此行禮的來源」，更
能引發學者去認真思考。若以前者論，李氏以全稱批評淩書，自嫌
太過，因為《禮經釋例》舉出的「例」大部分都將為何行禮要如此
的理由詮釋得頗為明白，已經「申釋制禮之由」了（請詳第四節），
雖然有一部分的禮意，無法僅靠一條一條的例去處理，所以淩氏在
所舉出的諸例外，還要寫〈周官九拜解〉等文，以助讀者了解（關
於禮例研究法之不足處，請詳第三節），這自然也應該算是淩氏釋
例的一部分。但《儀禮》所見，還有一部分儀節禮文，即使〈周官
九拜解〉等文也不能有令人滿意的解釋，這一部分依筆者之見乃因
該禮源於上古，有歷代經學家所未曾想到過的「來源」和演變的過
程，禮例研究者自然無法將「如此行禮的理由」說得清楚，這部分
將在第五節討論。總之，對於淩書，李氏的評論和要求是太過了。
而張氏用舉例法為淩書申辯，自然也不能完全說服李氏，更無法說
服今日的古禮研究者。

　　無論如何，淩氏收集「記」與鄭注、賈疏所零星舉出之例，再
以較全面的整理列舉出諸例，已然完成了大部分釋例的工作，其貢
獻至今無可替代，難怪程瑤田說：「不復得作聲也。」但智者千慮，
必有一失，淩書不足之處自所難免，彭林先生說：

全書凡二百四十六例，幾乎覆蓋《儀禮》十七篇之所有
儀節。

9. 張壽安，《以禮代理——淩廷堪與清中葉儒學思想之轉變》（臺北：中央研究院近
　代史研究所，1994年），第2章，頁69至70。簡體字版（石家莊：河北教育出版社，
　2001年）。

> 《禮經釋例》並非處處皆是，無論是申鄭、駁敖，或是
> 創立新說，皆有可商之處。^{（註10）}

其說也許較為持平。可惜此處所稱的「可商之處」何在，彭先生並
未明言。

淩書既非十全十美，後人自可加以補充或修正，所以像李、張
二氏的提法是不必要的。重要的是，要檢討淩書是否在揭例見義這
一方面做得完美，如果還不完美是為了什麼？如何才能比淩書再進
一步而對禮意（義）的闡釋更加明白而合乎古義？此點雖有近人從
方法論的角度加以討論^{（註11）}，但筆者尚未見到直接針對《禮經釋
例》的內容論其曲直的專文，因而種種討論總令人有「仍屬外緣問
題」之感。筆者不揣孤陋，擬從今日之學術視野，專就所揭各「例」
是否能夠充分見「義」此一角度予以評論，庶幾今後禮學之研究可
以有超越淩氏之可能。

三、從「例」的概念論《禮經釋例》的優缺點

本文開頭已說明漢人闡釋經義的方式有訓、詁、傳、記、注、箋、
章句、義、例等，而後人又有音、義疏等種種名目，釋例之作絕不
是唯一的方式，而且有其限制。現先就古人所謂「例」這一點加以
檢討，以便更能了解淩書是否有方法論上的問題。

首先，「例」這個辭彙本身就有點模糊，而古人又喜歡在各例
之上加「凡」字，稱之為「凡例」，從事此種工作稱之為「發凡」。

---

10. 以上兩小段引文，見淩廷堪著、彭林點校，《禮經釋例》（臺北：中央研究院中國
　　文哲研究所，2002 年），彭林撰「前言」部分。

11. 程克雅，〈乾嘉禮學學者解經方法中「文例」之建立與運用——以淩廷堪《禮經釋
　　例·飲食之例》三篇為主的探討〉，收入蔣秋華主編，《乾嘉學者的治經方法》（臺
　　北：中央研究院中國文哲研究所，2000 年），上冊，頁 461 至 507。

從語言邏輯看，「凡……」應是全稱，指無例外，但事實上古人使
用此詞時卻不見得如此。禮涉及人事，而人事其實極為紛雜，用「凡
……」的語言來表達每每有時而窮。而且人的思維中，有數目和比
例的概念，通常會區分定例、常例、特例幾種情況（詳下文），若
混稱之為「例」，便會造成思緒上的混淆。筆者過去曾檢討元潘昂
霄《金石例》以下十二種金石例的著作，指出如須稱「例」，必須
先將定例、常例、特例分別清楚：(註12)

　　定例：無例外或絕少例外。
　　常例：大多數。
　　特例：極少數。

其目的便是為了處理大量的資料時，在敘述上可以反映例證在數量
上的比例，而使討論呈現較清楚的邏輯。

　　如以定例、常例、特例的區別來考察凌書，則可發現：凌氏以
單句或兩三句排句處理的條目，大多是定例，其用語是：

　　「凡……皆」
　　「凡……必」

也就是指《儀禮》所見皆如此，無例外或絕少例外。如卷一「凡君
與臣行禮皆不迎」、「凡君與臣行禮皆不送」。又如卷二「凡禮盛
者必先盥」。此屬單句。以兩句或三句排句處理的，如卷一「凡升
階皆讓；賓主敵者俱升，不敵者不俱升」，此條中，「升階皆讓」

---

12. 參拙著，《石學蠡探》（臺北：大安出版社，1989年），〈石例著述評議〉，頁
　　148。陳澧論釋例之作，使用常例、變例二詞，見氏著，《東塾讀書記》（臺北：
　　臺灣商務印書館，1970年），卷8〈儀禮〉。筆者以為陳說不夠精細，陳說所謂變
　　例，是針對常例而言，但如此分類，常例、變例二詞，在概念上不能反映出事件在
　　比例上的多寡，變例可能是本文所稱的但書，也可能是本文所稱的特例；若是但書，
　　則陳說之常例即本文之常例，若是特例，則陳說之常例即本文之定例。顯然本文之
　　分類較陳說細密，所以本文不採用陳說。

一句乃是定例,「賓主敵者俱升,不敵者不俱升」,便分為兩種情況,但也是定例。又如卷三「凡獻工與笙于階上,獻獲者與釋獲者于堂下,獻祝與佐食于室中」,此條將賓主介遵之外的獻酒,分為三種情況,但也是定例。因為周禮親親尊尊,為了區別親疏尊卑,必須有隆殺之分,所以類似情況的禮有兩套或三套,淩書自然便須以兩句或三句排句來處理。定例為淩書之常,本文不須多舉。

至於常例,淩書多以下列模式處理:

「凡……皆……若……則……」

「凡……皆……唯……則……」

「凡……皆……或……」

「若」、「唯」、「或」等字以上乃屬常例,以下則是但書;亦即大多數情況均如此,但在某些特殊情況時則變更舉止。如卷一「凡升階皆連步;唯公所辭則栗階」。卷二「凡卑者于尊者,皆奠而不授;若尊者辭,乃授」。卷四「凡無算爵不拜;唯受爵於君者拜」。卷五「凡祭皆于豆籩之間;或上豆之間」。卷八「凡奠于殯宮,皆饋於下室;唯朔月及薦新不饋」。卷九「凡尸所食,皆加于肵俎;若虞祭,則以篚代之」。卷十「凡致爵,皆在賓三獻之間,加爵亦致;若儐尸,則於堂上獻尸侑時行之」。這些都是屬於有但書的常例敘述。《儀禮》記載的是冠昏鄉射朝聘喪祭的常禮,但有時附帶提及一些異常的狀況,譬如〈士昏禮〉載「若不親迎,……」,〈聘禮〉載「聘遭喪,入竟則遂也。不郊勞,不筵几,不禮賓,主人畢歸禮,賓唯饗餼之受,不賄,不禮玉,不贈」,淩書其實可以將這一類列入常例加但書的模式中,但淩氏並未處理,筆者認為乃是一失。

對於常例,淩書還有另外一種處理方式,即不在例文中敘述,而在例後的說解文字中說明。如卷六「凡賓至廟門,皆設几筵」,而淩氏云:

亦有不几筵者，〈聘禮・記〉：「唯大聘有几筵。」注：
「謂受聘享時也。小聘輕，雖受于廟，不為神位。」又〈聘
禮〉聘遭喪，「不几筵」，注：「致命不于廟，就尸柩
於殯宮，又不神之。」又云小聘曰問，「主人不筵几」，
注：「記貶於聘，所以為小也。」又〈聘禮〉賓問卿，「卿
受于祖廟」，「及廟門，大夫揖入，擯者請命」，注：「不
几筵，辟君也。」

可見「賓至廟門，皆設几筵」，並不是定例，只是常例。讀淩書者，
不能只閱讀例文，其下的說解文字也必須詳讀。

　　關於特例，乃指行禮時遇到特殊狀況必須加以權變的個案。此
類個案，無法或極難事先一一加以講求，而須視狀況予以因應，這
便是古人每每稱讚權變得宜者為「知禮」的原因。《禮記》中頗有
一些此類的記載和討論，譬如〈檀弓〉、〈曾子問〉等，但這些變禮，
可能性太多，無法完全列舉，有時也無法條文化，所以不妨視為特
例。事實上《儀禮》所載並沒有這種極少會發生的特例，淩書不攔
入《禮記》等他書所見此類特例，符合其書謹守經文的體例，是可
以理解和接受的。

　　然而，淩氏差不多不處理在《儀禮》中僅一見的儀節，這便需
要斟酌。譬如「袒」的義例方面，卷十二揭出「凡袒裼皆左，在衣
謂之袒，在裘謂之裼」之例，但〈覲禮〉中的侯氏有「右袒」之舉，
卻不見於諸例之中，淩氏只在卷六「凡聘、覲禮畢，主人皆親勞賓」
條下，引〈覲禮〉：

乃右肉袒于廟門之東，乃入門右，北面立，告聽事。擯
者謁諸天子，天子辭於侯氏曰：「伯父，無事，歸寧乃
邦。」侯氏再拜稽首，出，自屏南適門西，遂入門左，
北面立。

然後說：

> 此勞賓之前，侯氏請罪也。

又在該卷所附〈觀義〉中說：

> 禮畢乃右肉袒于廟門之東，天子威諸侯也。

此一處理，有兩點可商之處：其一，在《儀禮》中只有一見的儀文不能就認定不成例，或將之列為特例而不處理，因為侯氏觀見天子時，每個都要如此，每次也都要如此，因此這乃是定例，有其特定之「義」存在，這就不能以不成例看待，而須列為一例。其二，「侯氏請罪也」、「天子威諸侯」之闡釋語實在太過簡略，看不出侯氏為何右袒。按〈觀禮〉，侯氏初見天子即「入門右」，鄭注云：「入門而右，執臣道，不敢由賓客位也。」這是說侯氏雖分封在外，不能常與天子相處，與諸侯之於大夫、大夫之於士經常見面者情況不同，但觀見時仍以「家臣」自處，不敢以「賓」自視而入門「左」。而此處鄭注又云：「右肉袒者，刑宜施於右也。凡以禮事者左袒入，更從右者，臣益純也。告聽事者，告王以國所用為罪之事也。」這乃是說，不論吉凶禮，行禮時之袒均左袒，只有等待接受大辟者才右袒，所以侯氏「右肉袒」、「告聽事」，乃侯氏自承治國有所不足、靜候天子考核和凌厲的處分之意。至於鄭注所謂「臣益純也」，是指侯氏不僅「入門右」而且「右肉袒」，確實謹遵「致命」的「臣道」。鄭注的內涵，與《大戴禮·朝事》「肉袒入門而右，以聽事也。明臣禮，職臣事，所以教臣也」、《禮記·樂記》「朝覲，然後諸侯知所以臣」的精神一致，說明了觀禮此一儀節的精義，乃在強調天子與諸侯的君臣關係，諸侯對天子須執臣道，而天子對諸侯有生殺大權，所以直到天子表示「伯父，無事，歸寧乃邦」，侯氏才算獲得天子的赦免而準備接受王勞。由此看來，此一段儀節，實是觀

禮中的重要項目，而與其他「贊見禮」有別^{（註13）}，不宜輕易略過。可見淩氏對此處的發凡釋義方面確有缺失。

淩氏釋例既不無欠缺，後人自可加以補足修正。更根本的是，學者必須認清：不論如何邏輯化的去處理條例，釋例之作其實無法完全滿足釋「義」的需求。因為個別一條一條的例，闡釋的是片段的義，雖然淩氏將飲食、賓客、射、祭等分卷處理，各有數十條例，以組成一個網狀的例，又分卷使各個網有可相互參考之便，以見其血脈相關處，俱見用心，但《儀禮》中不論冠昏鄉射朝聘喪祭，任何一項都有許多儀節，且其義理環環相扣，單靠釋例之作實無法處理全部的釋義需求，因而儘管《禮經釋例》乃是大儒苦心竭慮之作，畢竟僅能幫助初學者的研讀而已。此書在功能上的限制，讀者是需要了解的。

四、論《禮經釋例》大多足以見義，
　　但亦有語焉不詳者，有不能見義者，
　　有逸出釋例以見義之宗旨者

例釋旨在見義，本節謹依拙見，將《禮經釋例》全書諸例分為四類，以考察淩氏的成就。第一類「足以見義者」佔淩書絕大部分，亦即屬於成功達到釋例（甚至僅是揭例本身）以見義的宗旨者；第二、三、四類都只是少數，乃拙見認為淩書有所不足之處。

---

13. 楊寬對「贊見禮」的起源、各個儀節的意義，有相當周延的討論，筆者認同；他視「覲禮」為「贊見禮」中的一種，稱為「高級的贊見禮」，筆者也可接受；但他未注意到其他贊見禮都沒有覲禮中的「右肉袒于廟門之東」此一儀節，因而也未提出加以討論，則有缺失。詳參楊寬，《西周史》（臺北：臺灣商務印書館，1999 年），第6 編第 9 章〈贊見禮新探〉。

　　凌書大多屬於釋例（甚至僅是揭例本身）足以見義者，今略舉數例明之。如卷一「凡迎賓，主人敵者于大門外，主人尊者于大門內」，賓主相敵，則主人出大門外迎接，以示平等；若主人較尊，則比相敵之禮稍殺，迎賓於大門內，既盡主人之禮，又示尊卑有別；同時揭舉此兩種情況作為對比，其義便極為明顯。又如卷三「凡獻酒，禮盛者，受爵、告旨、卒爵皆拜，酢主人；禮殺者，不拜告旨；又殺者，不酢主人」，此條同時比較獻酒時禮盛者、禮殺者、又殺者三種情況，而隆殺輕重之義自見，無需太多解釋。再如卷七揭舉射例，「凡有事于射則袒，無事于射則襲」，袒是為了射，不射時自然無須袒，而是襲，其義至明，無庸辭費。

　　釋例足以見義者，還有另外一種情形，即將各卷中相關之例對看，其義更明。如卷四「凡食禮有豆無籩，飲酒之禮豆籩皆有」，同卷「凡燕禮使宰夫為主人，食禮公自為主人」，卷五「凡食于廟，燕于寢，鄉飲酒于庠」，比對舉行各該禮時的主人、地點、食物，則食禮（公為主人、行於廟、不獻酒、無籩）較燕禮、飲酒之禮為隆重而樸素可知。

　　關於語焉不詳者，如卷二「凡設席，南鄉、北鄉，于神則西上，于人則東上；東鄉、西鄉，于神則南上，于人則北上」，凌氏多引經注為證，以支持其歸納所得，但關於「義」者，僅引〈士昏禮〉「主人筵于戶西，西上，右几」句下鄭注「主人，女父也。筵，為神布席也。戶西者，尊處」及「席西上，右設几，神不統于人，席有首尾」，以說明「南鄉、北鄉，于神則西上」，至於「于神則南上」，則引敖繼公「神位，于室則居主位，于堂則居客位」之語為說。查席之陳設，其面向，實有在堂或在室之別、賓主之異、神人之分等不同，且四者相互關聯，難以離析而論，今凌書僅分出神、人，卻未能顯示在堂或在室之別、賓主之異之不同，立例自屬片面；且何

以神位于室則居主位、于堂則居客位？淩氏解釋亦不清楚，故此條可謂語焉不詳。筆者按：席南鄉、北鄉，于人並非都是東上；東鄉、西鄉，于人也不都是北上；必須看場所之別、賓主之異、神人之分之不同而定。換言之，淩氏所立乃是常例，而淩說以定例之陳述說之，故不周全。筆者將於下節嘗試提出較完整之論述。

　　至於不能見義者，如卷一「凡門外之拜皆東西面，堂上之拜皆北面」，關於「凡門外之拜皆東西面」，參考上舉「凡迎賓，主人敵者于大門外」之例，則知門外之拜乃主人迎賓之拜，因賓主相敵故賓東面主西面相對而拜，其義可知。而「堂上之拜皆北面」，淩氏舉例雖足，但是對主人何以亦北面拜卻完全未加說明，乃是有例而無義。

　　此外，淩書還有逸出釋例宗旨者，如卷十三「凡昏禮，使者行禮皆用昕，唯壻用昏」，此例源自〈士昏・記〉「凡行事必用昏昕」及鄭注「用昕，使者；用昏，壻也」，按理此條釋例的重點應在說明行禮用昕、用昏各取何義，即使淩氏不同意鄭玄「陽往而陰來」之說，也應有所評論，淩氏卻全未觸及，僅以其個人對於天文曆算的知識，大篇幅談論昏、昕時刻隨季節、隨地域而不同，並以「古人推步之術甚疏，不論何時何地，皆以二刻半為昏昕之候，其說今不可復用矣」為結論。按：討論昕、昏究在何時刻，乃是天文推步的問題，與昏、昕之取義無涉，因為不論古人論昕、昏在何時何刻是否正確，當時行禮乃用昏、昕之時並無疑問，因而論昏、昕時刻隨季節、隨地域而不同，並不能說明用昕、用昏的取義，所以此一「釋例」可說已逸出其書釋例的宗旨。

　　淩書既有二、三、四類的情況，自然不能說是「已無遺誼」，而是有深入思考餘地的。

五、論對《儀禮》各項儀節均須深究其義

　　古代經學家有一基本假設，即經書出自聖人之手，《三禮》（至少《周禮》、《儀禮》）所載，乃「聖人制禮作樂」之事，故若對其中文句有所懷疑，則往往以「漢儒所為」、「偽作」看待，而對某些儀節宜深究其義者，卻往往付諸蓋闕。實則凡是禮儀，多是遠古習俗經過長久演化而來，自有其義，只因社會演變的因素，各種禮儀的存廢或變形種種不一，在缺乏演變觀念的時代，學者有時無法真正對某些禮文背後的禮意提出適當的詮釋，但吾人如能以今日學術之視野提出古人未曾設問的議題，加以探討，或可有成。此外，還有部分儀節，若能依據《儀禮》全書所見禮意細加推敲，似亦可以了解古人之意。

　　關於遠古習俗經過長久演化而來者，舉例言之，如名外何以尚須取字？〈士冠・記〉僅以「敬其名也」說之，〈冠義〉僅以「成人之道也」說之，實僅陳述了社會禮俗的現象，而沒有解釋「制禮之由」。筆者曾撰文指出：依據《金枝》[註14]中所載其他民族類似習俗加以解釋可以獲得解答，並且置於先秦各種禮制中去檢驗亦能圓滿解釋[註15]。又，親迎何以用昏？鄭玄「陽往而陰來」之說，乃用後出陰陽學說加以解釋，其說固巧，但應非先民所固有；近代學者以為乃是搶婚遺俗[註16]，說極可信。再者，古代社會中相見何以必須有「介」？「介」之功能何在？此一角色在後世之發展又為如

---

14. 英・弗雷澤著，汪培基譯，《金枝》（北京：中國民間文藝出版社，1987 年）。

15. 參本書第拾肆篇，〈冠笄之禮中取字的意義及其與先秦禮制的關係〉。

16. 高亨，《周易古經今注》（臺北：樂天出版社，1972 年），卷 1，屯卦，「六二，屯如邅如，乘馬班如，匪寇婚媾。女子貞不字，十年乃字」下注：「今人謂此寫古代掠婚之事，迨是歟？賁六四云：『賁如，皤如，白馬翰如，匪寇婚媾。』其意略同。」另參馬之驌，《我國婚俗研究》（臺北：經世書局，1979 年），第 2 章「期日」，第 4 節「吉時」。又見其增訂本，《中國的婚俗》（臺北：經世書局，1981 年），同章同節。

何？古人似未追究。門生賈宜瑗從解析「介」字之原始字義入手，認為此種「仲介」角色產生之原始理由，乃因古人畏懼他人加害或帶來諸如邪氣等不利於己之因素，而需有第三者為接見他人不至於有害之保證或緩衝，其說符合原始字義及古人心理狀況，敘述此一角色在後世之發展亦始未完整，中肯可信。（註17）

　　至於據《儀禮》全書所見禮意加以推敲者，如堂上之拜何以不面對對方而皆北面？古今學者似未有說。按：今日各國海軍，登船均先向船尾旗行禮，因為全船中該旗最為尊貴，向船尾旗行禮可視為向全船行禮，包含長官在內；禮畢後見個別他人，再另行禮，則均面對受禮者，因為此時行禮對象為個別人士，與向船尾旗行禮意義有別。拙見以為：《儀禮》所載，房舍坐北朝南，堂上拜而北面者，在此非行北面之臣禮，而是向全家族行禮，包含該家族祖先在內，禮較隆重，與向個別對象行禮須面對受禮者有所不同。此解是否可能？附此請方家教正。

　　再如前舉卷二「凡設席，南鄉、北鄉，于神則西上，于人則東上；東鄉、西鄉，于神則南上，于人則北上」，上文已指其語焉不詳。據筆者所知，凡論席之面向問題，應先問其禮在堂或在室舉行，因堂屬開放空間且方向面南，而室屬隱密空間且其戶在東，所以兩者在行禮時尊卑方位面向各有不同。如果在室，不論神、人，都以居奧（室之西南隅）東面為最尊，其席自然東鄉南上，其次居北南面，又其次居南北面，最末居東西面。若南面、北面各有數席，則其尊卑由西往東依次為南面、北面、南面、北面，依此類推。（註18）神在

17. 賈宜瑗，《先秦禮儀中「介」的研究》（臺北：國立臺灣大學中國文學研究所碩士論文，1998 年）。

18. 關於在室坐次的問題，詳參拙著，〈鴻門宴的坐次〉，收入《古代禮制與風俗》（臺北：臺灣書店，1997 年），另參拙著，〈從名物制度之學看經典詮釋〉，收入《語言文獻知識與經典詮釋的關係》（臺北：國立臺灣大學出版中心，2004 年）。

室居主位（奧），見〈士虞禮〉、〈特牲饋食禮〉、〈少牢饋食禮〉，乃因屬於私家祭禮，故在室（隱密空間）舉行，受祭對象為先人，先人自然應居主位，主位在奧，則其席自然東鄉、南上。至於人，若室中設席東鄉，入席者實亦南上，〈士昏禮〉婦饋舅姑，「並南上」句鄭注云：「並南上者，舅姑共席于奧，其饌各以南為上。」男尊於女，饌亦以南為上，則舅位亦在南可知，是設席東鄉，于人亦南上非北上也。然則淩氏「東鄉、西鄉，于神則南上，于人則北上」之說，為不周全矣。至於神位在堂居客位，見〈士昏禮〉、〈聘禮〉等，昏、聘屬於與外人互動的禮儀，故在堂（開放空間）舉行，參與者為賓主，而亦為神設席者，乃因「行之於廟者，所以尊重事，尊重事而不敢擅重事，不敢擅重事，所以自卑而尊先祖也」，[註19]但主人既居主位，則神僅宜居於客位，又由於主人堂上位既在東，賓席既在西、東上，則人、神並在之時，神席自宜西上，否則神位將介乎賓主之間，有所不便，〈聘禮〉鄭注：「神尊，不豫事也，席西上。」即是此意。依此言之，淩氏「南鄉、北鄉，于神則西上，于人則東上」之說似乎正確，但此說僅符合在堂時之禮儀，若在室即不正確，因在室之南鄉、北鄉者，不論人神，乃西上非東上也。由此看來，禮之性質、是神是人、場所、席之方向、席位之次第，此數者息息相關，不得僅以席之方向、席位之次第為條例，否則其義不彰。淩氏此條，不區分禮之性質與在堂在室之別，又出之以概括式陳述句，故致混淆。

　　再者，淩氏於本條之末云：

　　考〈曲禮〉：「席南鄉、北鄉，以西方為上；席東鄉、西鄉，以南方為上。」蓋禮家見〈士昏禮〉有「筵于戶西，西上」之文，遂為此說。不知經所謂西上，指神席也。《禮經》

------

19. 見《禮記·冠義》。

之例，席于人，南鄉、北鄉，以東方為上；東鄉、西鄉，
以北方為上。與〈曲禮〉正相反。〈曲禮〉出諸儒所記，
信傳固不如信經也。

淩氏因自信其歸納之條例，故批評〈曲禮〉之說為不可信。實則〈曲禮〉上文言幼者事長者「請席何鄉，請衽何趾」，鄭注「衽，臥席也」，故知其所言「席南鄉、北鄉，以西方為上；席東鄉、西鄉，以南方為上」乃指在室而言，據筆者上文之分析，〈曲禮〉之說正確無誤，淩氏誤以在堂之禮讀之，故亦誤以為〈曲禮〉不可信。一代大儒竟致此誤，藉知徹底了解禮「義」乃是讀禮者必須念茲在茲的要務。

　　依筆者淺見，古禮儀節仍有尚待發覆者，如陰厭之後何以尚有陽厭？夏祝、商祝、周祝之區別何在？諸如此類等等，古人均未能解釋無憾。然則研究《儀禮》，若有前賢尚未適當闡釋者，則須提出加以深究。至於方法如何，則端視各儀節之性質及研究者個人之造詣，恐無一定也。

六、餘論

　　無可否認，淩書之出現，有禮學研究的內在理路，即繼承傳統的禮例研究法，並將之發揚光大，且已達到了難以動搖的成就（但不是不能修正補充）。此外，由於淩氏生於治學講究疑事不論、著書講究要言不煩的時代，淩書雖看似一條條的札記，卻有明顯的學術企圖，故卷首冠以〈復禮〉上中下三篇，取意於孔子教導顏淵的「克己復禮」，所以〈復禮下〉說：

其（顏淵）所以不違者，復其性也；其所以復性者，復
於禮也。

　　而一條條的禮例，正在說明，唯有透過日日行禮乃能「復性」，養
成君子的人格，所以淩氏於《禮經釋例・序》中說：「學者舍是，
奚以為節性修身之本哉！」綜括而言，其學術企圖固在扭轉宋明心
性理氣之學而回歸先秦儒家所崇尚的禮樂之學，論其內涵，則是要
學者先能實踐一條一條具體的禮儀。論淩氏之學者，自不能忽略這
兩項中的任何一項。

　　本文的論述主要關心的，在於第一項的禮例研究法，寫作的目
的，在指出淩書的不足之處，並冀望與呼籲學者能尋繹出前人尚未
能充分釋「義」處的解答，創造出屬於我們這個年代的禮學成就。

　　關於第二項，即淩氏的學術企圖方面，筆者附帶在此表示意見。
近人從學術史發展的脈絡指出宋代以來，特別是乾嘉時期，有提倡
禮學以杜絕理學之弊端者，其說固是，但每喜用「以禮代理」一語
來概括淩氏學之宗旨[註20]，鄙意則以為不妥。禮之行於外者謂之禮
文，禮之涵於內者謂之禮意，禮文、禮意自然必須是合理的，才能
長期在社會中施行。大者如婚之六禮、喪之程序，大體仍保留於臺
灣及東南亞華人社會，小者如《禮經釋例》卷三載「凡薦脯醢在升
席先，設俎在升席後」，至今宴席仍然如此；又如卷六載「凡賓至，
則使人郊勞」、「凡郊勞畢，皆致館」，至今上至迎接國賓、下至
接待國外來參加學術研討會學者，亦仍然如此；因為這些禮儀乃是
合情合理的。〈樂記〉說：

---

20. 「以禮代理」一詞，蓋首見於錢穆，《中國近三百年學術史》（臺北：臺灣商務印書館，
1966 年），頁 255。但錢氏之語曰：「以禮代理，尤為戴氏以後學者所樂道。如淩
廷堪、焦循、阮元其著者也。」本不專指淩氏之學。後張壽安著《以禮代理──淩
廷堪與清中葉儒學思想之轉變》，遂有專指淩氏之學之意，於是論及淩氏之學者每
引用「以禮代理」一詞，如張麗珠，〈淩廷堪「以禮代理」的禮治理想暨乾嘉復禮
思潮〉，《國文學誌》，第 2 期（彰化：國立彰化師範大學國文系，1998 年）。商琛，
《一代禮宗──淩廷堪之禮學研究》（臺北：萬卷樓圖書股份有限公司，2004 年），
第 4 章即以〈淩廷堪「以禮代理」之禮學主張〉為標題。

　　禮也者，理之不可易者也。

又說：

　　樂者，通倫理者也。

〈仲尼燕居〉也說：

　　禮也者，理也。樂也者，節也。君子無理不動，無節不作。

先秦儒者並不認為禮樂與理有衝突處，即使宋儒如周敦頤也說：

　　禮，理也；樂，和也。陰陽理而後合，君君、臣臣、父父、
　　子子、兄兄、弟弟、夫夫、婦婦，萬物各得其理然後和，
　　故禮先而樂後。[註21]

凌氏曾強調《論語》、《大學》中無「理」字[註22]，但不能否認
《孟子》、〈中庸〉及《禮記》等儒家重要典籍確有「理」字的事
實[註23]，所以執著於「理」字的有無其實並不必要。因為不論有無
「理」字，或不論「理」字作分、作條理講抑作道理、天理講，[註24]
孔子及其以降儒者從無人宣稱其所講求的禮與理相違背，[註25]即在

---

21. 周敦頤，《通書》（臺北：臺灣中華書局，1965 年），〈禮樂第十三〉。

22. 謂《論語》「未嘗一言及理也」，見《禮經釋例》卷首〈復禮下〉；謂〈大學〉無「理」
　　字，見《校禮堂文集》，卷 16，〈好惡說下〉。

23. 《孟子》中之「理」字見〈萬章下〉「金聲也者，始條理也；玉振之也者，終條理也。
　　始條理者，智之事也；終條理者，聖之事也」，〈告子上〉「謂理也，義也」，〈盡
　　心下〉「稽大不理於口」。〈中庸〉之「理」字有「文理密察」、「溫而理」。

24. 參考劉師培，《理學字通釋》「理」字條，收入《劉申叔先生遺書》（臺北：華世
　　出版社，1975 年），第 1 冊。

25. 2007 年 11 月在北京參加中央文史研究館首屆國學論壇，得拜讀澳門大學鄧國光教
　　授〈先秦兩漢載籍「理」義探勘〉文稿，文中舉出二十家說，其提要言：「諸子的
　　『理』非後世單一的形上概念所能範圍。許慎、朱熹、戴震對『理』的詮釋，對照
　　龐大的諸子『理』義內涵，顯得乏力而不著邊際。標榜三家之說，互為抨擊，自視
　　為不刊之論，都嚴重妨礙學術的視野。」筆者對此說深有同感，故本文不欲對「理」
　　字有太多著墨，以免陷入某些學術史學者討論的泥淖中。

凌氏言，禮亦不違背理。[註26] 凌氏的企圖，只是主張儒學應從行禮入手，「復禮」才能「復性」，而不應從宋人的性理之學入手，以免陷於玄虛。學者自可依據凌氏之言強調此點，但怎能便指其企圖「以禮代理」？說「以禮代理」，乃是將「禮」和「理」對立起來，歷代儒者與凌氏均未如此主張，更何況此詞並不曾出自凌氏之口，為何強加其上！若說此詞意指以禮學取代理學，則用語不應如此簡化，畢竟「禮」不等於禮學，「理」也不等於理學。更根本的是，以禮學取代理學，只能說是凌氏的願望；禮學為何勝於理學的論述，才是凌氏學術的重點。使用此詞，實為失焦。

古人講學，極重拈出一二語以為宗旨，「以禮代理」本非凌氏之語，自然不宜用以指稱其學，如據其文為凌氏代擬，其「克己復禮」之「復禮」乎？

（本文原載《臺大中文學報》，第二十八期，臺北：國立臺灣大學中國文學系，二〇〇八年六月。）

---

26. 劉師培云：「近儒凌氏謂禮即理，蓋含於禮中者為理義，見於禮儀者為文理，其說誠然。然理字所該甚廣，非禮一端所能該，不得謂理即禮也。」見同注24。

伍、劉師培《禮經舊說》的寫作宗旨與詮釋上的問題

一、前言

　　儀徵劉氏，是清代幾個著名學術家族之一。從劉文淇（1789~1854）起，子劉毓崧（1818~1867）、孫劉壽曾（1838~1882）、曾孫劉師培，四代家學相承，除以治《左傳》舊注聞名學界外，又因學術背景和家庭經濟因素，擅長校勘及方志之學，而方志多有金石門，所以又兼長金石之學。劉氏家學，到了師培，更能兼綜條貫，發揚光大。

　　劉師培，字申叔，別名光漢，號左盦。生於清光緒十年（1884），卒於民國八年（1919），年僅三十六。但其一生著作，實為可觀，佚者不計，僅《劉申叔先生遺書》[註1]即收書七十四種，遍及四部。其中研究群經（含小學）有二十二種，而以標榜古注古說者最為突顯，校勘先秦漢代諸子書則有二十四種；這兩種所占比例最高，正是家學擅長者。

　　劉文淇以來，其子孫除延續研究《左傳》舊注的故業之外，又

1.《劉申叔先生遺書》（臺北：華世出版社，1975年）。蓋據國民出版社《儀徵劉師培先生著作》影印。凡本文引文僅標篇名而未注頁數者，均據此書。

將此法擴及他經，[註2] 與本文有關的是《三禮》。本來，《左傳》中涉及禮學的內容極多，劉氏一家自不陌生，因而間有論述，如劉毓崧有《禮記舊疏考證》一卷，劉壽曾有《昏禮重別論對駁議》，其《傳雅堂集》也有〈讀周禮野廬掌固〉、〈車制考略〉、〈姑歿未殯而婦死斂婦當用何服議〉等禮學論文，但在禮學上，以劉師培用力最多。劉師培病篤時自言他在入川（1911）後精力貫注在《三禮》之上，其弟子陳鐘凡在為《周禮古注集疏》作〈跋〉時說：

> 中華建國之八年秋九月，鐘凡北旋故都，謁先師儀徵劉君於寓廬。君以肺病沈綿，勢將不起，不禁愀然根觸，涕零被面，慨然謂鐘凡曰：「余平生述造，無慮數百卷。清末旅扈，為《國粹學報》撰藁，率意為文，說多未瑩。民元以還，西入成都，北屆北平。所至，任教國學、纂輯講藁外，精力所萃，寔在《三禮》。既廣徵兩漢經師之說，成《禮經舊說考略》四卷。又援據《五經異誼》所引古《周禮》說、古《左氏春秋》說及先鄭、杜子春諸家之注，為《周禮古注集疏》四十卷，堪稱信心之作。嘗逐寫淨本，交季剛製序待梓。世有定論予書者，斯其嚆矢矣。」

因而《禮經舊說考略》、《周禮古注集疏》兩書，學界理應重視。

　　《禮經舊說考略》一書，是未完成的著作。根據附於該書之後的錢玄同〈後記〉的說明，民國二十三年，南佩蘭聘鄭友漁編印劉氏遺書，鄭友漁與錢玄同從《國故》雜誌第一、二、三、四期中尋得〈士冠禮〉的一部分，又從蒙文通處得〈喪服經傳〉傳抄本，二十五年在《制言》雜誌第廿六期、廿七期尋得〈士喪禮〉、〈既

2. 如劉毓崧有《周易舊疏考正》、《尚書舊疏考正》、《毛詩舊疏考正》、《禮記舊疏考正》各一卷。

夕禮〉與〈士虞禮〉，二十六年又從劉師培從弟處獲得其餘各篇殘
稿，才得以編成全書，其中數處原稿下有空行，因而知道此書其實
並未完全脫稿。至於此書書名，錢玄同說：

> 〈喪服〉一卷，邵次公（撰按：名瑞彭）君有〈題記〉，〈士
> 喪〉、〈既夕〉、〈士虞〉三卷，孫鷹若（撰按：名世揚）
> 及沈延國兩君有〈題記〉，對於此書之名，皆稱為「禮
> 經舊說」，惟《國故》所載者，則稱為「禮經舊說考略」。
> 殘稿首頁闕佚，不知用何名，今從多數，稱為「禮經舊
> 說」，惟〈士冠〉之錄自《國故》者，仍加「考略」二字，
> 以循其舊。

按：劉氏弟子陳鐘凡提到此書時均稱為《禮經舊說考略》，凡四卷（撰
按：除見上引文外，另詳下），揆之內容，並非單純收集舊說而已，
尚有劉氏個人的見解，所以以此為書名甚為妥切；但學者習用「寧
武南氏校印」本，一如錢氏所言，多作《禮經舊說》，篇各一卷，
凡十七卷，所以本文從眾稱為《禮經舊說》。

　　本文之進行，先指出此書的寫作宗旨，分著述動機、資料收集、
無今古文門戶之見、論證方式四小節加以表彰；其次擇要分析劉師
培對禮學疑難的處理，並提出筆者的淺見；最後作出結論。唯大雅
君子教正之。

二、《禮經舊說》的寫作宗旨

（一）著述動機

　　劉師培入川前，並非未曾研究《三禮》，[註3] 但當時與他經並

---

3. 如 1913 年出版《西漢周官師說考》二卷，其〈序〉云：「師培服習斯經，於茲五載。」
　　可見劉師培於入川前已從事《周禮》舊說的研究。

治，並未特別專注，因而入川後，為何將精力貫注在《三禮》研究之上？值得考察。筆者以為和川人廖平（1852~1932）有關。先是廖平於1886年出版《今古學考》，說經嚴分今、古，是為經學初變。1888年，撰〈知聖篇〉及〈辟劉篇〉，尊今抑古，認為《周禮》、《左傳》都是偽作。但自1897年廖氏開始三變，說經有大幅度轉折，不再嚴分今、古，因而也不再尊〈王制〉而貶《周禮》，反而認為〈王制〉與《周禮》是規模小、大的問題。1901年經學四變，講天人之學，仍重《周禮》。1918年，其弟子黃鎔撰《五變記箋述》，謂廖氏人學三經為《禮經》、《春秋》、《書》，〈王制〉為《春秋》之傳，《周禮》為《書》之傳；天學三經為《樂》、《詩》、《易》。《儀禮》一書，《今古學考》斷入古學，原來並未受到廖氏重視，五變始為廖氏推崇，置於六經之首，並稱「乃修身、齊家事，為治平根本」。1918年，距1901年四變已17年，其時弟子黃鎔既已出版《箋述》，則廖平推崇《儀禮》自然遠早於此。1911年，劉師培入川，1912年任四川國學館館長，延攬廖平講學，1913年推介廖平出版〈孔聖哲學發微〉，時間正在廖平經學五變之時。[註4]然則劉師培學術傾向原來雖偏向古文（另詳下文），但其在川之時，與廖氏學術在根本上並不牴牾，其轉治《三禮》，且取徑與廖氏不同，或許有感於廖氏學風而發。因為當時廖氏講《儀禮》、《周禮》，放在天人之學的脈絡中，其思想已逐漸轉向對未來世界的建構之上，脫離了傳統經學的範疇。而劉師培則不僅回歸經典本身，甚且窮究鄭玄以前的「舊說」、「古注」，此一治經途徑，雖是劉氏家學擅長者，但在劉師培心中，或許有意為之，讓世人得以從另一個角度認識禮學。

---

4. 以上所述，廖平部分，依據〈廖季平先生學術年表〉、《今古學考》、《四益館經學四變記》、《五變記箋述》，均收入劉夢溪主編，《中國現代學術經典》《廖平蒙文通卷》（石家莊：河北教育出版社，1996年）。劉師培部分，依據萬仕國編著，《劉師培年譜》（揚州：廣陵書社，2003年）。

（二）資料收集

　　此書所謂「舊說」，是指鄭玄之前經師的經說。對於這些「舊說」的處理，陳鐘凡的〈劉先生行述〉提到此書時稱：

> 又以《禮經》十七篇目，[註5]大、小戴及劉向《別錄》所次不同，鄭注據小戴本，其篇次則從《別錄》，〈既夕〉、〈有司徹〉二篇篇名仍從小戴。魏晉以下，推崇鄭本，三家舊誼，遂以湮沒。考鄭氏《目錄》於經文十七篇，分屬吉、凶、嘉、賓四禮，前此禮家並無此說，鄭義雖合古文，然不得目為此經舊誼。爰廣徵兩漢經師之說，為《禮經舊說考略》四卷。

　　陳鐘凡提到十七篇的篇名、篇目次第以及分屬四禮的問題，乃是《儀禮》一書的大節目，該等大節目，禮家自有所知，乍看並不是學者最關心的課題。學者最關心的，自是《儀禮》中的疑難，劉氏能否從兩漢經師的遺說中入手而獲得解決。然而劉師培常從篇目次第的角度去解釋問題，所以陳鐘凡的陳述，不能忽視（另詳下節）。

　　至於劉氏「廣徵兩漢經師之說」，其資料的來源，邵瑞彭對〈喪服經傳〉一篇的〈題記〉說：

> 其書甄采古義，耆輯遺佚，自經傳、《白虎通義》、《通典》，以迄唐宋類書，網羅殆遍，復下己意，折中而疏通之。

　　邵文說的雖僅指〈喪服經傳〉一篇而言，事實上劉氏全書都是如此。自從鄭玄注《三禮》，蔚為「鄭學」，所有漢代與《儀禮》相關的注解專著全部亡佚，後人難以了解其他漢代經師的詮釋。若欲深究，

---

5. 原文「十七」誤植為「十九」，茲逕改。

除了《白虎通義》外，就只剩一些零星的佚文，以及散見的漢人注釋。其實，《儀禮》鄭注本身即留下一些問題，但後世如元儒敖繼公等抨擊鄭注，大多是從禮意的角度逕予質疑，而未考慮到或許鄭玄之前的經師曾有較鄭玄為佳的解說，當然，元朝時輯佚工作不彰，學者不易運用，也是原因。到了清代，輯佚書籍提供學者檢索兩漢經師遺說的方便，但並無人針對《儀禮》遺說作有系統的整理。劉師培此書，為了收集「舊說」，廣泛引用先秦兩漢典籍，如《周禮》、《禮記》、《公羊》、《穀梁》、《左傳》、《鄭志》、《五經異義》、《漢書》、《後漢書》、《孟子》、《荀子》、《淮南子》、《白虎通義》、《風俗通義》、《鹽鐵論》、《獨斷》等及其注疏。又引《通典》所見馬融說、譙周說、大戴《喪服變除》、《石渠禮議》、杜預《宗譜》以及《北堂書鈔》、《聶氏三禮圖》等，此外還有漢石經、漢碑等。以上資料除用以校勘經、注的誤、衍外，也分析今、古文舊有經說與鄭玄之異同。這便發揮了擅長古注、校勘、金石的家學。

（三）無今古文門戶之見

　　劉師培生當晚清，正是今、古文經學門戶對立最激烈的時代，其立場如何？似為值得討論的問題。

　　劉氏家學，以治《左傳》聞名，《左傳》固屬古文。劉師培於民元前與章炳麟、黃侃友善，二人在經學上亦偏向古文，這當是氣味相投所致，而與廖平、康有為異派，所以章炳麟於民前四年致書孫詒讓稱師培「素治古文《春秋》，與麟同術」，[註6]民前三年致書劉師培則稱「與君學術素同」，[註7]足見劉師培當時之經學立場傾向古文。

---

6. 見《劉申叔先生遺書》，章炳麟〈與孫仲容書〉。
7. 見《劉申叔先生遺書》，章炳麟〈與劉光漢書七〉。

　　民前一年，劉師培與端方入川，武昌起義後，劉師培留川，在國學館講學。此後精力貫注於研究三禮，其中《周禮古注集疏》固屬古文之學，至於《儀禮》一經，據鄭玄注，個別文字雖有「今文作某」、「古文作某」之別，但前人並未刻意區別今、古文在學說上的不同。當時廖平與劉師培共同講學，久已放棄尊今抑古的主張，而劉師培則區分《儀禮》的今、古文經說，在《禮經舊說》中，觸目可見。邵瑞彭在其〈題記〉中指出，這是劉師培入川後治經的改變，且和廖平由嚴分今古轉向不分的改變正好相反：

> 歲辛亥，入蜀，居成都，蜀人為立講堂，奉廖先為本師，而君貳之。盍戠餘叚，輒相諏討。時廖先已擯棄今古部分之說，君反惓惓於家法，尤好《白虎通義》，每就漢師古文經說，尋繹條貫，泝流窮原，以西京為歸宿。其所造述，體勢義例，敻異疇日。三百年來，古文流派，至此碻然卓立。烏乎，豈不盛哉！

廖、劉二人處理今、古文問題，還可以作一個有趣的對照，即二人均喜利用許慎《五經異義》佚文。廖平於經學初變時的代表作為《今古學考》，其分今、古文的主要依據為《五經異義》，由於許慎於其書分別標明今文說、古文說，廖平遂稱：「許君《五經異義》臚列今、古師說，以相折中，今與今同，古與古同，二者不相出入，足見師法之嚴。」[8] 又謂其區分今、古之學乃在禮制而不在個別文字：「乃據《五經異義》所立之今、古二百餘條，專載禮制，不載文字。今學博士之禮制出于〈王制〉，古文專用《周禮》，故定為今學主〈王制〉、孔子，古學主《周禮》、周公，然後二家所以異同之故燦若列眉，千谿百壑得所歸宿。」[9] 若依此言，廖氏此

---

8. 見《今古學考》，卷上，頁15，〈五經異義今與今同古與古同表〉。
9. 見《四益館經學四變記》，〈初變記〉，頁4。

後應無二變、三變以至六變之事，然而有之，原因何在？筆者以為必是其後發現此一假設不能成立之故。李學勤〈今古學考與五經異義〉一文，[註10]針對所謂「師法之嚴」舉例加以反駁，指出漢人並非完全「今與今同，古與古同」，許慎也不是均從古文，其說均能切中要害。廖平其後放棄舊說，應是亦有感於此。劉師培《禮經舊說》，亦喜引用《五經異義》為區分今、古文說之一助，但對今、古並沒有普遍性的軒輊，易言之，即無門戶之見，而是在個別問題上或支持古文、或支持今文。以本文第三節劉氏所討論者為例，饗禮的問題支持古文，終虞與卒哭的問題支持今文，大夫士祭祀有無主與樂的問題支持古文。此外，在漢代各本《儀禮》中，劉師培最信從大戴本（另詳下文），大戴既於西漢時立於學官，自然是今文。換言之，劉師培治《儀禮》，對今、古並不有所抑揚，而能以客觀的求真態度對待學術問題。錢玄同在〈劉申叔先生遺書序〉中說：

> 劉君于經學，雖偏重古文，實亦左右采獲，不欲專己守殘也。……劉君不反對今文經說，而反對今文家目古文經為偽造及孔子改制託古之說也。

其實錢氏所言，還是侷限於今、古文對立的思維中，似不如逕以上文所言「能以客觀的求真態度對待學術問題」稱之為宜。也許是這種態度，在廖平有需要放棄原有主張的問題，在劉師培卻沒有這種困擾。此點似可提供研究劉氏學術以及研究經學者的參考。

（四）論證方式

更須注意的是，劉氏除了收集兩漢今古文經說之異於鄭玄《儀禮注》者外，也企圖解決一些禮學上的疑難。

---

10. 文收入張岱年等著，《國學今論》（瀋陽：遼寧教育出版社，1992年），頁125~135。

　　劉氏探討《儀禮》中的疑難，往往先從文字等具體證據入手，然後穿針引線，將鄭玄以前的異說組織起來，以求明確顯現其理據。其書雖然延續傳統隨文立說的方式寫作，但邏輯性極強，善讀者自能了解其思維的先後順序。譬如論饗禮，劉氏先依鄭注取得「『饗』古文作『鄉』」以及漢人多稱鄉飲酒禮為「饗」的具體證據，然後據《左傳》、《國語》、《周禮》等文獻，指出饗禮儀節多同於鄉飲酒禮，最後論鄉飲酒禮即是饗禮，所以並無〈饗禮〉亡佚之事，其論證可謂層次分明，條理井然。又如論終虞與卒哭問題，劉氏先據鄭注取得今文「班」作「胖」以及鄭玄之前有人解終虞與卒哭同為一事的證據，然後逐一反駁鄭玄的依據，特別是在鄭玄依據的〈雜記〉中找出反證，再舉漢代資料支持卒哭即在終虞之說，層層推論，遠較敖繼公憑空立說者為有說服力。（以上另詳下文）

　　其次，此書分別重要證據與次要證據，重要資料用大字書寫，次要資料則用雙排小字繫於大字之下，層次極為分明。再者，劉氏對於難以判定屬今抑屬古文之資料，不輕易採用為佐證。譬如論大夫士祭祀有樂無樂的問題，《禮記‧曲禮》有「大夫無故不徹縣，士無故不徹琴瑟」的明文，但劉氏並不引為重要證據，足見劉氏的謹慎。

三、劉師培對禮學疑難的詮釋及其問題

　　《儀禮》一書，細節繁多，文字又極簡省，自來以難讀著稱。本文表彰劉氏此書，既無法也不必毛舉細節，所以僅選擇其中數項涉及禮家聚訟的問題加以分析，以見其大端。

（一）關於饗禮

　　食禮、燕禮、饗禮三者，其間的差別何在？禮家均欲釐清。但

《儀禮》有〈燕禮〉、〈公食大夫禮〉兩篇，食、燕二禮有明文可據，饗禮則無專篇，因而引起禮家聚訟。

關於饗禮有無專篇的問題，〈公食大夫禮〉「設洗如饗」句下鄭注云：

> 必如饗者，先饗後食，如其近者也。〈饗禮〉亡。〈燕禮〉則設洗於阼階東南。古文「饗」或作「鄉」。

鄭玄又於同篇「皆如饗拜」句下注云：

> 饗，大夫相饗之禮也，今亡。古文「饗」或作「鄉」。

據此，是鄭玄認為「古禮經」原有〈饗禮〉，因為亡佚，儀節不詳，所以即使是饗禮之洗設於何處也無法確知。

鄭玄的認定，後世多信從，賈公彥《儀禮注疏》固不必論，敖繼公《儀禮集說》、胡培翬《儀禮正義》也無異議。但是，鄭玄卻留下了無法詳細分辨食禮、燕禮、饗禮三者儀節的區別的問題。因為《儀禮》中所見饗禮，僅〈士昏禮〉和〈聘禮〉中寥寥數語，《禮記》所載饗禮，唯〈郊特牲〉、〈仲尼燕居〉、〈坊記〉及〈雜記〉、〈曲禮〉中數語，至於《周禮》，亦唯〈舂人〉、〈大行人〉數事而已，[註11]並無足夠記載以供構築完整的儀節，如此一來，饗禮的全貌便極模糊。以致於萬斯大稱「食禮主于食飯，而無賓主之酬酢。其食飯也，

---

11. 萬斯大論〈曲禮〉「大饗不問卜不饒富」條云：「方氏謂：禮言大饗有別。〈月令〉『季秋大饗帝』、〈禮器〉〈郊特牲〉『大饗腥』，祀帝也。〈禮器〉又言『大饗其王事』、『大饗之禮不足以大旅』，祫祭先王也。〈郊特牲〉又言『大饗，君三重席而酢』、〈仲尼燕居〉言『大饗有四』、〈坊記〉言『大饗廢夫人之禮』，兩君相見之禮也。〈雜記〉言『大饗卷三牲之俎』，凡饗賓客之禮也。先儒以此大饗為冬至祀天、夏至祭地。愚考《禮經》，祀帝、祀先，牲、日皆卜，此言不問卜，乃指兩君相見及凡賓客之禮也。賓客既行朝聘，當饗即饗，牲、日皆不卜，其言不饒富，即《左傳》所云『饗以訓恭儉』之謂也。舊說非。」見氏著，《禮記偶箋》（臺北：廣文書局，影印經學五書本，1977年），卷1，頁16。

亦止賓一人，而主君不與共食，故其禮視燕、饗為輕」，[註12]而淩
廷堪則稱「食禮有幣，燕禮無幣；食行於廟，燕行於寢；食牲用太
牢，燕牲用狗；食使大夫戒賓，燕於庭命賓；皆其例矣。萬氏斯大
乃謂食禮視燕、饗為輕，則誤甚。〈饗禮〉篇亡，不可考，其禮盛，
則又重於食焉」，[註13]二說頗不一致。面對二人的異說，吾人固不
能確知食禮輕於饗禮者何據？亦不知何以饗禮又重於食禮與燕禮？
足見鄭玄主張〈饗禮〉亡佚，的確造成饗禮內容不明的問題，因而
引起討論，而有主張鄉飲酒禮即饗禮或燕禮即饗禮者，但或無論證，
或不能愜人之意。[註14]

劉師培則歷舉漢代文獻，說明「饗」、「鄉」二字通用，力主
鄉飲酒禮即是饗禮，只是饗禮因對象有別其禮數隆殺亦有不同而已。
《禮經舊說·公食大夫禮第九》云：

> 案鄭注云：「古文『饗』或作『鄉』。」又下文「大夫相食，
> 親戚、速，迎賓于門外，拜至，皆如饗拜。」鄭注亦云：
> 「古文『饗』或作『鄉』。」竊以作「鄉」是也。「鄉」，
> 即本經〈鄉飲酒禮〉。鄉者，省辭，如《禮記·鄉飲酒義》
> 「吾觀于鄉」是也。「設洗如鄉」者，〈鄉飲酒禮〉云「設
> 洗于阼階東南，南北以堂深，東西當東榮，水在洗東，

---

12. 清·萬斯大，《儀禮商》（臺北：廣文書局，影印經學五書本，1977年），卷1，
　　頁43，「公食大夫禮第九」。

13. 清·淩廷堪著，彭林點校，《禮經釋例》（臺北：中央研究院中國文哲研究所，
　　2002年），卷4，「凡燕禮使宰夫為主人，食禮公自為主人」條，另參同卷「凡食
　　賓以幣曰侑幣，飲賓以幣曰酬幣」條。

14. 如惠士奇曾有「鄉人飲酒謂之饗，然則鄉飲酒即古之饗禮，先儒謂饗禮已亡，非
　　也」之說，然無論證，說見惠棟，《九曜齋筆記》（臺北：臺灣學生書局，影印本，
　　1971年），卷1。又見惠棟，《讀說文記》（臺北：藝文印書館，百部叢書集成，
　　影印借月山房彙鈔本），第5。但惠士奇又有「饗禮不亡，盡在〈燕禮〉矣」之說，
　　詳惠士奇，《禮說》，卷5，「〈春人〉食米」條，見《皇清經解》，卷218。筆
　　者以為其論據亦不愜人意。

籧在洗西，南肆」，謂食禮設洗之位亦當彼，禮略同也。
「迎賓門外，拜至，皆如鄉拜」者，〈鄉飲酒禮〉云「主
人一相，迎于門外，再拜賓，賓答拜，拜介，介答拜」，
謂大夫相食亦于門外拜賓介，其賓介皆有答拜之禮也。
以經證經，合若符節。其作「饗」之本，雖與「鄉」殊，
然二字古通。漢代今古文先師，並以鄉飲酒為「饗」，
則經文作「饗」，亦必據〈鄉飲〉為釋，確然可知。鄭
氏不以鄉飲酒為饗，因以饗禮及大夫相饗之禮為亡，一
若禮經五十六篇外，別有諸侯、大夫〈饗禮〉二篇，此
則鄭氏新意，不與禮說相同者也。

據劉氏說，則食、饗、燕三禮具在，並無別有〈饗禮〉之篇且已亡
佚之事。

至於饗禮為何有鄉飲酒禮之名，〈鄉飲酒禮第四〉說；

此經鄉飲、鄉射二禮，漢人稱為饗射。……惟即漢人說
鄉飲者考之，似此禮以饗為名，其制專主于養老。……
更以鄉飲、鄉射並稱饗射者，遂為天子養老、大射二禮
之稱。……蓋饗為鄉人飲酒之名，由養老之禮引伸之，
故天子養老亦得稱饗。援是而言，則舍養老而外，別無
所謂鄉飲禮，確然明矣。

據此，劉氏認為：饗禮本出於養老，包括天子之養三老五更、鄉大
夫在鄉之養耆老，後由在鄉之養耆老而有鄉飲酒禮之名。劉氏言下
之意，饗禮儀節即〈鄉飲酒禮〉中之儀節，故下文即舉《左傳》、
《國語》、《周禮》所見饗禮加以印證，謂有賓有介、獻酢酬、奏樂、
折俎、立成等儀節均與鄉飲酒禮相同（文長不詳述）。

於是，劉氏論饗禮與燕禮之區別云：

此義既明，則知古人飲酒禮惟有二端，一為鄉飲酒禮，一為燕禮。鄉飲禮之末，亦同燕禮；然行禮之初，其儀節較燕為繁，是名為饗。其〈聘〉經「再饗」、「一饗」之饗，雖禮之所施與鄉飲異，至其概略，大抵相同，故亦以饗為禮名。蓋凡飲酒之禮，備有賓介，兼備獻酬酢三節，獻由主人躬親，且其禮惟行于晝者，皆饗禮，本于鄉飲禮者也。（原稿下缺）蓋凡飲酒之禮，有賓無介，不以所尊為賓，又主不自獻，別立獻主，且其禮得行于宵者，皆燕禮也。（原稿下缺）

姑不論以上所述之正確性如何，據筆者所知，劉氏論饗禮之儀節，雖然仍不完整，但已是歷來最具體明確者。

（二）關於終虞與卒哭

《儀禮》中，〈既夕禮〉有「三虞卒哭，明日以其班祔」、〈士虞禮·記〉有「三虞，卒哭，他用剛日，亦如初，曰哀薦成事」之文，漢人舊說有以終虞與卒哭同為一事者^{（註15）}，鄭玄不以為然。

鄭注以為「卒哭，三虞之後祭名」，以終虞與卒哭為二祭。鄭玄所以有此說者，因《禮記·雜記下》有「上大夫之虞也少牢，卒哭成事、附皆大牢。下大夫之虞也犆牲，卒哭成事、附皆少牢」之文，鄭注云：「卒哭成事、附言『皆』，則卒哭成事、附與虞異矣。」再者，〈士虞禮·記〉「明日以其班祔。沐、浴、櫛、搔、翦。用專膚為折俎，取諸腒脄，其他如饋食」，鄭玄之前，有「班」作「胖」之本，有人解為虞用左胖，祔用所餘右胖，正是別無卒哭一祭、終虞與卒

15.〈士虞·記〉「哀薦成事」下賈公彥疏云：「鄭注〈檀弓〉云：『卒哭而祭，其辭蓋曰哀薦成事。』言蓋，疑之者，以鄭君以前人有人解云三虞與卒哭同為一事解之者，鄭故疑卒哭之辭而云蓋也。」又《禮記·雜記下》孔穎達疏云：「先儒以此三虞、卒哭同是一事。」

哭同為一事之證。鄭玄駁之云：「（班）今文為胖。……如特牲饋
食之事。或云：以左胖虞，右胖祔。今此如饋食，則尸俎、肵俎皆
有肩、臂^{（註16）}，豈復用虞臂乎？其不然明矣。」故在鄭玄，仍堅持
卒哭別是一祭之說。並謂「他」指不及時而葬者之祭祀：「他，謂
不及時而葬者。〈喪服小記〉曰：『報葬者，報虞者，三月而後卒
哭。』然則虞、卒哭之間有祭事者，亦用剛日。其祭無名，謂之他者，
假設言之。文不在卒哭上者，以其非常也。」其意以為：士若有故
或家貧，卒而數日間遂葬而虞，亦必待三月而後行卒哭祭，故虞與
卒哭之間須行「他祭」，日用剛日。

　　禮家多同意鄭說，如萬斯大《儀禮商》、胡培翬《儀禮正義》
等是，但反對者亦有之，如敖繼公《儀禮集說》卷十三〈既夕禮〉云：

　　卒哭謂卒殯宮之哭也。禮於三虞既餞之後而遂卒哭，以
　　其明日祔于祖，故不復朝夕哭於殯宮，惟朝一哭、夕一
　　哭于其次而已。

又卷十四〈士虞禮〉云：

　　三虞卒哭，謂既三虞，遂卒朝夕哭也。

是敖繼公認為卒哭為終虞後卒朝夕哭，並非另為一個祭祀。蓋敖氏
訓「他」為「別」，謂「他用剛日」為終虞別用剛日，所以不以為
另有「他祭」。但敖氏並未具陳理據。

　　他如張爾岐《儀禮鄭注句讀》、吳廷華《儀禮章句》亦不以鄭
說為然。而韓儒丁若鏞（1762~1836）《檀弓箋誤》除呼應敖氏，認
為應解為「終虞即卒哭，別用剛日」外，尤力批鄭玄「他祭」之說，
認為隔日行「他祭」，則將在虞與卒哭之間憑空產生數十個無名之

16. 王引之云：「據賈疏，則注內『肵俎』當為『阼俎』，謂主人俎也。今作『肵俎』者，
　　涉上注『肵俎』而誤。肵俎心舌，安得有臂乎？『肩』，衍字也。」《經義述聞》（臺
　　北：世界書局，1963年），卷10。

祭，極不合理：

> 鄭欲以「他」字捏作祭名，可乎？且卒哭之謂成事者，
> 謂虞安之禮成於此祭也。所謂「他祭」，或至五十，或
> 至八十，八十餘祭皆曰「成事」，可乎？[註17]

不過，這是負面批評，丁氏其實未能提出終虞即是卒哭的正面證據。
　　對於鄭玄據〈雜記下〉之文為說，劉師培亦據〈雜記下〉駁之，
《禮經舊說・既夕禮第十三》云：

> 鄭注云「卒哭成事、附言『皆』，則卒哭成事、附與虞
> 異」，今即彼〈記〉之文繹之，蓋以最後一虞別稱卒哭，
> 故對前四虞言，則前者為虞，後為卒哭，與〈檀弓〉「虞
> 而立尸，卒哭而謚」同，是猶王禮廟祭九獻，其前二獻
> 稱二祼，析言則別稱祼、獻，通言則獻亦兼祼也。故彼
> 〈記〉此文雖以虞、卒哭、附分言，其上文則曰「虞、
> 附亦然」，下文亦曰「非虞、附、練、祥，無沐浴」，
> 均虞、附並詞，不言卒哭，明卒哭即該于虞，不如鄭意
> 所說。

據劉說，終虞與卒哭是同一事，虞與卒哭只是通言和析言之別而已。
劉說尤有力者，是〈雜記下〉的上、下文都有虞、附對言的文例，
說明了卒哭不是虞、附之間單獨的祭祀。此外，劉師培也反駁「其
他如饋食」之鄭說，《禮經舊說・士虞禮第十四》云：

> 此〈記〉「饋食」，今文舊說謂即上經之特豕饋食，以
> 為祔祭之禮，舍用專膚為折俎數事外，其九飯之節亦與

---

17. 本段引文見《喪禮外篇》中《檀弓箴誤》，另參《喪禮四箋》，丁若鏞，《與猶堂
全書》（韓國・驪州市：民族文化推進會，影印標點韓國文集叢刊，網路全文資料
庫 http://www.minchu.or.kr）。

初虞之禮同也。知彼必以此饋食屬虞祭者，據〈特牲禮〉，
尸俎、酢俎皆有臂，明同用二胖，今文禮說既以祔祭為
惟用左胖^(註18)，必不以此饋食為特牲饋食，故觀鄭所
駁，而舊說之義益明。

劉師培既力主〈士虞・記〉之「饋食」並非鄭玄所認定之「特牲饋
食」，而是見於〈士虞禮〉篇首之「特豕饋食」，遂以漢時大戴本
各篇次第加以論述：

> 且即《禮經》大戴本之次言之，凡經、記所云「如某禮」
> 者，舍〈鄉射・記〉「若飲君，如燕」外，均所如之禮
> 其篇在前，如者在後，如〈燕禮〉「若射，則大射正為
> 司射，如鄉射之禮」，以〈鄉射禮〉第十一、〈燕禮〉
> 第十二也。〈聘禮・記〉「賜饔，惟羹飪，筮一尸，僕
> 為祝，如饋食之禮」，以〈少牢饋食禮〉第八，〈聘禮〉
> 第十四也。〈公食大夫禮〉「賓朝服，即位于大門外，
> 如聘」，以〈聘禮〉第十四，〈公食大夫禮〉第十五也。
> 今〈士虞禮〉之次，大戴列第六，在〈特牲饋食〉前，
> 明此記所云之如，不謂彼禮。本經既有饋食之文，故禮
> 家據以為說也。

按：劉說堪稱巧妙。簡言之，劉氏主張，「如饋食」既不指特牲饋食，
則祔祭不必然用全牲，自不能排除用虞祭所餘右胖之說，若祔祭用
虞祭所餘，則自無卒哭之祭。除此之外，劉氏又引漢代故事為佐證，
〈既夕禮第十三〉云：

> 試以《續漢書・禮儀志》證之。〈志〉述大喪葬禮，謂
> 還宮反廬，立主，如禮，桑木主尺二寸，不書謚。虞禮畢，

18.「左胖」當為「右胖」之誤。

祔于廟，如禮。明既虞即祔，漢代亦用斯禮。若既虞別
行卒哭祭，則〈志〉不當云虞畢祔廟矣。此即今文禮說
不與鄭同之證也。

總之，劉師培不持鄭說，且針對鄭玄所依之理據加以辨駁，並舉明
文、實例為佐證，與敖繼公說之理據不詳者，精粗不同，深淺有別。

（三）關於大夫士祭祀有主與否

天子、諸侯之祭，有主有樂，典籍有明文。大夫與士，則〈士
虞禮〉、〈特牲饋食禮〉、〈少牢饋食禮〉、〈有司徹〉均無明文，
而鄭玄亦謂大夫、士無主無樂。

關於無主的問題，萬斯大不以為然，其《儀禮商·士虞禮第
十四》云：

〈喪禮〉不言作主，而〈虞禮〉及〈特牲〉、〈少牢〉
皆有尸無主，先儒因謂主惟天子、諸侯有之，大夫、士
不得有主。按：〈檀弓〉云：「重，主道也。周主，重徹焉。」
（原注：虞時作主，則徹重而埋之。）夫主，所以依神，
重有主道者，始死未作主而依神於重，有主之道也。重
既天子、諸侯、大夫、士皆有之，則主亦天子、諸侯、
大夫、士皆有之矣。……《左傳》云：「祔而作主。」《公
羊》云：「虞主用桑。」蓋作主本為祔廟，而其作則在
虞時。故二傳異文而同實。在二傳，雖指君禮言，然大夫、
士之作主，亦即此可見。然〈特牲〉、〈少牢〉何以不
言主？主以依神，主在則祖考之神即在，祭時則立尸象
神，以行獻酬，而無事于主，故文不之及。乃遂謂大夫、
士無主，豈知禮意者哉？

萬斯大主張大夫、士有主，純粹用禮意去推論，而未舉實證。且《公羊》「虞主用桑」之說，明是他祭另將作主，與《左傳》「祔而作主」之說相矛盾，而萬氏竟謂「二傳異文而同實」，可謂粗疏。（說另詳下）

劉師培則不然。《禮經舊說·士虞禮第十四》首先指出漢時別本〈士虞·記〉有作主之文，疑是大戴或慶氏本，先取得文獻上之依據：

> 案：《公羊》文二年，《解詁》引〈士虞·記〉曰：「桑主不文，吉主皆刻而謚之。」……何氏所引，鄭本無其文，或據大戴、慶氏本也。

其次據《通典》引《五經異義》指出：謂大夫、士無主者乃是今文師說，鄭從之，而與古文殊。劉氏云：

> 考《通典·吉禮》引《五經異義》云：「或曰：卿、大夫、士有主否？答曰：案《公羊》說，卿、大夫非有土之君，不得祫享昭穆，故無主。大夫束帛依神，士結茅為菆。慎據《春秋左氏傳》曰『衛孔悝反祏于西圃』，祏，石主也，言大夫以石為主。」鄭駁云：「〈少牢饋食〉，大夫禮也，束帛依神。〈特牲饋食〉，士祭禮也，結茅為菆。」如其義，是今文師說均謂士、大夫無主，與古文殊。[註19]

然後說明作主乃在既祔之後，虞祭時尚無之：

蓋古文家說，以為士、大夫均有主，惟作主必待既祔。
（原注：《禮記》〈檀弓〉、〈曲禮〉疏引《異義》，《公
羊》說「虞而作主」，古《春秋左氏》說「祔而作主」，
是其證。）虞祭之時，主尚未作，故立苴以示主道，猶
之未葬以前，立重以示主道也。

以上均依據漢時古文家明文為說，遠較萬斯大說為可信。而既祔然
後作主之說，雖與今文家說相左，但在古文家本身並無矛盾，故劉
說亦可糾正萬氏之粗疏。

（四）關於大夫士祭祀有樂與否

關於無樂的問題，萬斯大不以為然。其《儀禮商‧特牲饋食第
十五》云：

〈曲禮〉曰：「大夫無故不徹縣，士無故不徹琴瑟。」
眾仲言羽數，大夫四，士二，是大夫、士皆有舞矣。〈祭
統〉云：「禮有五經，莫重于祭。」〈特牲〉、〈少牢〉，
大夫、士祭禮也，皆不用樂，何歟？嘗考之，〈郊特牲〉
云：「饗、禘有樂，而食、嘗無樂。凡飲，養陽氣也，
故有樂。食，養陰氣也，故無聲。」竊意：古者大夫、
士四時之祭，有用燕禮者，有用食禮者。用燕禮有樂，
用食禮則無樂。〈特牲〉、〈少牢〉皆用食禮，故名饋食，
而無樂也。

萬斯大認為二祭都以「饋食」為名，主食飯，所以無樂，並非大夫、
士之祭都不用樂，〈曲禮〉與《左傳‧隱公五年》眾仲論羽數「天
子用八，諸侯用六，大夫四，士二」之言可以為證。只是祭祀何以
有時用食禮有時用燕禮？何時用食禮何時用燕禮？萬氏並未進一步

說明。

　　劉師培論祭祀之前，先從士、大夫在一般情況下有樂無樂說起。劉氏指出：主無樂者為今文家說，古文家則主有樂。《禮經舊說·鄉飲酒禮第四》云：

> 竊謂：依此經今文說，凡《論語》諸書所謂「鄉人飲酒」
> 者，鄉人均謂人民，其飲、射二禮，雖兼有公、卿、大
> 夫、士，然其禮實以合民為主，故所行之禮，與士禮、
> 大夫禮不盡從同。如士、大夫本無樂，飲、射則均有樂，
> 並有樂懸。……惟依古文說，大夫、士亦得有樂。又《周
> 禮·小胥》亦有「大夫軒縣，士特縣」之文，特縣之制，
> 與本〈記〉「磬階間縮霤北面鼓」之制合，亦即〈鄉射禮〉
> 所謂「縣于洗東北西面」也。故《續漢書·禮儀志》「行
> 鄉飲禮」，劉注引服虔、應邵曰：「漢家郡縣饗射祭祀，
> 皆假士禮而行之，樂縣笙磬籩俎皆如士制。」如其說，
> 蓋服、應均從古文誼，以漢行飲、射二禮，其樂縣笙磬
> 籩俎之制，與此經同，亦與《周禮》所云士禮合。援是
> 而推，則此經飲、射二禮，依服、應說，並為士禮之一。
> 與今禮說，以此二禮惟主合民，不涉大夫、士恆禮者，
> 其說迥異。

劉氏又針對〈曲禮〉「大夫無故不徹縣，士無故不徹琴瑟」下孔疏引熊安生說加以推論，認為大夫、士祭祀無樂也是今文家說，但與《周禮》不合，鄭玄調停其說，卻陷入違反今文家本說的矛盾之中。〈少牢饋食禮第十六〉云：

> 又《禮記·曲禮》孔疏引熊氏云：「案《春秋說題辭》『樂
> 無士大夫制』，鄭玄《箴膏肓》從《題辭》之義，大夫、

士無樂。〈小胥〉『大夫判縣，士特縣』者，〈小胥〉所云，娛身之樂及治人之樂則有之也。故〈鄉飲酒〉有工歌之樂是也。《說題辭》云『無樂』者，謂無祭祀之樂，故〈特牲〉、〈少牢〉無樂。」推繹熊誼，蓋今文家說，據本篇及〈特牲禮〉不見樂舞，因謂大夫、士無樂，鄭氏知其與《周禮》不合，因調停其說，以為士、大夫惟有娛身、治人二樂，無祭祀樂舞。凡熊所言，均鄭義也。然依今文本說，則大夫、士舍琴瑟外，別無他樂。

劉氏於是下結論說：

依古文義，則士、大夫祭祀亦當有佾舞，不以本經不見為憑。

從劉氏的語氣看，他傾向同意古文說，認為大夫士之恆禮本來即有樂。不過，〈特牲〉、〈少牢〉為何未見樂舞，劉氏卻未加以解釋。

（五）筆者的評論

對上述劉氏個人的特殊見解，筆者不揣仄陋，也有兩點意見。以下分述之。至於士、大夫祭祀有無主與樂的問題，筆者認為難以裁斷，故置而不論。

關於饗禮的問題，劉師培主張饗禮儀節大抵就是〈鄉飲酒禮〉所見，而且其宗旨源自養老。由於這是創說，劉氏必須圓滿處理因此衍生的疑問。

首先，〈樂記〉有「射、鄉、食、饗」之文，鄉與饗對言，應屬不同禮儀。按：鄭玄以《三禮》相互為注，務求條貫不牴牾，〈樂記〉所載，或為鄭玄不以〈鄉飲酒禮〉所見即饗禮的理由之一。而劉氏此書，雖有盡量不從《禮記》取證的原則，但也必須有所解釋，

而上引劉說，儘管能指出饗禮與鄉飲酒禮的共同點，但對於相異處僅稱：「其〈聘〉經『再饗』、『一饗』之饗，雖禮之所施與鄉飲異，至其概略，大抵相同，故亦以饗為名。」事實上並沒有說出異者究竟何在。劉氏曾引今文說云：「今文家詁『饗』字者，惟《公羊》經莊四年『夫人姜氏饗齊侯于祝丘』，《解詁》云：『牛酒曰犒，加飯羹曰饗。』依何義，是《春秋》之饗與犒禮略同，與〈聘〉經饗燕之饗迥別，不得據彼說以釋饗燕之饗也。」實則依何休說推論，則〈樂記〉所述「射、鄉、食、饗」之區別甚明，即鄉飲酒禮惟有酒餚而不食飯，食禮惟有飯餚而不飲酒（食禮雖或有酳，但酳並非有獻酢酬儀節之飲酒禮），饗禮則兼有酒餚與飯食。又據〈士昏禮〉，「舅姑共饗婦以一獻之禮。舅洗于南洗，姑洗于北洗，奠酬。舅姑先降自西階，婦降自阼階。歸俎于婦氏人。舅饗送者以一獻之禮，酬以束錦。姑饗婦人送者，酬以束錦。」鄭注：「以酒食勞人曰饗。」經文雖簡，而鄭注稱勞人有酒有食曰饗，與何休之說相同。又，《周禮·舂人》云：「凡饗、食，共其食米。」鄭注：「饗有食米，則饗禮兼燕與食。」饗禮既兼有酒食，劉氏卻稱與無食之鄉飲酒禮相同，何也？

又據上引〈士昏禮〉，饗禮有酬幣，而〈鄉飲酒禮〉無酬幣，若鄉飲酒禮可稱為饗禮之一種，何以如此？劉說亦未能解釋。

再者，《禮記·王制》有「凡養老，有虞氏以燕禮，夏后氏以饗禮，殷人以食禮，周人修而兼用之」之文，劉氏主張饗禮、鄉飲酒禮以養老為依歸，已經與之不全相合，更明顯的是古籍論周代養三老五更都偏向食禮，萬斯大《儀禮商·公食大夫禮第九》稱：

> 此禮公親設者，醬湆飯粱，而牲不親割，樂舞不具。〈樂記〉言食三老五更也，「天子袒而割牲，執醬而饋，執爵而酳，冕而總干」。然則食禮通乎上下，而行禮之隆殺，

與儀物之多寡，則視乎食之之人與所食之人，以為之節
也。

萬氏論〈公食大夫禮〉與天子養三老五更亦有不同，食禮「牲不親
割，樂舞不具」，其說甚是。總之，文獻所見，周代養老不以飲酒
為主，與〈鄉飲酒禮〉以飲酒為主者不合。然則劉氏以養老說鄉飲
酒及饗禮，實難證成。更何況他國卿、大夫、士來聘，而以「養老」
之禮待之（撰按：卿再饗、上介一饗、士介若食若饗），亦於禮意
不通。

　　根據上述，劉說雖能指出饗禮儀節有與鄉飲酒禮相同者，但欲
逕指鄉飲酒禮即是饗禮，且都以養老為宗旨，尚難取信於人。

　　此外，劉師培此書，一開卷即論大戴本、小戴本、《別錄》本（鄭
玄本篇次從之）各本的篇名、篇目次第，稱「篇次各自不同，然均
各有意義」，並詳細解說各本編次的安排的用意。其後各卷解經，
往往以大戴本篇次為說，如本文論終虞與卒哭問題，主張〈士虞·
記〉之「如饋食」不如鄭玄所云乃指〈特牲饋食禮〉而言，而是指〈士
虞禮〉篇首的「特豕饋食」而言，即是運用劉氏個人特有的此種思
維。茲再引述一次，以便覽者：

　　且即《禮經》大戴本之次言之，凡經、記所云「如某禮」
　　者，舍〈鄉射·記〉「若飲君，如燕」外，均所如之禮
　　其篇在前，如者在後，如〈燕禮〉「若射，則大射正為
　　司射，如鄉射之禮」，以〈鄉射禮〉第十一、〈燕禮〉
　　第十二也。〈聘禮·記〉「賜饔，惟羹飪，筮一尸，僕
　　為祝，如饋食之禮」，以〈少牢饋食禮〉第八，〈聘禮〉
　　第十四也。〈公食大夫禮〉「賓朝服，即位于大門外，
　　如聘」，以〈聘禮〉第十四，〈公食大夫禮〉第十五也。

今〈士虞禮〉之次，大戴列第六，在〈特牲饋食〉前，明此記所云之如，不謂彼禮。本經既有饋食之文，故禮家據以為說也。

劉氏此言，固然聲明是依照大戴本而論，但如依照《別錄》、鄭玄本，則〈聘禮〉第八，〈少牢饋食禮〉第十六，和大戴本的前後相反，便不符合。而且各本既然都以〈士冠禮〉、〈士昏禮〉、〈士相見禮〉冠首，自然都是依照士、大夫、諸侯、天子的先後次序編次，只是各本對吉凶禮儀的安排又有先後之不同而已。則〈燕禮〉在〈鄉射禮〉之後，乃是當然，又由於〈公食大夫禮〉補述〈聘禮〉中記載不詳細的食禮，繫於其後也是當然，因而就劉氏的論證言，本不足以取為「所如之禮其篇在前，如者在後」之說的佐證，更何況〈鄉射禮・記〉中的「如燕」，劉氏已自承是例外呢？如此說來，劉氏之說，缺乏有力佐證，其論證是不能成立的。

其實劉氏此說，還涉及一個有關《儀禮》的更根本的問題，即是其說乃假定《儀禮》各篇於撰作時即有固定編序，而大戴本最符合原始狀況。按：此即道咸間人邵懿辰（1810~1861）《禮經通論》的說法，邵氏認為大戴本《儀禮》即是孔子「手定」的「完書」，既是「手定完書」，當然有固定篇次。此說之源由、影響及錯誤處，筆者撰有專文討論，茲不重複。[註20] 如僅以劉氏《逸禮考》論之，劉氏既言「是則古經篇目當據班（固）書，逸禮源流當宗劉（歆）說」，亦即認定士禮（即《儀禮》）十七篇，《禮》古經有五十六篇，可見當時並無成書，則自不應以《儀禮》為完書。既不認為今傳《儀禮》乃是完書，則《禮經舊說》假定各篇撰作時即有固定編次，豈不矛盾？

20. 參本書第壹篇，〈駁《儀禮》為孔子手定完書說及其延伸之新道統說〉。

四、結論

　　劉師培生命最後八年，精力貫注在《三禮》研究上，《禮經舊說》和《周禮古注集疏》是其力作，這固然和家學有些淵源，卻可能因接觸到廖平，對當時廖氏所代表的學風有感而發，因而研究取徑和廖平截然不同，讓世人能從另一個角度認識禮學。《禮經舊說》的撰寫，劉氏發揮了家學擅長的研究路徑，且在整理「舊說」之外，區分出鄭玄以前的今古文經說，盡力勾勒出「鄭學」以外的思維，而無門戶之見。更進一步，還提出個人的特殊見解；儘管其部分見解似難成立，但其治禮的方法，有足供今人參考者。筆者的整體評價是：劉氏「能以客觀的求真態度對待學術問題」，擇善而從，較晚清民初某些學者有今、古文門戶之偏見的學風實為可取。

（本文原載《臺大中文學報》，第三十一期，臺北：國立臺灣大學中國文學系，二〇〇九年十二月。）

中 編
《禮記》研究的諸面向

陸、《論語》中的「曲禮」 論述
及其影響

一、前言

　　華夏號稱禮樂之邦，有關禮儀的著作，種類和數量極多。但各種著作的淵源和彼此之間的關係如何，自來的說法似乎沒有形成一個較完整的系統。因而嘗試整理出一個概略的系統來，似乎是一項值得從事的工作。

　　孔子是儒學的大宗師，經他傳授或受他影響而產生的經書，造就了兩千餘年的經學傳統。筆者認為：有關經學的課題，多可於《論語》一書中見其梗概，至少也能尋出端倪，禮學方面亦然。若據朱子《論語集注》的分章，共二十篇 482 章（其中 4 章重出），根據個人的檢視，談及「禮」的共有 43 章，可見孔門對「禮」的重視。但這種平面的統計，學術意義不大，因為凡讀《論語》的人都會得到這樣的印象，並且也都承認禮是孔學的重點之一。

　　筆者要指出的是，孔子在禮儀方面的教學，對「經禮」、「曲禮」、「禮意」三者並重，因而在後世形成禮學傳統。這從《三禮》及後世的禮學著作仍可區分為「經禮」、「曲禮」的記載與「禮意」的詮釋這三部分，而得到印證。因此要完整了解禮學的淵源和流衍，要先從《論語》談起。

　　由於史上全部禮學著作的源流並非短篇論文所能處理，本文討論的重點，只限在「曲禮」這一部分。但不論「經禮」或是「曲禮」，都只是禮文，禮文背後所蘊含的「禮意」更是精神所在，因而附帶論及「禮意」部分。筆者將從有關「曲禮」時代最早的著作《論語》開始，探討秉持「曲禮」精神而編撰的各式著述，並在前人局部研究的基礎上，試圖勾勒出它在其後二千餘年的發展概略，舉出歷代代表性著作，並點明各種相關作品在內容或形式上的特色，說明禮學此一方面的源流。此外，要特別先提出的是，前人或囿於對四部書分類的成規，或當時尚無戰國楚簡及敦煌遺書的發現，在論述上往往不夠完整，本文將打破圖書分類的限制而以著書宗旨為探討主軸，至於相關的出土文獻也將適當插敘。

二、「經禮」與「曲禮」的區別

　　前人對於「經禮」、「曲禮」二者語意的了解，出入極大。這是因為古書裡有下列對比式的文句：

> 經禮三百，曲禮三千。（禮記‧禮器）
> 禮儀三百，威儀三千。（禮記‧中庸）
> 禮經三百，威儀三千。（大戴禮‧本命）
> 正經三百，動儀三千。（禮記疏引禮說）

「經禮」、「禮儀」、「禮經」、「正經」、「曲禮」、「威儀」、「動儀」數詞究竟所指為何，古人說法不一；這和漢時《儀禮》、《周禮》都有「禮經」之名，《禮》古經及《禮記》又都有〈曲禮〉篇有關。鄭玄（127~200）、陸德明（556~627）、孔穎達（574~648）、賈公彥（不詳，初唐）一派之說，認為「經禮」指《周禮》，「曲

禮」則指今之《儀禮》；這個觀點，是將「曲禮」作「事禮」解（詳下文），故指《儀禮》。到了元代吳澄（1249~1333，晚年主張）、明代湛若水（1466~1560）、柯尚遷（不詳，嘉靖中貢士）等遂有〈曲禮〉才是正經而《儀禮》及〈內則〉、〈少儀〉等都統屬於〈曲禮〉的說法。[註1]這一派的論據，筆者不予接受。

另外，臣瓚（晉）、呂大臨（1046~1092）、朱熹（1130~1200）一派之說，則認為《周禮》三百有餘者乃是官名，不是禮儀，自非「經禮」，「經禮」指冠昏吉凶而言，即今之《儀禮》。至於「曲禮」，呂大臨以為指《儀禮》附於篇後的「記」而言：

> 布帛之有經，一成而不可變者也，故經禮象之。經禮三百，蓋若祭祀、朝聘、燕饗、冠昏、喪紀之禮，其節文之不可變者有三百也。布帛之有緯，其文曲折有變而不可常者也，故曲禮象之。曲禮三千，蓋大小尊卑親疏長幼並行兼舉，屈伸損益之不可常者有三千也。今之所傳《儀禮》者，經禮也；其篇末稱「記」者，記禮之變節，則曲禮也。[註2]

對於呂大臨以常、變區分經禮、曲禮而分指《儀禮》「經」、「記」的看法，朱熹批評道：

> 若或者專以經禮為常禮、曲禮為變禮，則如冠禮之不醴而醮用酒，殺牲而有折俎，若子冠母不在之類，皆禮之變，而未嘗不在經禮篇中；坐如尸，立如齊，毋放飯，

---

1. 吳澄晚年欲以〈曲禮〉為正經，以配《周禮》、《儀禮》，而不及為。湛若水《二禮經傳訓測》以〈曲禮〉為上經、《儀禮》為下經。柯尚遷《曲禮全經類釋》則以「曲禮」為全經之名，而包含〈曲禮〉、〈內則〉、〈少儀〉、〈玉藻〉、〈文王世子〉五篇，以配《周禮》、《儀禮》。以上參考清·朱彝尊，《經義考》，卷144，柯尚遷《曲禮全經類釋》條引柯氏自序。
2. 宋·衛湜，《禮記集說》（臺北：臺灣大通書局，影印通志堂經解本），卷1引。

毋流歠之類，雖在曲禮之中，而不得謂之變禮；其說誤
也。^(註3)

朱熹認為「曲禮」指今《禮記》中〈曲禮〉、^(註4)〈少儀〉、〈內則〉、
〈玉藻〉及《管子‧弟子職》之類而言：

> 《周禮》乃制治立法、設官分職之書，於天下事無不該
> 攝，禮典固在其中，而非專為禮設也。……至於《儀禮》，
> 則其冠昏喪祭燕射朝聘，自為經禮大目，亦不容專以「曲
> 禮」名之也。……又嘗考之，經禮固今之《儀禮》，其
> 存者十七篇，而其逸見於他書者，猶有〈投壺〉、〈奔
> 喪〉、〈遷廟〉、〈釁廟〉、〈中霤〉等篇。其不可篇者，
> 又有古經，增多三十九篇，而《明堂陰陽》、《王史氏
> 記》數十篇，及河間獻王所輯禮樂古事，多至五百餘篇，
> 儻或猶有逸在其間者，大率且以春官所領五禮之目約之，
> 則其初固當有三百餘篇亡疑矣。所謂「曲禮」，則皆禮
> 之微文小節，如今〈曲禮〉、〈少儀〉、〈內則〉、〈玉
> 藻〉、〈弟子職〉篇，所記事親、事長、起居、飲食、
> 容貌、辭氣之法，制器備物、宗廟宮室、衣冠車旗之等，
> 凡所以行乎經禮之中者，其篇之全數雖不可知，然條而

---

3. 宋‧衛湜，《禮記集說》，卷1引。
4. 朱熹在《儀禮經傳通解》（臺北：臺灣商務印書館，影印文淵閣四庫全書本）〈儀
　禮經傳目錄〉中對今本〈曲禮〉有下列的看法：「此小戴《記》之第一篇，言委曲
　禮儀之事，所謂『曲禮三千』者也。其可隨事而見者，已包在『經禮』三百篇之內矣，
　此篇乃其雜碎首尾，出入諸篇，不可隨事而見者，故合而記之，自為一篇。而又多
　為韻語，使受者得以諷於口而存諸心。蓋〈曲禮〉之記也，戴氏編禮時已亡逸，故
　特因其首章之幸存者，而雜取諸書所引與它記之相似者以補續之，然其文亦多錯亂，
　不甚倫貫，今頗釐而析之。」換句話說，朱熹認為今〈曲禮〉除自「曲禮曰：毋不敬」
　起之首章為「《禮》古經」中〈曲禮〉原文外，其餘為漢人「雜取諸書所引與它記
　之相似者以補續之」，不是古〈曲禮〉原貌。因此該書「曲禮第二十」對〈曲禮〉「頗
　釐而析之」。

析之，亦應不下三千有餘矣。^{（註5）}

換句話說：「經禮」是指為了較隆重的特定目的而實行的一整套儀式，亦即《儀禮》所載的「冠婚喪祭燕射朝聘」各禮；「曲禮」則指日常生活的言行規範或從禮儀中歸納出來的原則，而不指一整套的儀式；但經禮與曲禮在精神上是一致的。這個觀點，也是日後朱子編撰《儀禮經傳通解》的基礎。筆者信服朱子的看法。

由於經禮是一整套的儀式，不是《論語》這種體裁的著作所能記錄，因此容易受到讀者忽略，誤以為孔子當年談禮，都是一些原則性或較零碎的討論。筆者認為孔子當年以雅言傳授「《詩》、《書》、執禮」^{（註6）}，其中的「執禮」，應當指一整套儀式，所以魯哀公才會使孺悲向孔子學士喪禮，而「〈士喪禮〉於是乎書」^{（註7）}，這些「執禮」，也就是前文所述的「經禮」，其中應有一部分被融入後來成書的《儀禮》中，此事後文將再提及，至於完整論述則將以另文處理，此處不贅。

三、從《論語》中的「曲禮」論述
論「曲禮」的內容與精神

《論語》除了有〈鄉黨〉篇及零星章節的「曲禮」記載外，還有相關禮意的詮釋，二者構成了《論語》的「曲禮」論述，本文的討論將兼顧二者。

---

5. 宋·衛湜，《禮記集說》，卷1引。

6. 《論語·述而》：「子所雅言，《詩》、《書》、執禮，皆雅言也。」所謂「執禮」，筆者認為當即《禮記·文王世子》：「春誦夏弦，大師詔之；瞽宗秋學《禮》，執《禮》者詔之；冬讀《書》，典《書》者詔之。《禮》在瞽宗，《書》在上庠。」中「執《禮》者」所主管之事務，在當時應有較完整之禮文，但與今《儀禮》的相似度如何，無直接資料可以印證。

7. 《禮記·雜記》：「恤由之喪，哀公使孺悲之孔子學士喪禮，〈士喪禮〉於是乎書。」

　　由於論述宗旨的不同，本文和武內義雄（1886~1966）〈曲禮考〉[註8]、吉本道雅〈曲禮考〉[註9]相異的是，武內與吉本兩位先生論「曲禮」，是以《禮記·曲禮》為中心，以與相關著述比較，《論語》的有關論述僅取為比較用的參考資料；本文認為如此討論，不能完整的探究「曲禮」論述的發展過程；所以本文以《論語》為起點，往下論其流衍，以求完整掌握「曲禮」的原委。

　　武內先生的〈曲禮考〉，認為孔子時還沒有禮的專書，其後七十子的弟子輩有〈曲禮〉、〈玉藻〉、〈內則〉、〈少儀〉等篇的完成，今日雖已殘缺，但仍可尋出分別為子游派及子思派等所記的痕跡，至於〈檀弓〉、〈曾子問〉、〈雜記〉等，則是為解釋〈曲禮〉、〈玉藻〉等而作的，到荀子時，才將這些材料整理為古文《禮》經，其中十七篇即今之《儀禮》，因此，古人將「禮經」和「曲禮」對言，其實是已整理之禮和未整理的材料並舉。武內先生這番解說，目的在調和上節所述關於「經禮」、「曲禮」兩種不同的說法，並試圖解決鄭玄所持的「曲猶事也」而今〈曲禮〉卻明顯不直接敘事的矛盾。而且蘊含了〈曲禮〉、〈玉藻〉是「經」而《儀禮》是「傳」的意思，與上述的湛若水等有類似的想法。

　　武內先生的主張，將「經禮」、「曲禮」的淵源都指向孔子，筆者有所保留。筆者認為孔子乃是古禮的研究者、實行者和改良者，不論是《儀禮》或「曲禮」都有比孔子更早的淵源，今日所見者也是層累而成，其中有不同年代的附加和修改。至於「禮經」和「曲禮」的關係乃是已整理之禮和未整理的材料之說，清人孫希旦（1737~1784）已有類似主

---

8. 武內義雄，〈曲禮考〉，收入江俠庵編譯，《先秦諸子考》（臺北：河洛圖書出版社，影印本，1975 年），上冊，頁 186~213。

9. 吉本道雅，〈曲禮考〉，收入小南一郎編，《中國古代禮制研究》（京都：京都大學人文科學研究所，1995 年），頁 117~163。

張，（註10）但筆者也不贊同。因為《儀禮》是針對一整套儀式而作的立體的完整敘事，和「曲禮」多屬針對特定言行而作的點狀的格言式、通則式或述評式論述（往往文句簡短、整齊或有韻），二者儘管在禮意上精神一致，但性質全然不同，換言之，此二者在範疇方面及表述方式有很大的差別，不能把後者視為前者的素材，當然後者更不是前者的「經」了。

　　吉本先生的〈曲禮考〉是為了質疑武內先生的若干論斷而作的，其是非本文不擬評論，而是要借助他的研究方式來作討論。他先將《禮記・曲禮》七十二章依內容分為十七群，再以〈曲禮〉為主體、居於版面上欄，而以《論語》、《孟子》、《子思子》、〈檀弓〉、〈玉藻〉、〈少儀〉、〈內則〉、《春秋經》中相關的條目為對照系、居於版面下欄，加以比較。這十七群包括：

　　第一群　禮總論
　　第二群　各種年齡的稱謂及禮制上的義務
　　第三群　與人子有關的禮
　　第四群　對待先生、長者、君子的禮
　　第五群　與男女有關的禮
　　第六群　與飲食有關的禮
　　第七群　與獻遺有關的禮
　　第八群　與使者有關的禮
　　第九群　與喪祭有關的禮
　　第十群　與軍事有關的禮
　　第十一群　與祭祀有關的禮

---

10. 孫氏認為：「蓋曲禮三千，即《儀禮》中之曲折。……然則曲禮有三：一為《儀禮》中之曲折，一則古《禮》篇之〈曲禮〉，一則《禮記》中之〈曲禮〉也。」清・孫希旦，《禮記集解》（臺北：文史哲出版社，影印沈嘯寰、王星賢點校本，1990年），頁2~3。

第十二群　與僕御有關的禮

第十三群　與執玉有關的禮

第十四群　與稱謂有關的禮

第十五群　與君子有關的禮

第十六群　與國君、大夫、士種種行為有關的禮

第十七群　與天子有關的禮或天子以下各種身分的禮

將〈曲禮〉分類，朱子的《儀禮經傳通解》、汪汝懋的《禮學幼範》已曾做過（另參下文），但吉本先生在整理方面下了功夫，分類頗為具體明白，是現成可善加運用的論文，因此本文加以借用。

關於《論語》，吉本先生列出〈鄉黨〉篇中「式負版者」、「入公門，鞠躬如也，如不容。立不中門，行不履閾」、「有盛饌，必變色而作」、「君命召，不俟駕而行」、「車中不內顧，不疾言，不親指」、「執圭，鞠躬如也，如不勝」、「當暑，袗絺綌，必表而出之」七條，和〈曲禮〉在文詞上相當接近，此外又另舉〈季氏〉、〈學而〉各一條，〈憲問〉二條，和〈曲禮〉也有對應關係。吉本對於《論語》的處理如此，對於《孟子》、《子思子》（指〈中庸〉等篇）、〈檀弓〉、〈玉藻〉、〈少儀〉、〈內則〉、《春秋經》的處理也是如此，固然該文是以《禮記・曲禮》為考察的中心，但〈曲禮〉的語言，多屬應如何（必、可也）、不應如何（毋、不、弗、勿）的格言式論述，以及通則式、述評式論述，禮意的詮釋極少，所以如此處理，明顯不能完全掌握「曲禮」的「原」及內容和精神。

事實上，依朱子的說法，僅僅〈鄉黨〉篇，「舊說凡一章，今分為十七節」，劉寶楠《論語正義》則分為二十五節，涉及「曲禮」的已不止上引七條。至於其範疇與精神，朱子引楊時語說：

聖人之所謂道者，不離乎日用之間也。故夫子之平日，

一動一靜，門人皆審視而詳記之。

又引尹焞語：

蓋聖德之至，動容周旋，自中乎禮耳。

以說明十七節所記的精神所在，乃指平日言行的一舉一動要合乎禮。換句話說，所謂知禮，不只是能在特定目的的儀式中合宜的執行或襄贊一整套儀式，也要表現在平日待人接物的具體一舉一動之上。從這一點論，《論語》除〈鄉黨〉篇外，孔子平日對弟子所言，或弟子所記孔子舉止，也有不少類似〈曲禮〉的論述，如：

子曰：「事父母幾諫。見志不從，又敬不違，勞而不怨。」〈里仁〉

子食於有喪者之側，未嘗飽也。子於是日哭，則不歌。〈述而〉

子釣而不綱，弋不射宿。〈述而〉

子曰：「麻冕，禮也；今也純，儉。吾從眾。拜下，禮也；今拜乎上，泰也。雖違眾，吾從下。」〈子罕〉

子見齊衰者、冕衣裳者與瞽者，見之，雖少必作；過之，必趨。〈子罕〉

子曰：「非禮勿視，非禮勿聽，非禮勿言，非禮勿動。」〈顏淵〉

師冕見，及階，子曰：「階也。」及席，子曰：「席也。」皆坐，子告之曰：「某在斯，某在斯。」師冕出。子張問曰：「與師言之道與？」子曰：「然。固相師之道也。」〈衛靈公〉

邦君之妻，君稱之曰夫人，夫人自稱曰小童；邦人稱之

日君夫人，稱諸異邦日寡小君；異邦人稱之曰君夫人。〈季
氏〉

以上七條，只有最後一條為吉本先生所引，以與《禮記‧曲禮》相
比較，這自然不能完整反映出孔門對「曲禮」的論述。可見討論「曲
禮」，應從《論語》開始。若能如此，則不僅在內容方面可以上探
其原，又因《論語》關於禮意的論述極為豐富，也可藉以了解其精
神，如「非禮勿視，非禮勿聽，非禮勿言，非禮勿動」，其背後的
禮意即是「克己復禮為仁」，此類為學者所熟知，茲不多舉。

　　就因為孔子教學重視「曲禮」，因此在後世儒學經傳中始終雜
有此類言論，不勝枚舉，甚至還有專著出現，雖然是以其他的名稱
而非「曲禮」一詞來呈現。以下略依時代先後陳述之。

四、先秦兩漢至隋唐時期的「曲禮」著述

　　《論語‧鄉黨》是可知的最早的「曲禮」專篇，其餘各篇也間
有「曲禮」論述，已如上述。《論語》一書乃戰國初中葉之時孔子
弟子及再傳弟子所記，但內容反映的實是春秋末年孔子的主張。

　　戰國時代的「曲禮」著作，今日可知的有「《禮》古經」中的
數篇、《儀禮》篇後「記」中的一部分、小戴《禮記》中的數篇等，
另外還有近年出土的戰國楚簡中的一部分。

　　根據《漢書‧藝文志》的記載及學界的認知，「《禮》古
經」五十六篇中，有十七篇與今《儀禮》相同，餘三十九篇，劉歆
（B.C.?~A.D.23）〈移讓太常博士書〉稱為「逸《禮》」，其後亡佚，
宋末王應麟（1223~1296）《漢書藝文志考證》指出「今其篇名頗見
於他書」，凡十八篇，其中有〈曲禮〉、〈少儀〉、〈內則〉及〈弟
子職〉，前三者，篇名亦見於小戴《禮記》，後者則亦見於《管子》。

由於「《禮》古經」的內容除少數佚文見於鄭玄《三禮注》外，今日已無法充分掌握，因此不能確知它們和小戴《禮記》、《管子》同名的各篇的異同程度，但基於今日我們已然見過古籍累增或變異的許多例證的理由，其內容有沿襲關係是無庸置疑的。(註11)

根據前賢的注釋，所謂「曲禮」，鄭玄在〈禮器〉注稱「曲猶事也」，作名詞解，陸德明《經典釋文》稱為「委曲說禮之事」，孔穎達《禮記正義》則稱為「屈曲行事」，將「曲」作副詞解。雖然陸、孔承襲了鄭玄「曲禮」即《儀禮》的誤說，但「委曲」、「屈曲」和朱熹的「微文小節」之說似相侔合。所謂「少儀」，孔穎達引鄭玄《三禮目錄》稱「名曰少儀者，以其記相見及薦羞之少威儀，少猶小也。此於《別錄》屬制度。」所謂「內則」，孔穎達引《三禮目錄》稱「名曰內則者，以其記男女居室、事父母舅姑之法。此於《別錄》屬子法，以閨門之內，軌儀可則，故曰內則。」所謂「玉藻」，孔穎達引《三禮目錄》稱「名曰玉藻者，以其記天子服冕之事也。冕之旒，以藻紃為之，貫玉為飾。此於《別錄》屬通論。」所謂「弟子職」，從篇名及內容可知，乃是弟子（學生）如何對待先生（老師）的各項禮節。這些篇章中的內容，吉本先生已有分類，讀者只需將相對照的下欄內容加入前面的十七類中，便能得出《春秋經》、《孟子》以及《禮記》各篇中相對完整的「曲禮」記載。

至於出土戰國楚簡，筆者以為某些內容亦有意義上屬於「曲禮」者，若以此一角度考察，往往可以順利解讀其中若干文句，如上博第四冊〈內禮〉、上博第五冊〈君子為禮〉、〈三德〉等篇均是。今舉數例，並引較早期的相關「曲禮」論述相比較，以見梗概：

◎君子事父母，亡私樂，亡私憂，父母所樂樂之，父母所憂憂之。

善則從之，不善則止之；止而不可，憐而任…不可。雖至於死，

---

11. 後世如吳澄等逕認為今〈曲禮〉、〈投壺〉等屬「《禮》古經」，當誤。

從之。（上博‧內禮）

　　子曰：「事父母幾諫。見志不從，又敬不違，勞而不怨。
（論語‧里仁）

　　子之事親也，三諫而不聽，則號泣而隨之。（禮記‧曲禮）

◎言之而不義，口勿言也。視之而不義，目勿視也。聽之而不義，
　耳勿聽也。動而不義，身毋動安。（上博‧君子為禮）

　　子曰：「非禮勿視，非禮勿聽，非禮勿言，非禮勿動。」
（論語‧顏淵）

◎毋揣深，毋度山。（上博‧三德）

　　不登危（禮記‧曲禮）

　　不登高，不臨深。（禮記‧曲禮）

　　漢末王肅（195~258）表彰《孔子家語》，其中有〈曲禮子貢
問〉、〈曲禮子游問〉、〈曲禮公西赤問〉三篇。今觀其中內容，
絕大多數談論喪禮，少數論及其它，而多為具體行事之評論，文章
體例近〈曾子問〉而與〈曲禮〉不同，蓋此書編者亦受鄭玄影響，
訓「曲」為「事」，故有此稱。然其內容與定義與本文觀點不同，
故該三篇不應列入「曲禮」之林。漢代值得表述的，有班昭的〈女
誡〉和劉向所編的《列女傳》，均依據儒家的理想論述女性的儀範，
遂成為往後女誡著作的代表，廣泛影響往後兩千年的華夏女性。須
提出的是，《列女傳》依據「曲禮」的禮意，選擇歷史上著名女性
的言行述評之，此種述評式的論述方式，其實已出現於《論語》，
如上引「師冕見」一章，是一種更容易為讀者接受的模式。

　　六朝論述以「曲禮」為名者，據《經義考》，有隋秘書監王劭《勘
定曲禮》，然該文主旨僅在立八疑十二證論晉宋古本無「稷曰明粢」

一句,乃是版本考定之作,於本文無關。大體而言,「曲禮」論述,
從六朝起,為「家訓」、「家誡」類的著作所繼承,這應當和當時
因社會動亂而特重門風有關。此類著作又可分為兩系,一系是上層
階級帝王將相名士所撰,一系是民間流傳的作品。

上層階級的著作中,有專著,也有零篇散簡。北齊顏之推
(531~?)有《顏氏家訓》一書,其書訓誡的範疇很廣,但大致而言,
前半談道德倫理,後半論學問。前半之中,談及言行規範者即屬「曲
禮」,事實上顏之推也確實藉〈曲禮〉、〈內則〉、〈少儀〉作了
一些發揮,如〈教子〉、〈風操〉等篇。此外,此書的特色是,不
立教條,而引述古今具體事例,這種說理方式明白易曉,可說是吸
收了《列女傳》的長處。《顏氏家訓》之外,還有一些見於記載而
未傳世者,如《新唐書·藝文志三》載有:李恕《誡子拾遺》四卷、《開
元御集誡子書》一卷、狄仁傑《家範》一卷、盧僎《盧公家範》一卷。
《宋史·藝文志四》載有《先賢戒子書》二卷置《開元御集誡子書》
前,當亦為唐人著作。另《宋史·藝文志四》還載有《古今家戒》
四卷、黃訥《家戒》一卷、柳玭《誡子拾遺》十卷,也是唐人著作。
這些遺佚的著作,有的被節錄於朱熹講友劉清之(1134~1190)^(註12)
的《誡子通錄》中。如唐中宗時縣令李恕的《誡子拾遺》,被節錄
於劉書卷三,並載其寫作宗旨為:「以崔氏《女儀戒》不及男,《顏
氏家訓》訓遺於女,遂著《戒子拾遺》十八篇,兼教男女,令新婦
子孫人寫一通,用為鑒戒云。」至於單篇的文章,劉書所收宋以前
人所撰者亦多。近人周法高撰〈家訓文學的源流〉,更補充了不少
宋代以後的此類作品,並總結此類著作的來源有三:一是古人的戒
子書、家誡一類的作品,二是古人的遺令或遺誡,三是古人自敘生

12.《宋史》本傳不載劉清之生卒年,此據余英時,《朱熹的歷史世界》(臺北:允晨
   文化事業股份有限公司,2003 年),下篇,頁 113 之考證。

平的自敘。^(註13)按：若從文類的角度來說，周先生的結論自然是正確的，但從內容的角度說，該種書扣除談論學問的部分，大部分乃是來自古代的「曲禮」。

　　至於民間流傳的作品，寫作水準不高，篇幅當然也不大，這可以敦煌發現的《太公家教》（含《武王家教》）寫本為代表。所謂「家教」，指對童蒙、婦女進行的家庭教育，此系較典型的繼承了「曲禮」的傳統，較多字數整齊、有韻、格言式、通則式的語句，但也受到《顏氏家訓》引述古今事例為證的影響，雜入一些史事，所以作者自言取材的範圍為「討論墳典，簡擇詩書，依經傍史，約禮時宜」。作者所謂「依經」，周鳳五先生《敦煌寫本太公家教研究》^(註14)經詳細的比對，指出多源自《論語》、《孝經》和〈曲禮〉。筆者則願指出亦有源自〈內則〉的文句。茲略引數條，以見一斑：

◎路逢尊者，齊腳斂手。

　遭先生於道，趨而進，正立拱手。〈曲禮〉

◎尊者賜果，懷核在手，勿得棄之。

　賜果於君前，其有核者懷其核。〈曲禮〉

◎倍年以長則父事之，十年以長則兄事之，五年以長則肩隨之。

　年長以倍則父事之，十年以長則兄事之，五年以長則肩隨之。〈曲禮〉

◎（婦人）不出閨庭；所有言語，下氣低聲。

　男子居外，女子居內。深宮固門，閽寺守之，男不入，

13. 周法高，〈家訓文學的源流〉上、中、下，分載《大陸雜誌》22卷2期、3期、4期，1961年1月31日、2月15日、2月28日。
14. 周鳳五，《敦煌寫本太公家教研究》（臺北：明文書局，1986年）。

女不出。〈內則〉

（婦）下氣怡聲，……柔色以溫之。〈內則〉

至於所謂「傍史」，作者也述及了晏嬰、唐虞、微子、比干、姜太公、司馬相如、巢父、魯連、諸葛亮等人，扣除作者自述的用典外，這乃是承襲前述家訓類的特點。

至於《太公家教》（含〈武王家教〉）內容的淵源及流衍，除上舉者外，周鳳五先生更詳細的和李恕《誡子拾遺》、《辯才家教》、《王梵志詩》、《女論語》、《義山雜纂》等相比較，指出了中古時代啟蒙與女誡書籍流傳的概況，讀者可以參看，此不詳述。

五、宋代以下的「曲禮」著述

至宋代，社會尤重視童蒙和婦女教育，此類著作大昌，而以各種名稱出現。其中最值得重視的自然要推朱子的《小學》。朱子《小學》分為內、外兩篇，內篇又區分為〈立教〉第一、〈明倫〉第二、〈敬身〉第三、〈稽古〉第四，〈稽古〉乃「考虞夏商周聖賢已行之，以證前篇立教、明倫、敬身之言也」；[註15] 外篇又分為嘉言第五、善行第六，乃是「歷考漢魏晉南北朝隋唐之傳記，承接近代五代之見聞，凡言之本乎物則民彝者，嘉言也，則述之；行之本乎物則民彝者，善行也，則紀之；所以合內篇而為小學之全書也」。[註16] 可見內篇多選抄先秦古籍中意義近於「曲禮」者，外篇則選錄漢以下之具體嘉言善行，以為典範。

茲檢閱內篇所抄撮者之出處，除《尚書》、《左傳》、《國語》、《戰國策》、《周禮》、《儀禮》、《孟子》、《荀子》、《管子》、

---

15. 明·陳選，《小學集注》（臺北：臺灣中華書局，四部備要本），卷4。
16. 明·陳選，《小學集注》，卷5。

《孝經》、《史記》、《淮南子》、《列女傳》、《高士傳》、《說苑》、《法言》、《詩序》、《家語》之外，以《論語》及大小戴《禮記》所見章節為最多，而其中又以〈曲禮〉、〈內則〉、〈少儀〉的比例最大，足見朱子《小學》一書的內容符合他對「曲禮」的看法。

不過，朱子對「曲禮」和「小學」的看法並不等同，不可不在此一提。按〈大學或問上〉說：

> 學之大小，固有不同，然其為道則一而已。是以方其幼也，不習之於小學，則無以收其放心，養其德性，而為大學之基本。及其長也，不進之於大學，則無以察夫義理，措諸事業，而收小學之成功。是則學之大小所以不同，特以少長所習之異宜，而有高下淺深先後緩急之殊，非若古今之辨、義利之分，判然如薰蕕冰炭之相反而不可以相入也。今使幼學之士，必先有以自盡乎灑掃、應對、進退之間，禮樂、射御、書數之習；俟其既長，而後進乎明德、新民，以止於至善。是乃次第之當然，又何為而不可哉！[註17]

〈大學章句序〉也說：

> 人生八歲，則自王公以下，至於庶人之子弟，皆入小學，而教之以灑掃、應對、進退之節，禮樂、射御、書數之文。及其十五年，則自天子之元子、眾子，以至公、卿、大夫、元士之適子，與凡民之俊秀，皆入大學，而教之以窮理、正心、修己、治人之道。此又學校之教、大小之節所以分也。……及周之衰，……時則有若孔子之聖，而不得君師之位以行其政教，於是獨取先王之法，誦而傳之，

17. 宋・朱熹，《四書或問》（上海：上海古籍出版社，2001年），卷1。

以詔後世。若〈曲禮〉、〈少儀〉、〈內則〉、〈弟子職〉
諸篇，固小學之支流餘裔。而此篇者，則因小學之成功，
以著大學之明法，外有以極其規模之大，而內有以盡其
節目之詳者也。

則在朱子心目中，〈曲禮〉、〈少儀〉、〈內則〉、〈弟子職〉諸
篇，只是「小學」的支流餘裔，並不是「小學」的全部，至少還要
有「禮樂射御書數之習」，才是全部。「禮樂射御書數之習」主要
見於《儀禮》，朱子雖試圖完成《儀禮經傳通解》之書，但畢竟沒
有在其《小學》中加入這一部分，因而《小學》一書的實際與朱子
的理論便形成了相當大的落差。造成此一情況，乃是朱子在五十八
歲完成《小學》，之後在禮學思想上有所轉變所致，筆者已另撰他
文闡釋(註18)，此不詳述。總之，朱子《小學》一書，其實只符合他
晚年對「曲禮」的看法，而不是晚年對「小學」的看法。所以，我
們可以把《小學》一書當成宋代最重要的「曲禮」著作。

　　《小學》之外，宋代的「曲禮」著作，著名的還有呂祖謙《少
儀外傳》，但其書出於雜記，未經依類編纂，不如朱子的《小學》
有條理。汪汝懋的《禮學幼範》，今佚，據《經義考》引戴良的〈序〉
說：「嚴陵汪君，學朱子者也。以為〈曲禮〉一篇，正其幼稺所宜
行之禮。但漢儒所記，多不以類而從，學者頗艱於用力。遂取篇中
凡為人子及侍先生、長者，與夫飲食、言動、冠、昏、喪、祭等禮，
類聚而編之。至於總言禮之本原，則又別自為類，以標諸篇首。仍
摘鄭氏注語，及濂、洛諸儒之論附見焉，間有未安，則足以己意，
合為七卷，謂之《禮學幼範》。……當與朱子《小學》相為終始

18.參本書第捌篇，〈從「小學」論述看朱子禮學思想的轉變〉。

云。」^{（註19）}

　　至於承繼《太公家教》的短篇作品，最著名的是據傳為南宋末王應麟始創的《三字經》^{（註20）}，該書廣泛流傳民間，成為庶民階層的讀物，和《百家姓》、《千字文》合稱「三百千」，或又加《千家詩》為「三百千千」。黃沛榮先生《新譯三字經》^{（註21）}在「導讀」中根據胡懷琛《蒙書考》著錄的一百多種古今蒙書，認為依性質內容來看可分為四類：一是偏重讀書識字方面的，如〈史籀篇〉；二是偏重人格教育方面的，如〈弟子職〉；三是偏重知識教育方面的，如〈百家姓〉；四是著重文學素養的訓練，如《千家詩》；而《三字經》則兼具以上四種功能。黃先生對蒙書的分類很正確，不過，《三字經》畢竟以人格教育為主。

　　明末清初人朱柏廬（名用純，字致一，號柏廬。1617~1688）的〈治家格言〉也是流傳廣泛的作品，該文提倡倫理及勤儉持家，篇幅雖短，但意旨明確，乃是「曲禮」的裔孫。

六、結論

　　本文論述的主旨是，「經禮」和「曲禮」是禮學的兩大分支：「經禮」是敘述整套禮儀而以經部禮類的《儀禮》為主的系統，它的主要繼承者是史部政書類儀制之屬的官修禮書（如《大唐開元禮》）以及經部禮類雜禮書之屬的書儀（如《溫公書儀》）、家禮（如《朱子家禮》）一類書籍；詮釋其禮意的則以《禮記》中的〈冠義〉、

---

19. 清・朱彝尊，《經義考》（臺北：中央研究院中國文哲研究所籌備處，點校補正本，1999 年），卷 148，引戴良〈序〉。

20. 關於《三字經》的三言訓誡形式，亦有其淵源，南宋・陳淳，《北溪大全集》中《啟蒙初誦》有三字格言 76 句，凡 19 章，288 字。詳參周鳳五，《敦煌寫本太公家教研究》附錄〈辯才家教研究〉，頁 153。

21. 黃沛榮，《新譯三字經》（臺北：三民書局，2006 年修訂二版一刷）。

〈昏義〉等篇章為代表。「曲禮」是日常生活的言行規範或從禮儀中歸納出來的原則而以經部的《論語》為主的系統，它的主要繼承者是子部雜家類雜學之屬的家訓（如《顏氏家訓》）、家教一類書籍（《續修四庫提要》在子部儒家類）；詮釋其禮意的也是以《論語》所見孔子的相關言論為代表。因此，討論「曲禮」，不應執著名義而從《禮記》的〈曲禮〉開始。筆者以為，吳澄（晚年）、湛若水、武內義雄、吉本道雅從〈曲禮〉出發，去思考它和《儀禮》的關係，才會看不清「曲禮」整體的發展脈絡，而有〈曲禮〉為經、《儀禮》為傳的說法。因而本文的作法是，從《論語》談起。

孔子的教學內涵，「《詩》、《書》、執禮」應是最主要的，但《論語》一書所載，與此三種直接相關的文字雖有而不多，反而有大量「曲禮」的記載（格言式、通則式、述評式俱備）和詮釋其禮意的文字。七十子及再傳弟子的著述，不論《孝經》、〈曲禮〉、〈內則〉、〈少儀〉等專書或專篇，仍然承繼此一傳統，「曲禮」論述遂成為儒學重要內涵。

漢代以降，最普及的讀物是《論語》與《孝經》，其中的「曲禮」論述，乃是一般人獲得教養的重要來源。因為「經禮」是一整套的儀式，即使在古代，貴族也需要花費大量的時間去學習，後來逐漸成為專門之學，遇到冠昏喪祭，需要依賴執禮之士。朝廷方面，特設禮官、博士來主管，也將修撰禮書定為國家必行之事。士大夫家則仰賴「書儀」一類書籍，以求不過於違悖禮制。至於日常生活，則不論高官顯貴或士人平民，待人接物均靠各種「曲禮」的教導，方能成德為人，敦親睦鄰，因而「曲禮」乃是禮儀中最切身的學習項目。

六朝時代，政治黑暗，社會動盪，學校形同虛設，教育有賴家學，於是上層社會有以《顏氏家訓》為代表的一類書籍出現，下層

階級則有以《太公家教》為代表的一類書籍出現，兩者各有苗裔，擔當「曲禮」教育的任務；當然，由於社會結構和讀者群的差異性，「曲禮」的內容不免「約禮時宜」，譬如〈曲禮〉中有關軍事和天子禮儀的內容不會出現在「家訓」、「家教」之中。

宋朝乃是士大夫自我反省能力相對較強的時代，朱子的《小學》、呂祖謙的《少儀外傳》、劉清之的《誡子通錄》實有取代〈曲禮〉、《太公家教》的企圖，然而三者的通俗性不足，因而《三字經》、〈治家格言〉等具有「曲禮」意義卻又較具通俗性（文句字數整齊，兼有韻腳易於成誦）的作品仍然因社會的需要而廣泛流傳。

到了近代，新式學校把「曲禮」教學納入公民或社會課程中，但分量稀少，範疇有限，逐漸式微，又由於中小學教師往往缺乏國際經驗，未適當的教導國民最基本的西方禮儀，遂使國人在待人接物方面普遍不夠成熟或顯得粗糙，與擁有二千餘年「曲禮」教育的傳統極不相稱，委實辜負「禮儀之邦」的美名，考古思今，令人嘆息。

（本文原載《東亞論語學：中國篇》。臺北：國立臺灣大學出版中心，二〇〇九年九月。）

柒、戰國楚簡中的「曲禮」論述

一、前言

　　戰國竹簡的大批出土，在很多學術面向，的確可以填補傳世文獻記載的不足，其中儒家著述也是一樣。儒家著述中，關於禮學的篇章不少，其中有思辨性析論的篇章，如郭店〈忠信之道〉、上博〈性情論〉等；有一套儀式的記載，如上博〈昔者君老〉，可惜不完整；也有一些禮儀守則的論述，散見各篇。本文討論的對象，是關於禮儀守則的「曲禮」方面。

　　筆者曾撰文指出：華夏禮學的傳統，可以區分為「經禮」、「曲禮」的研究與「禮意」的詮釋三部分。「經禮」和「曲禮」，古人稱之為「禮文」；「禮意」即是「禮文」的精神所在。所謂「經禮」，指的是為了較隆重的特定目的而實行的一整套儀式，亦即《儀禮》所載的「冠婚喪祭燕射朝聘」等各禮。所謂「曲禮」，則指日常生活的言行規範或從禮儀中歸納出來的通則，而不指一整套的儀式。但「經禮」與「曲禮」的精神是一致的，亦即其「禮意」是一致的。「經禮」和「曲禮」都源遠流長，各有苗裔。由於「經禮」是一整套的儀式，即使在古代，貴族也需要花費大量的時間去學習，後來逐漸成為專門之學，遇到冠昏喪祭燕射朝聘，仍需依賴執禮之士的引導。朝廷方面，特設禮官、博士來主管，也將修撰禮書定為國家

必行之事。士大夫家則仰賴「書儀」一類書籍，以求不過於違悖禮制。至於日常生活、待人接物方面，則不論童蒙或平民士人，乃至達官顯貴，學習和遵守「曲禮」乃是獲得良好教養的主要來源。筆者認為：關於「曲禮」論述，要從《論語》談起，而不應從《禮記·曲禮》談起。因為在《論語》中，「曲禮」論述已很豐富，若從〈曲禮〉談起，則不能完全掌握「曲禮」的淵源以及內容和精神。「曲禮」的內容和精神為何？即要在日常生活、待人接物的一舉一動之上合乎「禮意」。據此，歷代有關「曲禮」的重要著作依序有：《論語》，《禮記》中的〈曲禮〉、〈少儀〉、〈內則〉等，《管子·弟子職》、戰國楚簡中的〈內禮〉、〈君子為禮〉、〈三德〉等，劉向的《列女傳》，班昭的〈女誡〉，北齊顏之推的《顏氏家訓》，敦煌發現的《太公家教》（含《武王家教》），南宋劉清之的《誡子通錄》，朱熹的《小學》，呂祖謙的《少儀外傳》，宋末王應麟始創的《三字經》，清初朱柏廬（名用純）的〈治家格言〉，當今的「國民禮儀規範」或小學的社會課本等。[註1]

　　「曲禮」論述，在內容方面，吉本道雅〈曲禮考〉[註2]以《禮記·曲禮》為中心，以與相關著述比較，且將之分為十七類，含蓋性應已完足。但吉本的分類失之機械與平面，不能充分顯現華夏「曲禮」論述的性質，因而本文不擬沿用，而將據「曲禮」論述的表達模式分為三類：第一類，對特定項目的儀節直接以「應如何」（必、可也）、「不應如何」（毋、不、弗、勿）的格言式文字來表達，譬如《論語·鄉黨》「升車，必正立執綏。車中，不內顧，不疾言，不親指」。第二類，對某類禮儀以歸納出來的通則式文字來表達，如〈八佾〉

---

1. 參本書第陸篇，〈《論語》中的「曲禮」論述及其影響〉。

2. 吉本道雅，〈曲禮考〉，收入小南一郎編，《中國古代禮制研究》（京都：京都大學人文科學研究所，1995 年），頁 117~163。

「君使臣以禮，臣事君以忠」，這並非針對特定項目的儀節而言，而是通則。第三類，針對某一事件用述評式文字來表達，譬如〈憲問〉「蘧伯玉使人於孔子」章，使者以蘧伯玉「欲寡其過而未能」回答孔子問其近況，孔子極稱讚使者懂得為主人謙虛，能得使者應對之體。這三類的禮意是相通的，只是表達的模式不同而已。

下文就戰國楚簡所見「曲禮」論述，亦分三類依序討論。但盡量不舉如〈緇衣〉、〈民之父母〉、〈內禮〉等與《禮記》〈緇衣〉、〈孔子閒居〉、《大戴禮記‧曾子立孝》大致雷同的文字，因為該等內容在本論題內比較缺少對照上的意義。

二、戰國楚簡中的格言式「曲禮」論述

前文提及：「應如何」（必、可也）、「不應如何」（毋、不、弗、勿）的格言式論述，是「曲禮」很重要的成分，儘管不是唯一的成分。因此，以「應如何」（必、可也）、「不應如何」（毋、不、弗、勿）的論述去檢視楚簡，我們可以很快便發現性質上屬於「曲禮」論述分量較多的篇章。譬如上博〈內禮〉，第一簡簡背有篇題「內禮」，整理人李朝遠指出：「〈內禮〉與〈內則〉有關。」按〈內則〉古人多與〈曲禮〉相提並論，觀其篇題，便知此篇必多「曲禮」論述。至於具體內容，李朝遠云：「多與《大戴禮記》中〈曾子立孝〉等篇有關。」按：實際上本篇不僅與〈曾子立孝〉有關，且文句大半雷同，多為「不……不」的句型，乃是典型的「曲禮」論述。茲另舉其中文字不相雷同的一段為例（以下舉楚簡文字使用新細明體，其前加◎符號；引以印證的先籍經籍則使用標楷體，俾便比較）：

◎君子事父母，……善則從之，不善則止之；止而不可，憐而任…不可。雖至於死，從之。（上博‧內禮）

子曰：「事父母幾諫。見志不從，又敬不違，勞而不怨。」
（論語．里仁）

子之事親也，三諫而不聽，則號泣而隨之。（禮記．曲禮）

此條所記，是兒女規勸父母應抱持的心態，因為親子關係是無法改變或斷絕的。這自然不屬於「經禮」，而是「曲禮」。

又如上博〈君子為禮〉，最醒目者為下引一段：

◎言之而不義，口勿言也。視之而不義，目勿視也。聽之而不義，耳勿聽也。動而不義，身毋動焉。（上博．君子為禮）

子曰：「非禮勿視，非禮勿聽，非禮勿言，非禮勿動。」
（論語．顏淵）

〈君子為禮〉共有十六簡，前八簡的內容，整理人張光裕已指出：「兩者所強調者雖有『不義』與『非禮』之異，然實有同工之妙。……篇中亦有談及容禮應注意事項，可與《禮記》〈曲禮〉及〈玉藻〉等篇比觀。」事實上，「言之而不義」等數句，在本篇中可視為「綱領」，而以下如「凡色毋憂、毋佻、毋怍，毋謠，毋正見，毋側視。凡目毋遊，定見是求。……身毋偃，毋靜。行毋眡，毋搖。足毋墜，毋高」，則稱色、口、目、身、行、足等不應如何如何，乃是實踐「綱領」的細「目」，與〈玉藻〉中的「足容重，手容恭，口容止，聲容靜，頭容直，氣容肅，立容德，色容莊，坐如尸」可以比觀。因而本篇前八簡可說是純屬「曲禮」的論述，後八簡所述則是另外一事。

再如上博〈三德〉。此篇本無標題，係整理人李零依據內容與《大戴禮記．四代》「子曰：有天德，有地德，有人德，此謂三德。三德率行，乃有陰陽，陽曰德，陰曰刑」之文相關而加，李零並說：「此篇開頭有類似表達，據以題篇。篇中多韻語，有句讀為隔，是斷讀的重要依據。」但李零對於篇中的思想傾向極少申論。有些學

者因篇中有「天常」、「天禮」、「順天之時」等語,而取《荀子·
天論》相比附。筆者認為借助〈天論〉篇也許也有助理解本篇,但
本篇有「上帝憎之」、「上帝是祐」、「上帝弗諒,以祀不享」、「上
帝喜之,乃無凶災」,「忌而不忌,天乃降災;已而不已,天乃降異」、
「喜樂無期,是謂大荒,皇天弗諒,必復之以憂喪」等語,和荀子
強調「天人之分」的思想有根本上的差異,因而應以「天人感應」
的思考去理解才貼近其內容。不過,此篇部分章句,若以思想層次
去思考,可能會求之過深,而以「曲禮」論述去看待,文意更加清楚,
譬如:

◎毋羞貧,毋笑刑。(上博·三德)

> 子曰:「士志於道,而恥惡衣惡食者,未足與議也。」(論
> 語·里仁)
> 子曰:「賢哉,回也!一簞食,一瓢飲,在陋巷。人不堪
> 其憂,回也不改其樂。賢哉,回也!」(論語·雍也)
> 孟氏使陽膚為士師,問於曾子。曾子曰:「上失其道,
> 民散久矣。如得其情,則哀矜而勿喜。」(論語·子張)

上引孔子讚美顏回的一段,有述有評,可化約為「賢者不羞貧」一
句,乃是述評式論述。曾子一段,有敘述,有分析,有「哀矜而勿喜」
的結論,旨意與「毋笑刑」相同,也是述評式論述。可見述評式「曲
禮」論述和格言式論述在禮意上是相通的,可以印證筆者在本文前
言之說。又如:

◎毋揣深,毋度山。(上博·三德)

> 不登危。(禮記·曲禮)
> 不登高,不臨深。(禮記·曲禮)

◎平旦毋哭,暝毋歌。(上博·三德)

食不語，寢不言。（論語‧鄉黨）

◎毋逸其身，而多其言。（上博‧三德）

君子食無求飽，居無求安，敏於事而慎於言。（論語‧
學而）

◎外內有辨，男女有節。（上博‧三德）

男不言內，女不言外。非祭非喪，不相授器。其相授，
則女受以篚；其無篚，則皆坐，奠之，而后取之。外內
不共井，不共湢浴，不通寢席，不通乞假，男女不通衣裳。
內言不出，外言不入。（禮記‧內則）

〈三德〉的中心思想雖是「天人感應」，但上述的種種「曲禮」論
述卻佔了約三分之一篇幅，這說明「曲禮」是一般人行「善」避「惡」
的主要內容，同時也反映出古人往往將思想化為實踐格言的傾向。

而如上博〈從政〉甲、乙篇，整理者張光裕稱：「內容多次強
調從政所應具備之道德及行為標準，……故今皆以〈從政〉名篇。
……可取與《論語》、《禮記》等儒家典籍及睡虎地出土秦簡〈為
吏之道〉比觀，為先秦政治思想研究增添可貴之新資料。」可知此
兩篇思想的層次較高。但是，仍存在一些從思想化約出來的格言，
如：

◎可言而不可行，君子不言；可行而不可言，君子不行。（上博‧
從政甲篇）

可言也，不可行，君子弗言也。可行也，不可言，君子
弗行也。（禮記‧緇衣。郭店‧緇衣略同）

◎君子不以流言傷人。（上博‧從政甲篇）

久不相見，聞流言不信。（禮記‧儒行）

◎口惠而不係。（上博・從政乙篇）

　口惠而實不至，怨菑及其身。（禮記・表記）

和上段所述〈三德〉相印證，不論是天人感應式的災祥思維，或是具體施政的考量，都出現格言式的「曲禮」論述，可見這類「曲禮」資料實是儒書中值得再加注意的項目。

　有些篇中，局部出現一些「曲禮」論述，譬如：

◎毋意，毋固，毋我，毋必。（郭店・語叢三）

　子絕四：毋意，毋必，毋固，毋我。（論語・子罕）

◎不善擇，不為智。（郭店・語叢三）

　子曰：「里仁為美。擇不處仁，焉得知？」（論語・里仁）

◎利木陰者，不折其枳；利其渚者，不塞其溪。（郭店・語叢四）
◎列乎其下，不折其枳；食其食（者，不毀其器）（上博・弟子問）

　食其食者，不其器；蔭其樹者，不折其枝。（新序・雜事）

◎士亡友不可。……士有謀友則言談不弱。（郭店・語叢四）
◎雖多聞而不友賢，其□焉終？子曰：「寡聞則孤，寡見則肆，
　……（上博・弟子問）

　獨學而無友，則孤陋而寡聞。（禮記・學記）

◎朝不語內，貢不語戰，在道不語匿，居政不語樂，尊俎不誓事，
　聚眾不語逸，男女不語獨，朋友不語分，臨食不語惡。臨兆：
　不言亂，不言寢，不言滅，不言拔，不言短，故龜有五忌。臨
　城不言毀，觀邦不言喪。（上博・天子建州甲、乙本）

　君命，大夫與士肆，在官言官，在府言府，在庫言庫，
　在朝言朝，朝言不及犬馬。（禮記・曲禮）

　　當食不歎。（禮記・曲禮）

這些條目說的都是些守則。有積極以「應如何」的方式論述的，如士人應交賢友，以避免孤陋寡聞；也有消極以「不應如何」的方式論述的，如臨卜有忌之類，這主要是為「別嫌疑」而發。

　　另有些篇只偶而出現一兩句，譬如：

◎口惠而實弗從，君子弗言爾。（郭店・忠信之道）

　　口惠而實不至，怨菑及其身。（禮記・表記）

　　猶之與人也，出納之吝，謂之有司。（論語・堯曰）

◎既出於口，則弗可悔，若矢之置於弦。（上博・用曰）

　　言出於口，不可禁於人。（文子・微明）

　　言出於口者，不可止於人。（淮南子・人間）

◎內言不以出，外言不以入。（上博・昔者君老）

　　外言不入於梱，內言不出於梱。（禮記・曲禮）

從這裡，更可看出格言式「曲禮」論述，在儒書中的普遍程度。而其普遍之程度，說明它受到儒者的重視。今之論禮者，大多只注意思想層面，顯有不足。

三、戰國楚簡中的通則式「曲禮」論述

　　有些篇章中的文句，是歸納各項類似禮儀所得的通則，也是用簡短文句表達的。譬如郭店〈語叢〉：

◎君臣、朋友，其擇也。（郭店・語叢一）

◎長、弟，親道也。友、君、臣，無親也。（郭店・語叢一）

◎父無惡，君猶父也，其弗惡也，猶三軍之□^{（註3）}也，正也。所以異於父，君臣不相在也，則可已；不悅，可去也；不義而加諸己，弗受也。（郭店·語叢三）

◎友，君臣之道也。（郭店·語叢三）

無友不如己者。（論語·學而。又子罕作「毋友不如己者」）

孔子曰：「益者三友，損者三友。友直，友諒，友多聞，益矣。友便辟，友善柔，友便佞，損矣。」（論語·季氏）

子貢問友，子曰：「忠告而善道之，不可則止，無自辱焉。」（論語·顏淵）

以上四小段楚簡文字，主旨相同，也可以互相說明，即是說：朋友關係、君臣關係，和父子關係、兄弟關係不同，後者有無可選擇、無法擺脫的血緣關係，前者則無，因而朋友關係和君臣關係類似，都是可以選擇的，人應選擇賢君而事，選擇賢友而交，如果不合，「不悅，可去也」，「不義而加諸己，弗受也」，所以〈語叢〉才說「君臣、朋友，其擇也」，「友」與「君臣之道」相同。據此，〈語叢〉的這四小段都是通則式的論述。

又如上博〈天子建州〉：

◎禮之於尸廟也，不精為精，不美為美。（上博·天子建州甲本）

有以下為貴者，至敬不壇，埽地而祭，天子、諸侯之尊廢禁，大夫、士棜禁，此以下為貴也。……有以素為貴者，至敬無文，父黨無容，大圭不琢，大羹不和，大路素而越席，犧尊疏布鼏、樿杓，此以素為貴也。（禮記·禮器）

〈天子建州〉所述，指古代祭祀以樸質為上、為貴。〈禮器〉所述，

3.此字似「旗」字，然「其」作「共」，未悉相當何字。

祭祀時，對象越崇高，祭處越樸實，如祭天不壇，埽地而祭，祭者地位越高，擺設越低，關係越是親近，越是無文無容，行禮越是肅穆的場合，其器物越是樸素，這些正是〈天子建州〉所述之目，而「不精為精，不美為美」乃是通則。

四、戰國楚簡中的述評式「曲禮」論述

有些篇章，雖不明顯使用「應如何」（必、可也）、「不應如何」（毋、不、弗、勿）的語言模式，但因其精神相同，也可歸類為論述「曲禮」的篇章。其特色是：不作長篇複雜的討論，也不作思辨式的哲學思維，文字不長，但事件之敘述外，有簡約的評論，而主旨仍可化約為一兩句應如何（必、可也）、不應如何（毋、不、弗、勿）。如郭店〈魯穆公問子思〉，連缺文共 151 字，即是此類論述。茲先錄全文於下：

> 魯穆公問於子思曰：「何如而可謂忠臣？」子思曰：「恆稱其君之惡者，可謂忠臣矣。」公不悅，揖而退之。成孫弋見，公曰：「嚮者吾問忠臣於子思，子思曰：『恆稱其君之惡者，可謂忠臣矣。』寡人惑焉，而未之得也。」成孫弋曰：「噫，善哉言乎！夫為其君之故殺其身者，嘗有之矣；恆稱其君之惡者，未之有也。夫為其（君）之故殺其身，效祿爵者也；恆（稱其君）之惡（者，遠）祿爵者（也。為）義而遠祿爵，非子思，吾惡聞之矣。」 ^(註4)

文中魯穆公轉述子思對忠臣的看法，並表示疑惑，成孫弋則以「夫為其君之故殺其身者，效祿爵者也；恆稱其君之惡者，遠祿爵者也」

加以詮釋,而全文主旨可化約為「忠臣應恆稱其君之惡」一句,此亦是「曲禮」論述。和《論語‧憲問》載子路問事君,孔子答「勿欺也,而犯之」,在精神上是一致的。子思的言論,和《孟子‧萬章下》所載子思對魯穆公以師自居、不受「亟問,亟餽鼎肉」的高姿態也是一致的。

五、結論

綜上所述,筆者認為可作以下四點思維。

首先,戰國楚簡中的「曲禮」論述,內容頗為豐富,而且含蓋了《論語》中已有的三類表達模式。其中以格言式論述數量最多,通則式次之,述評式僅一見最少。儘管這三類,學者完全可以在傳世的戰國儒家著述中找到許多例證,但加上上舉戰國楚簡所見,正可說明在禮學中「曲禮」是受到重視的一環。

其次,上舉三類例證,筆者都從傳世先秦漢代文獻找到可以互相印證的篇章或文句,這說明了,儘管當時儒已分流,而以孔子為大宗師的北方儒學傳到南方時,其「曲禮」部分仍然保留相當的純粹性。從此可以推論,《韓非子》所謂儒分為八,是指孔門弟子在較高層次的思辨上產生觀點的差異,如對「性情」認知的不同之類,而在「經禮」、「曲禮」方面則可能只有細節上的差異而沒有根本上的不同。

第三,儘管戰國楚簡的出土,不能認定可以恰合事實的完全反映當時儒學如何傳播至南方,但僅以禮學論,戰國楚簡既有「經禮」的篇章,也有「曲禮」的篇章,還有論述「禮意」的長篇思辨性析論和簡短的禮意詮釋,禮學的內涵都包括進去了,這便說明了當時禮學的傳播是全面的,不是片段性的,因而記載經禮的《儀禮》中

的一些篇章應該也已流傳到楚地，只是目前尚未出土而已。也許，當時《易》、《詩》、《書》、《春秋》的情形也是如此。

　　第四，儘管已出土的戰國簡中包括了儒家、道家、法家、墨家乃至於縱橫家的著述，譬如〈慎子曰恭儉〉應歸為道家，〈為吏之道〉應歸法家、〈鬼神之明〉應歸之墨家，而〈語叢四〉則反映出若干縱橫家思維，然而不少「曲禮」論述是相同的，如士應交友即是，但思考的角度不同；又如秦簡〈為吏之道〉言「臨財見利，不取苟富；臨難見死，不取苟免」，乍觀與〈曲禮〉的「臨財毋苟得，臨難毋苟免」語意相同，但〈為吏之道〉以「欲富太甚，貧不可得；欲貴太甚，賤不可得」來詮釋，完全是法律層面甚至是刑法層面的思維，和儒家從道德層面立論不同。這讓我們聯想到世人奉為處世名言的若干論述，其來源其實是多元的。反過來說，正因為是不同學派的共同看法，所以才能夠成為世人奉行的名言。

　　　　（本文原載《簡帛》，第四輯，武漢大學簡帛研究中心。
　　　　上海：上海古籍出版社，二〇〇九年十一月。）

捌、從「小學」論述看
朱子禮學思想的轉變

一、前言

　　就學術的發展言，朱子（1130~1200）是宋代以後影響力最大的學者。其著作以及對相關課題的言論，乃是討論宋代以後學術發展必須參考的文獻。本文要指出的，乃是朱子《小學》一書的內容，反映其60歲以前的觀點，但和他晚年的「小學」論述有相當大的落差。該書的內容，只符合他晚年對「曲禮」的觀念，而不是「小學」的全部。60歲前後論述的不同，顯示了朱子禮學思想的轉變。

　　本文將先討論朱子對「小學」及「曲禮」的觀念，再指出《小學》一書的內容與他晚年對「小學」的觀念不相侔合，最後則說明朱子晚年禮學思想所造成的問題。

二、朱子「小學」論述與《小學》一書內容的落差

　　對於周代貴族教育，不論是記實或僅是憧憬，古籍的描述令人嚮往。《禮記‧學記》說：

　　古之教者，家有塾，黨有庠，術有序，國有學。比年入學，
　　中年考校。一年視離經辨志，三年視敬業樂群，五年視

> 博習親師，七年視論學取友，謂之小成；九年知類通達，
> 強立而不反，謂之大成。夫然後足以化民易俗，近者說
> 服，而遠者懷之，此大學之道也。記曰：「蛾子時術之。」
> 其此之謂乎！

此段文字的重點在敘述貴族養成教育的進程，但沒有明白提到在學的年齡。所謂「小成」，包括讀經論學、修身從師交友等項，若能更進一步觸類旁通，自信堅持，稱為「大成」，「大成」之後能用在齊家治國之上，才算是完整的「大學之道」。至於「離經」的「經」、「敬業」的「業」、「論學」的「學」究竟指的是什麼內涵，並無明文。基於對古代學術的認知和對孔門各種記載的了解，筆者認為應和《周禮·地官·保氏》所述的教學內容相去不會太遠：

> 保氏掌諫王惡，而養國子以道。乃教之六藝，一曰五禮，
> 二曰六樂，三曰五射，四曰五馭，五曰六書，六曰九數；
> 乃教之六儀，一曰祭祀之容，二曰賓客之容，三曰朝廷
> 之容，四曰喪紀之容，五曰軍旅之容，六曰車馬之容。
> 凡祭祀、賓客、會同、喪紀、軍旅，王舉則從，聽治亦
> 如之，使其屬守王闈。

據此，周代貴族以及孔門的教學，內容包括六藝和六儀，也就是除了諷讀經籍之外，還要學習各種具體的技能，包括必須熟悉各種儀式中的禮儀。換言之，其教學強調士人能夠勝任未來的社會任務，特別是扮演統治階層的角色。至於小成、大成，乃是士人的學習成果在造詣深淺上的區分，而不是教學內容在範疇上的不同。

但是，朱子論小學、大學，則基本上不僅有次第上的先後，還有範疇上的不同。朱子〈大學或問上〉論小學、大學說：

> 學之大小，固有不同，然其為道則一而已。是以方其幼

也，不習之於小學，則無以收其放心，養其德性，而為大學之基本。及其長也，不進之於大學，則無以察夫義理，措諸事業，而收小學之成功。是則學之大小所以不同，特以少長所習之異宜，而有高下淺深先後緩急之殊，非若古今之辨、義利之分，判然如薰蕕冰炭之相反而不可以相入也。今使幼學之士，必先有以自盡乎灑掃應對進退之間，禮樂射御書數之習；俟其既長，而後進乎明德、新民，以止於至善。是乃次第之當然，又何為而不可哉！^(註1)

〈大學章句序〉論學校教育說：

三代之隆，其法寖備，然後王宮、國都以及閭巷，莫不有學。人生八歲，則自王公以下，至於庶人之子弟，皆入小學，而教之以灑掃應對進退之節，禮樂射御書數之文。及其十五年，則自天子之元子、眾子，以至公、卿、大夫、元士之適子，與凡民之俊秀，皆入大學，而教之以窮理、正心、修己、治人之道。此又學校之教、大小之節所以分也。……及周之衰，……時則有若孔子之聖，而不得君師之位以行其政教，於是獨取先王之法，誦而傳之，以詔後世。若〈曲禮〉、〈少儀〉、〈內則〉、〈弟子職〉諸篇，固小學之支流餘裔。而此篇者，則因小學之成功，以著大學之明法，外有以極其規模之大，而內有以盡其節目之詳者也。

另外，《朱子語類》也記：

古者初年入小學，只是教之以事，如禮樂射御書數及孝

---

1. 宋·朱熹，《四書或問》（上海：上海古籍出版社，2001年），卷1。

弟忠信之事。自十六七入大學，然後教之以理，如致知、
格物及所以為忠信孝弟者。（楊驤）

古人便都從小學中學了，所以大來都不費力，如禮樂射
御書數，大綱都學了。及至長大，也更不大段學，便只
理會窮理、致知工夫。而今自小失了，要補填，實是難。
（葉賀孫）[註2]

根據上引文，朱子認為「窮理、正心、修己、治人」、「明德、新民、
止於至善」才是「大學」，「灑掃應對進退之間，禮樂射御書數之習」
都是「小學」，而〈曲禮〉[註3]、〈少儀〉、〈內則〉、〈弟子職〉
諸篇，更只是「微文小節」的「曲禮」，朱子說：

《周禮》乃制治立法、設官分職之書，於天下事無不該
攝，禮典固在其中，而非專為禮設也。……至於《儀禮》，
則其冠昏喪祭燕射朝聘，自為經禮大目，亦不容專以「曲
禮」名之也。……又嘗考之，經禮固今之《儀禮》，其
存者十七篇，而其逸見於他書者，猶有〈投壺〉、〈奔
喪〉、〈遷廟〉、〈釁廟〉、〈中霤〉等篇。其不可篇者，
又有古經，增多三十九篇，而《明堂陰陽》、《王史氏
記》數十篇，及河間獻王所輯禮樂古事，多至五百餘篇，
儻或猶有逸在其間者，大率且以春官所領五禮之目約之，

---

2. 以上兩條，見宋・黎靖德編，《朱子語類》（北京：中華書局，1986年），卷7，「小
學」。

3. 朱熹在《儀禮經傳通解》（臺北：臺灣商務印書館，影印文淵閣四庫全書本）〈儀
禮經傳目錄〉中對今本〈曲禮〉有下列看法：「此小戴《記》之第一篇，言委曲禮
儀之事，所謂『曲禮三千』者也。其可隨事而見者，已包在『經禮』三百篇之內矣，
此篇乃其雜碎首尾，出入諸篇，不可隨事而見者，故合而記之，自為一篇。而又多
為韻語，使受者得以諷於口而存諸心。蓋〈曲禮〉之記也，戴氏編禮時已亡逸，故
特因其首章之幸存者，而雜取諸書所引與它記之相似者以補續之，然其文亦多錯亂，
不甚倫貫，今頗釐而析之。」

則其初固當有三百餘篇亡疑矣。所謂「曲禮」，則皆禮
之微文小節，如今〈曲禮〉、〈少儀〉、〈內則〉、〈玉
藻〉、〈弟子職〉篇，所記事親、事長、起居、飲食、
容貌、辭氣之法，制器備物、宗廟宮室、衣冠車旗之等，
凡所以行乎經禮之中者，其篇之全數雖不可知，然條而
析之，亦應不下三千有餘矣。^{（註4）}

朱子說「曲禮」乃是「小學」的支流餘裔，是因為「小學」教育除
了「灑掃應對進退」的「微文小節」之外，還有「禮樂射御書數之
習」，也就是還要學習主要由《儀禮》所載的整套「經禮」，才是
完整的「小學」教育。

但是，檢視朱子《小學》一書，便會發現其中缺少了「禮樂射
御書數之習」這一部分「經禮」。按《小學》一書分為內、外兩篇，
內篇又區分為〈立教〉第一、〈明倫〉第二、〈敬身〉第三、〈稽古〉
第四，〈稽古〉乃「考虞夏商周聖賢已行之　，以證前篇立教、明倫、
敬身之言也」^{（註5）}；外篇又分為嘉言第五、善行第六，乃是「歷考
前代漢魏晉南北朝隋唐之傳記，承接近代五代之見聞，凡言之本乎
物則民彝者，嘉言也，則述之；行之本乎物則民彝者，善行也，則
紀之；所以合內篇而為小學之全書也」^{（註6）}。筆者檢閱內篇所抄撮
者的出處，除《尚書》、《左傳》、《國語》、《戰國策》、《周禮》、
《儀禮》、《孟子》、《荀子》、《管子》、《孝經》、《史記》、
《淮南子》、《列女傳》、《高士傳》、《說苑》、《法言》、《詩
序》、《家語》之外，以《論語》及大小戴《禮記》的章節為最多，
而其中又以〈曲禮〉、〈內則〉、〈少儀〉為更多，足見朱子《小學》

---

4. 宋・衛湜，《禮記集說》（臺北：臺灣大通書局，影印通志堂經解本），卷1引。
5. 明・陳選，《小學集注》（臺北：臺灣中華書局，四部備要本），卷4。
6. 明・陳選，《小學集注》，卷5。

一書的內容符合他對「曲禮」的看法，但不能體現出前引他在〈大學或問上〉、〈大學章句序〉以及答楊驤、葉賀孫問中對「小學」的看法。

　　事實上，不僅從《小學》章節出處的分析呈現出上段的結論，從內容的角度去看，此書也的確偏重在個人言行規範的修身層面，對於成套的禮儀極少涉及。朱子的〈小學序〉開頭便說：

> 古者，小學教人以灑掃應對進退之節，愛親敬長隆師親
> 友之道，皆所以為修身齊家治國平天下之本。

依此處朱子所言，「修身齊家治國平天下」乃是「大學」；相對的，「灑掃應對進退之節，愛親敬長隆師親友之道」則是「小學」。若和上引〈大學或問上〉、〈大學章句序〉相比較，我們便可發現這裡沒有提到「禮樂射御書數之習」。又，《小學》一書，六卷之中，「明倫第二」和「敬身第三」兩篇有細目，分別為「父子」、「君臣」、「夫婦」、「長幼」、「朋友」和「心術」、「威儀」、「衣服」、「飲食」，所反映的也傾向修身和所謂「曲禮」，並沒有「禮樂射御書數之習」的論述。

　　以上的分析，和筆者指稱朱子的《小學》其實只是「曲禮」，是可以相印證的。上揭朱子「小學」論述的不一致性，筆者認為要從朱子禮學思想的轉變去理解。

三、朱子禮學思想的轉變

　　朱子對於其著作，注意力往往持續終身，臨終前三日仍在修改〈大學‧誠意章〉，其事為學者所津津樂道。即如《小學》一書亦曾改過，從《朱子語類》所載答問語可知：

> 問：「《小學》實〈明倫篇〉，何以無朋友一條？」曰：

「當時是眾編類來，偶無此爾。」（陳淳）[註7]

安卿問：「〈曲禮〉『外言不入於閫，內言不出於閫』
一段甚切，何故不編入《小學》？」曰：「此樣處，漏
落也多。」又曰：「《小學》多說那恭敬處，少說那防
禦處。」（黃義剛）[註8]

今檢《小學》，「明倫第二」有「朋友」一目，可見《小學》雖然
原出眾手，但其後曾加補充。至於「外言不入於閫，內言不出於閫」，
則應是書中已有「禮始於謹夫婦。為宮室，辨內外，男子居外，女
子居內，深宮固門，閽寺守之，男不入，女不出」、「男不言內，
女不言外」，意涵相近，故未補入。[註9]然則上文指稱的落差，朱
子豈能未曾察覺？筆者以為，這須從朱子禮學觀點的轉變去理解。

如果從朱子著作完成年代的先後來看，朱子於淳熙元年（1174，
45歲）編完《古今家祭禮》時曾撰跋語稱：

遭秦滅學，禮最先壞。由漢以來，諸儒繼出，稍稍綴緝，
僅存一二。以古今異便，風俗不同，雖有崇儒重道之君，
知經好學之士，亦不得盡由古禮以復于三代之盛。[註10]

這說明了該書撰作的動機是：古禮多亡，記載不全，即使尚存，後
世也已不能復行，所以需要編撰適合時宜的禮書，以為時人的憑藉。
此類言論，見於《朱子語類》者頗多，應當是反映朱子較早期的禮
學觀點，茲引一條以見一斑：

7.《朱子語類》，卷105，「論自注書」。

8. 同上注。

9. 關於《小學》一書編纂之過程，詳參錢穆，《朱子新學案》（臺北：三民書局總經銷，
1971年），第4冊，〈朱子之禮學〉，頁174~176。

10. 宋・朱熹，《朱子文集》（臺北：財團法人德富文教基金會，2000年），卷81，〈跋
古今家祭禮〉。

禮學多不可考，蓋其為書不全，考來考去，考得更沒下梢，故學禮者多迂闊。一緣讀書不廣，兼亦無書可讀。（吳必大）^{（註11）}

淳熙二年（1175，46歲），因呂祖謙來訪，相與論次而編成《近思錄》，其後又於淳熙十四年（1187，58歲）完成《小學》。至此，朱子除表彰四子書外，似乎已完成了一個有體有用的體系。所以《朱子語類》記載：

> 修身大法，《小學》備矣；義理精微，《近思錄》詳之。
> （李閎祖）^{（註12）}

吳必大、李閎祖所記兩條，依據《朱子語類》卷首的〈朱子語類姓氏〉，乃是淳熙十五年戊申（1188，59歲）以後所聞，這說明了朱子在59歲左右對「小學」內涵的言論，仍和其《小學》一書所反映的一致，還沒有將「禮樂射御書數之習」納入小學之中。

如果追溯這時期朱子論小學、大學的淵源，其實大體上仍承襲明道、伊川二先生的說法。明道先生說：

> （講明正學）其教自小學灑掃應對以往，修其孝悌忠信，周旋禮樂，其所以誘掖激勵，漸摩成就之道，皆有節序。其要在於擇善修身，至於化成天下，自鄉人而可至於聖人之道。其學行皆中於是者為成德，取材識明達可進於善者，使日受其業，擇其學明德尊者為太學之師，次以分教天下之學。擇士入學，縣升之州，州賓興於太學，太學聚而教之，歲論其賢者能者於朝。凡選士之法，皆以性行端潔，居家孝悌，有廉恥禮遜，通明學業，曉達

11.《朱子語類》，卷84，「論考禮綱領」。
12.《朱子語類》，卷105，「論自注書」。

治道者。^{（註 13）}

伊川先生說：

> 古者八歲入小學，十五入大學。擇其才可教者聚之，不
> 肖者復之田畝。蓋士農不易業，既入學則不治農，然後
> 士農判。在學之養，若士大夫之子則不慮無養，雖庶人
> 之子，既入學則亦必有養。古之士者，自十五入學，至
> 四十方仕，中間自有二十五年學，又無利可趨，則所志
> 可知，須去趨善，便自此成德。後之人，自童稚間已有
> 汲汲趨利之意，何由得向善。故古人必使四十而仕，然
> 後志定。只營衣食卻無害，惟利祿之誘最害人。^{（註 14）}

明道把「小學」和「灑掃應對」連言，伊川則將入大學的時間定在
十五歲到四十歲之間，這期間學習的內容自然已超越「灑掃應對」
之上，而要講求「擇善修身，化成天下」之道了。所以朱子在〈小
學序〉中說「小學教人以灑掃應對進退之節，愛親敬長隆師親友之
道，皆所以為修身齊家治國平天下之本」，其所反映的小學、大學
的觀念（包括年齡和學習的內容）乃是承襲二程，小學學的只是「灑
掃應對進退之節，愛親敬長隆師親友之道」，至於大學，朱子認為
《近思錄》已有所申論了，因為該書除了「道體」、「格物窮理」、「聖
賢氣象」等等之外，還有「齊家之道」一卷、「治國平天下」一卷，
也有「制度」一卷。

但是，《論》、《孟》、〈學〉、〈庸〉加上《近思錄》、《小

---

13. 宋・朱熹，《近思錄》（臺北：臺灣中華書局，四部備要本），卷 9，「制度」引，
　　乃節錄自宋・程顥、程頤，《二程文集》（臺北：臺灣商務印書館，影印文淵閣四
　　庫全書本），卷 2，〈請修學校尊師儒取士劄子〉，故文字較略。

14. 宋・程顥、程頤，《二程遺書》（臺北：臺灣商務印書館，影印文淵閣四庫全書本），
　　卷 15。又，《近思錄》，卷 11，「教學之道」引，「田畝」作「農畝」。

學》，甚至再加上《古今家祭禮》，真的便足以提供齊家治國平天下之所需了嗎？朱子治學至此，他可能會想到：他的學問（或說著作）中是否對具體的世務討論得太少？譬如五經中，他已撰有討論抽象道理的《周易本義》、《易學啟蒙》，撰有關涉情性的《詩集傳》，但涉及具體事件或儀式的《尚書》、《春秋》、《儀禮》呢？

　　關於《尚書》與《春秋》，在此先不討論，筆者認為此後朱子的禮學思想有所轉變。他可能已察覺自己所完成的那些書的內容大部分只是一些原則性的討論，而和現實生活與政治中無法全部避免的禮樂射御書數及冠昏喪祭燕射朝聘的討論，則極為不足。這些禮儀儘管古今沿革頗大，畢竟要探本究原，才能掌握其精神，他所曾編過的《古今家祭儀》或後世爭論頗多的《家禮》，細密度不足，更主要的是範疇無法含蓋世務的需要，特別是有關朝廷或國際間的禮儀。於是他的言論也開始有所轉變，在《小學》完成的兩年後，朱子於淳熙十六年（1189，60 歲）撰〈大學章句序〉，遂將「禮樂射御書數之習」也納入「小學」之中。而為表現「禮樂」的具體內容，從慶元二年（1196，67 歲）開始，更勉力編撰《儀禮經傳通解》，據其自述，一來是為糾正王安石廢《儀禮》用《禮記》之「棄經任傳，遺本宗末」[註15]的弊病，二來是他開始認為有辦法使《儀禮》容易閱讀，從而整理出易於掌握的古禮體系來，他說：

> 前賢常患《儀禮》難讀，以今觀之，只是經不分章，記不隨經，而注疏各為一書，故使讀者不能遽曉。今定此本，盡去此諸弊，恨不得令韓文公見之也。[註16]

15.《朱子文集》，卷14，〈乞修三禮劄子〉。又，《朱子語類》，卷84，「論修禮書」：「《儀禮》舊與《六經》、《三傳》並行，至王介甫始罷去。其後雖復《春秋》，而《儀禮》卒廢。今士人讀《禮記》，而不讀《儀禮》，故不能見其本末。（鄭可學）」
16.《朱子文集》，卷54，〈答應仁仲四〉。

韓愈曾宣稱「余嘗苦《儀禮》難讀」，[註17]而朱子覺得他的《儀禮經傳通解》可以解決（或減輕）這個問題，言下之意，反映了他對於探究禮學源流的信心。至於這種整理的用途，朱子認為儘管後世無法完全步武古禮，卻能參考折中：

> 今所集禮書，也只是略存古之制度，使後人自去減殺，求其可行者而已。若必欲一一盡如古人衣服冠屨之纖畢備，其勢也行不得。（沈僴）[註18]

至此，朱子已改變早期認為古禮難行的看法，而逐步相信古禮並非完全不可採不可行，這可從其臨終對治喪的遺命看出。關於遺命的記載，根據王懋竑《朱子年譜》[註19]所收的資料，分為兩種，一是洪本所載：

> 黎明，諸生復入問疾，因請曰：「先生之疾革矣，萬一不諱，當用《書儀》乎？」曰：「疏略。」「然則當用《儀禮》乎？」乃頷之，良久恬然而逝。

一是李本所載：

> 黎明，諸生復入問疾，因請曰：「先生之疾革矣，萬一不諱，當用《書儀》乎？」先生搖首。「然則當用《儀禮》乎？」亦搖首。「然則以《儀禮》、《書儀》參用之乎？」乃頷之。

〈行狀〉同洪本，而蔡沈〈夢奠記〉同李本。以上兩種記載，今不

---

17. 唐·韓愈，《韓昌黎文集》（臺北：河洛圖書出版社，影印本，1975年），卷1，〈讀儀禮〉。
18. 《朱子語類》，卷84，「論修禮書」。
19. 清·王懋竑，《朱子年譜》（臺北：臺灣商務印書館，新編中國名人年譜集成，1982年）。

必辨明何者為是，何者為非，但《儀禮》為朱子於臨終時所接受的記載是一致的。至於《書儀》，應指司馬光的《溫公書儀》，該書原頗受朱子推崇，[註20]但此時被稱為「疏略」或不肯全盤接受。一消一長之間，可以說明朱子對禮的主張有早晚期的不同。

　　總之，朱子晚年認為「禮樂射御書數之習」是小學教育不可或缺的部分，和其 60 歲以前在禮學方面的觀點確已有所改變。

四、朱子禮學思想轉變所引發的問題

　　筆者認為，朱子愈到晚年，對於自己的理學體系愈加強調，若以大學、小學來分，朱子強調：

> 小學是直理會那事，大學是窮究那理因甚恁地。（徐禹）
>
> 小學者，學其事；大學者，學其小學所學之事之所以。（甘節）[註21]

「大學」既要領悟得他的理氣心性之說，從事「窮理、正心、修己、治人」、「明德、新民、止於至善」之學，那麼其餘便是「小學」之事。而《小學》一書，既然缺少了「禮樂射御書數之習」的論述，那麼便應予以加入，然而該書既已行世，而且其體例也無法再予容納，因此朱子乾脆就「禮樂射御書數」的部分另起爐灶，那便是《儀禮經傳通解》的編撰。

　　這樣一來，「小學」的內容增加了，但也產生了兩個問題。第一個問題是，小學階段增加了「禮樂射御書數之習」，但十五歲以

20.《朱子文集》，卷 63，〈答郭子從一〉說：「則如溫公之制，亦適時宜。……然且如溫公之說，亦自合時之宜。」同卷，〈答葉仁父二〉說：「唯韓魏公、司馬溫公之法適中易行。」另《朱子語類》，卷 84，「論後世禮書」，比較張載、程頤等和司馬光諸家所定禮儀，亦認為司馬光根據《儀禮》較好。

21.《朱子語類》，卷 7，「小學」。徐禹所聞，在朱子 61 歲以後；甘節所聞，在朱子 64 歲以後。

前的兒童（或少年）真的能學得如《儀禮經傳通解》所論述的內容
嗎？《禮記・內則》載：

> 十年，出就外傅，居宿於外，學書計。衣不帛襦褲。禮
> 帥初，朝夕學幼儀，請肄簡諒。十有三年，學樂、誦詩、
> 舞勺。成童舞象，學射御。二十而冠，始學禮，可以衣
> 裘帛，舞大夏，惇行孝弟，博學不教，內而不出。

據此，兒童「朝夕學幼儀」，十三以後學樂、舞、射、御，二十而
冠以後「始學禮」，意即開始學習所謂「經禮」，而且沒說期限，
大約需要終身學習，諸如「居喪讀禮」之類。筆者認為〈內則〉對
不同年齡學子的這種安排，既符合一般人的身心發展，也符合社會
的實情。而朱子卻將「禮樂射御書數之習」全部壓縮到十五歲以前，
似乎不切實際。

第二個問題是，朱子屢次提到讀書次第是先《四書》後其
他，[註22] 其他自然包括《五經》，如果《儀禮》的內容屬於「小學」
研習的內容，而《四書》是「大學」研習的內容，那麼學習上應該
是先《五經》後《四書》才對，朱子的言論豈不自相矛盾嗎？

如果為朱子辯護，我們可以模仿朱子論《論語》所言「志於道，
據於德，依於仁，游於藝」時所用的邏輯：

> 藝是小學功夫，若說先後則藝為先，而三者為後。若說
> 本末，則三者為本而藝其末。固不可徇末而忘本，習藝
> 之功固在先。游者，從容潛玩之意，又當在後。文中子說：
> 「聖人志道據德依仁，而後藝可游也。」此說得自好。（木
> 之）[註23]

---

22. 〈大學或問上〉：「務講學者，固不可不急於《四書》，而讀《四書》者，又不可
　　不先於〈大學〉，亦已明矣。」《朱子語類》，卷 11，「讀書法下」：「先看《語》、
　　《孟》、〈中庸〉，更看一經，卻看史，方易看。（甘節）」又，「凡讀書，先讀
　　《語》、《孟》。（李杞）」
23. 《朱子語類》，卷 34，「述而篇」。錢木之所聞為丁巳年，朱子 68 歲。

也就是說，先習藝，再講求德性，然後才能從容游於藝。所以我們也許可以說：先「小學」後「大學」是學問境界的拓展，先《四書》後《五經》是讀書先後的次第，先《四書》可立其大體，後《五經》可充實其細節，待表裡精粗都得了大要，再時時講究格物致知誠意正心、修身齊家治國平天下之道，以止於至善。但如此一來，十五歲以下的學子究竟應該先學禮樂之藝呢？還是先讀〈大學〉、〈中庸〉？還是說禮樂、〈大學〉、〈中庸〉都各先學一點以後再逐步深入？但這要如何進行？除了灑掃應對進退之外禮樂方面要先學點什麼？凡此，似乎沒有明確的答案，這或許是身兼經學家與理學家的朱子在論為學次第上的困境吧！

無論如何，學問境界的拓展，不能和讀書先後的次第一致，恐怕是思想家的遺憾吧？而在後世，不論是士子讀書或是科舉考試的場次，都是先《四書》後《五經》，這自然和文字的深淺繁簡有關，但顯然和朱子晚年的觀點不盡相合。

五、結論

根據上文的分析，朱子在 60 歲以前，他認定的「小學」範疇只是「灑掃應對進退之節，愛親敬長隆師親友之道」，之後他發現「冠昏喪祭燕射朝聘」若不講求，恐怕將來在「外王」方面會有所欠缺，於是將「禮樂射御書數之習」也納入「小學」的範疇。這是因為在理學家看來，「小學」講求的是末，「大學」講求的才是本，而「禮樂射御書數之習」畢竟是末不是本，所以列入「小學」。若從本末及範疇的區分論，的確極有條理，但一涉及為學或讀書先後次第，卻會有上節所揭的困境。余英時先生論南宋理學家，指出一個有趣的現象：

> 「內聖」與「外王」可以很容易從邏輯上講成「一以貫之」，但在理學家的實際生活中卻顯得背道而馳，形成一股極大的張力。[註24]

此一「實際生活中卻顯得背道而馳」的現象，其背後的原因，會不會是理學家的學術本身在論本末和先後之上便有矛盾呢？

從另一個面向看，筆者認為：到南宋時已有一千餘年傳統的經學，對性喜窮究事理的朱子而言，實是一個拋不開的包袱，其中名目繁雜不易董理的禮學尤其如此，除非完全不理會「冠昏喪祭燕射朝聘」，否則朱子一定會走上整理《儀禮》的路子。錢穆先生論朱子的禮學時曾說：

> 朱子曠代大儒，不僅集北宋一代理學之大成，同時亦集漢晉以下經學之大成。使經學、理學會歸一貫，尤為朱子論學最大貢獻所在。其治經，《語》、《孟》、《學》、《庸》最所注力。其《詩集傳》、《易本義》，皆成就精卓，迴不猶人，然朱子自謂只如雞肋。蓋繩之以理學大義理所關，則此兩書，自不當與《語》、《孟》比重。至於《春秋》、《尚書》，朱子皆不曾大下精力。《尚書》晚年以付蔡沈，《春秋》則戒人勿輕涉。朱子改用力於《通鑑綱目》，然亦未有成書。朱子於經學中，於《禮》特所重視。[註25]

錢先生所言，乃是概括的說法，僅就上文的分析看，朱子是否真的能夠「使經學、理學會歸一貫」而無窒礙，實可討論。至於「朱子於經學中，於《禮》特所重視」之說如果能夠成立的話，主要還要

---

24. 余英時，《朱熹的歷史世界》（臺北：允晨文化實業股份有限公司，2003 年），下篇，頁 33。

25. 錢穆，《朱子新學案》，第 4 冊，〈朱子之禮學〉，頁 112。

歸之晚年。錢先生又說：

> 古經以禮為最難治，遇有疑惑，不得不詳考以定一是。
> 朱子治經，最知重考據，於禮最多涉及。清儒考禮，其
> 所用心，僅在古紙堆中。朱子治禮，則以社會風教實際
> 應用為主。^(註26)

「朱子治禮，則以社會風教實際應用為主」二語，衡之朱子早期的
《古今家祭禮》以及晚年的《儀禮經傳通解》的編纂用心，倒是恰
當的說法，但他早晚期所主張的禮學內容，其實是有所轉變的，而
且以《儀禮經傳通解》的內容看，他關心的恐怕不只是「社會風教」
而已。

關於朱子禮學思想在 60 歲以後有所轉變，其根本原因究竟如
何？和朱子成學的過程有什麼關係？和朱子晚年再度出山赴京是否
有思想上的牽連？本文提出的觀察還太粗淺，不足以有所決斷，仍
待進一步的研究，這便需要方家的教正了。

> （本文日譯版原載《東アジアの儀礼と宗教》，関西大學
> アジア文化交流研究叢刊，第三輯。東京：雄松堂出版，
> 二○○八年八月。）

---

26. 同上注，頁 113。

玖、公孫尼子及其論述考辨

一、前言

　　《漢書・藝文志》諸子略儒家類列有《公孫尼子》二十八篇，注云「七十子之弟子」，次於《魏文侯》、《李克》之後，《孟子》之前。雜家類又有《公孫尼》一篇，無注，但次於漢人著作中，恐是漢人所作，與七十子弟子的公孫尼子非同一人。《隋書・經籍志》儒家有《公孫尼子》一卷，注云「尼似孔子弟子」，《舊唐書・經籍志》、《新唐書・藝文志》也載《公孫尼子》一卷，《宋史・藝文志》以下公私書目則未著錄，可知一卷本的《公孫尼子》很可能亡於唐末五代。[註1] 無論如何，其書既已亡佚，今人本難以準確了解公孫尼子其人的學說，但漢末王充曾提及公孫尼子的性情說，南朝南齊人劉瓛說〈緇衣〉為公孫尼子作，梁時沈約曾言《禮記・樂記》取《公孫尼子》，再加上清人洪頤煊、馬國翰各輯有《公孫尼子》佚文一卷，提供了一些思考公孫尼子學說的空間。至近年，因有人持郭店楚簡〈性自命出〉（上博簡〈性情論〉略同）出公孫尼子之論，於是探

---

1. 徐復觀謂〈隋志〉所載一卷本《公孫尼子》可能是西漢末人偽託，見氏著，《中國藝術精神》（臺北：臺灣學生書局，1983 年 8 刷），頁 11。筆者以為徐說無據，乃不必要之臆測。劉心明據公私目錄著錄情況以為《公孫尼子》當亡於唐末五代，可信，見氏著，〈禮記樂記作于公孫尼之說辨誤〉，《山東大學學報》（人文社會科學學報，2002 年第 1 期），頁 76~79。

討公孫尼子的學說再度成為熱門論題，但學界的見解彼此頗為歧異，特別是〈樂記〉是否為公孫尼子作的問題。[註2] 總之，上文所述的資料與公孫尼子的關係究竟如何，學者的這些見解是否得當，仍有討論的空間。

　　本文的寫作，旨在再一次探討前人各種見解的可信度。進行的方式，是從資料的分析入手，先假定《公孫尼子》佚文為最可靠的資料，分別和〈樂記〉、〈緇衣〉（郭店簡、上博簡〈緇衣〉內容略同）、〈性自命出〉（上博簡〈性情論〉內容略同）作比較，若有可信為公孫尼子所作的遺文，則加入資料中，否則排除。討論的重點，則在檢討前人立論的依據和論證方式。最後，提出筆者的淺見。

二、《公孫尼子》與《禮記‧樂記》的關係

　　《漢書‧藝文志》六藝略樂六家，有《樂記》二十三篇、《王禹記》二十四篇等，班固述樂的傳承及此二書的由來與消長說：

> 《易》曰：「先王作樂崇德，殷薦之上帝，以享祖考。」故自黃帝下至三代，樂各有名。孔子曰：「安上治民，莫善於禮；移風易俗，莫善於樂。」二者相與並行，周衰俱壞，樂尤微眇，以音律為節，又為鄭、衛所亂，故無遺法。漢興，制氏以雅樂聲律，世在樂官，頗能紀其

2. 關於《王禹記》二十四篇、《樂記》二十三篇、〈樂記〉十一篇作者問題的近代研究史，詳見蔡仲德，〈與李學勤先生辯樂記作者問題〉文後「兼論學術信息交流」一段的陳述，《星海音樂學院學報》（1995 年第 1、2 期）。另參孫星群，〈樂記研究百年回顧〉，《中國音樂》（2004 年第 4 期）。筆者按：近代學者每據上引〈藝文志〉而主張〈樂記〉十一篇為劉德作（編），並據以論證相關學術問題，如否定〈樂記〉與《公孫尼子》有關等等。甚至有丘瓊蓀者，謂係漢武帝時人公孫尼所作。此類論述甚多，亦極糾纏，多屬誤讀古籍，不諳目錄體例之論，其說請參考上揭文，本文無法一一辨駁。

鏗鏘鼓舞，而不能言其義。六國之君，魏文侯最為好古，
孝文時得其樂人竇公，獻其書，乃《周官·大宗伯》之
「大司樂」章也。武帝時，河間獻王好儒，與毛生等共
采《周官》及諸子言樂事者，以作樂《記》，獻八佾之舞，
與制氏不相遠。其內史丞王定傳之，以授常山王禹。禹，
成帝時為謁者，數言其義，獻二十四卷《記》。劉向校書，
得《樂記》二十三篇，與禹不同，其道寖以益微。

根據班固的陳述，王禹所獻的「二十四卷《記》」，即《王禹記》
二十四篇，其書乃是河間獻王劉德與毛生雜采諸書編輯而成，除包
括「大司樂」章以外，篇目自古無傳，和劉向校書祕府得到的《樂記》
二十三篇內容「不同」，尤與《禮記》中〈樂記〉十一篇無涉。此後，
鏗鏘鼓舞之道「寖以益微」。

《公孫尼子》的二十八篇，其篇名文獻無徵。《漢書·藝文志》
載劉向所得的《樂記》二十三篇，與《王禹記》二十四篇，其下均
無注，依該志體例，正表示其書均非一人所作，來源多方。至於《樂
記》二十三篇的篇名，根據《禮記·樂記》鄭玄注及孔穎達疏，包
括在今〈樂記〉的〈樂本〉、〈樂論〉、〈樂施〉、〈樂言〉、〈樂禮〉、
〈樂情〉、〈樂化〉、〈樂象〉、〈賓牟賈〉、〈師乙〉、〈魏文侯〉
十一篇，[註3] 以及另見劉向《別錄》的「〈奏樂〉第十二、〈樂器〉
第十三、〈樂作〉第十四、〈意始〉第十五、〈樂穆〉第十六、〈說律〉
第十七、〈季札〉第十八、〈樂道〉第十九、〈樂義〉第二十、〈昭
本〉第二十一、〈昭頌〉第二十二、〈竇公〉第二十三」。孔穎達
說：「按《別錄》，《禮記》四十九篇，〈樂記〉第十九，則〈樂記〉
十一篇入《禮記》在劉向前矣。至向為《別錄》，更載所入〈樂記〉
十一篇，又載餘十二篇，總為二十三篇也。」在前代各種對《禮記》

---

3. 今本《禮記》〈樂記〉十一篇的篇次和此略有異同，但與本文論旨無關，茲不予討論。

成書的過程及〈樂記〉十一篇載入《禮記》的年代的論述中，此說應最為具體可信。劉、鄭、孔三人都沒有提過〈樂記〉和《公孫尼子》有任何關係。

但《隋書·音樂志上》載梁武帝時下詔群臣訪古樂，沈約奏答：

> 案漢初典章滅絕，諸儒捃拾溝渠牆壁之間，得片簡遺文，與禮事相關者，即編次以為禮，皆非聖人之言。〈月令〉取《呂氏春秋》，〈中庸〉、〈表記〉、〈防記〉、〈緇衣〉皆取《子思子》，〈樂記〉取《公孫尼子》，〈檀弓〉殘雜，又非方幅典誥之書也。禮既是行己經邦之切，故前儒不得不補綴以備事用。

沈約「〈樂記〉取《公孫尼子》」的說法，不見於此前的文獻；《史記·樂書》唐張守節正義也有「〈樂記〉者，公孫尼子次撰也」的說法，不過，這也許是受沈約的影響。^(註4)鑒於沈約及張守節時，仍有《公孫尼子》一書傳世，再者據《公孫尼子》佚文，唐馬總《意林》引一條作：「樂者，先王所以飾喜也；軍旅者，先王所以飾怒也。」唐徐堅《初學記》引一條作：「樂者，審一以定和，比物以飾節。」今俱見《禮記·樂記·樂化》。因而沈約的說法，不能完全加以否定。武內義雄、^(註5)李學勤、^(註6)楊儒賓在研究之後，大體接受沈約的說法，楊儒賓的話能代表他們的基本想法：「目前流通的〈樂記〉取之於《公孫尼子》一書的說法是可靠的。退一步想，縱使〈樂記〉

---

4. 郭沫若謂張守節也受皇侃影響而有此言，今查無實據，當屬誤讀。郭說見其〈公孫尼子與其音樂理論〉，《青銅時代》（重慶：文治出版社，1945年3月），頁159~160。

5. 武內義雄，《諸子概說》，《武內義雄全集》（東京：角川書店，1979年6月），卷7，頁33~34。

6. 李學勤，〈公孫尼子的流派〉，《失落的文明》（上海：上海文藝出版社，1998年2月），頁355~360。

真正的作者不是公孫尼子，但《公孫尼子》一書中曾有〈樂記〉此文。……我們沒有理由將〈樂記〉從《公孫尼子》的學說體系內排除出去。」[註7]但是，如此認定，將遭遇目錄學上的困難。

　　先秦傳世圖書，由於著作觀念與今人不同，甲書和乙書可能會有若干共同的篇章，其例至多，以〈樂記〉言，其內容之全部或一部分也見於《荀子·樂論》、《史記·樂書》、《禮記·祭義》、《說苑·修文》等。但依《漢書·藝文志》的體例，甲書不會僅是乙書的一部分，因為劉向校書時曾做過刪汰重複篇章的工作，如有甲書僅是乙書的一部分，乃是嚴重重複，而班固在各類之後列出的篇數意義便不大了。《公孫尼子》有二十八篇，《樂記》則為二十三篇，《樂記》的二十三篇不可能全部取自《公孫尼子》，更何況《樂記》二十三篇若是公孫尼子作，班固當會標示，所以上揭楊儒賓等人如果是這個意思，應該不能成立。如果是說〈樂記〉十一篇全部見於《公孫尼子》，是《公孫尼子》和劉向所得《樂記》共同的篇章，重複性仍然太高。再從另一個角度思考，如果唐時的《公孫尼子》也有〈樂記〉的十一篇，為何《意林》和《初學記》不直接引用〈樂記〉而引用《公孫尼子》呢？筆者認為，最可能的答案應是唐時的《公孫尼子》和〈樂記〉十一篇只有一部分相同。關於此點，仍需從〈樂記〉各篇論述的走向、行文風格與遣詞用字加以辨證。

　　今本〈樂記〉的十一篇，儘管論旨上並無明顯矛盾之處，卻有不出一人之手的痕跡。郭沫若曾說：

　　〈樂論篇〉言「禮樂之情同，故明王以相沿也」，而〈樂禮篇〉則言「五帝殊時，不相沿樂；三王異世，不相襲禮」；又如〈樂論篇〉言「樂至則無怨，禮至則不爭」，

---

7. 楊儒賓，〈論公孫尼子的養氣說——兼論與孟子的關係〉，《清華學報》，新22卷3期（1992年9月）頁223~253。

〈樂化篇〉言「樂極和，禮極順」，而〈樂禮篇〉則言「樂極則憂，禮極則偏」，這些似乎不像是一個人的論調。〈樂禮篇〉很可疑，因為裡面有一節，差不多和《易‧繫辭傳》完全相同。……因此關於「樂禮」的一節應該不是公孫尼子的東西，至少也應該懷疑。此外，〈樂言〉、〈樂情〉、〈樂化〉、〈樂象〉四篇，都有與《荀子‧樂論篇》同樣的文句或章節。論時代荀子當後於公孫尼子，但荀子不至於整抄前人的文字以為己有。因此我認為今存〈樂記〉，也不一定全是公孫尼子的東西，由於漢儒的雜抄雜纂，已經把原文混亂了。但主要的文字仍採自公孫尼子，故沈約與皇侃云然耳。[註8]

筆者同意郭沫若的看法，即〈樂記〉十一篇基本上不全出於一人，如〈樂禮〉篇，主旨在強調「樂由天作，禮以地制」，硬將普遍見於先秦古籍的「禮樂」一詞說成「樂禮」，並套用〈繫辭傳〉的文字加以論證，顯得極為勉強，和其餘各篇應不出同一人之手，郭沫若說可從。不過，郭沫若的其餘論證，在理解上不無問題，需要予以釐清。如「五帝殊時，不相沿樂；三王異世，不相襲禮」和「禮樂之情同，故明王以相沿也」其實並不矛盾，〈樂論〉篇明說「知禮樂之情者能作，識禮樂之文者能述」，相沿的是「禮樂之情」，不相沿襲的是「禮樂之文」，有何矛盾？至於「樂至」、「禮至」的「至」，鄭玄訓為「達」，和「極」並不相等，而「樂極和」和「樂極則憂」文法結構也不相同，「樂極和」的「極」修飾的是「和」，「樂極則憂」的「極」修飾的是「樂」，因此二者並不構成矛盾。另外，郭沫若暗示〈樂言〉、〈樂情〉、〈樂化〉、〈樂象〉等篇至少有些部分襲自《荀子》，筆者也不以為然，《荀子‧樂論篇》

8. 同註4，頁159~160。

依序和〈樂化〉、〈樂施〉、〈樂言〉、〈樂象〉、〈樂情〉五篇
有共同或極相近的文句，但都較〈樂化〉等五篇為短，甚至只有幾
句，而該文旨在駁斥墨子的〈非樂〉，並非單純論樂，因而必是《荀
子》引述當時已在流傳的〈樂記〉篇章以駁斥墨家的主張，不是〈樂
記〉襲自《荀子》。

筆者認為，除了〈賓牟賈〉、〈魏文侯〉、〈師乙〉以對話形
式表達的三篇外，其餘八篇中的單獨一篇也有可能是在流傳過程中
經過累增的產物，這只要注意到其論旨甚至文句的高度重複性，即
可初步判斷。若論與各篇行文風格和遣詞用字有明顯不同者，則是
〈魏文侯〉篇。〈魏文侯〉篇的內容是魏文侯和子夏的問對，子夏
凡三度引《詩》為證。子夏以善《詩》知名，與子夏有關的篇章往
往引《詩》，如〈孔子閒居〉，但〈樂記〉各篇，只有〈魏文侯〉
篇引詩，這便說明此篇和他篇不是同一個來源，馬國翰認為此篇出
於《漢書·藝文志》所錄的《魏文侯》六篇，也許有見於此。[註9]

但筆者以為，十一篇非一人所作最有力的證據，是各篇論述樂
之功能的走向有強調（或誇張）與否的不同。誇張的如〈樂情〉篇：

> 是故大人舉禮樂，則天地將為昭焉。天地訢合，陰陽相
> 得，煦嫗覆育萬物，然後草木茂，區萌達，羽翼奮，角
> 觡生，蟄蟲昭蘇，羽者嫗伏，毛者孕鬻，胎生者不殰，
> 而卵生者不殈，則樂之道歸焉耳。

又如〈師乙〉篇：

> 夫歌者，直己而陳德也，動己而天地應焉，四時和焉，
> 星辰理焉，萬物育焉。

---

9. 馬國翰說〈魏文侯〉篇「為文侯本書，而河間獻王輯入《樂記》也」。見〈魏文侯書〉
小序，《玉函山房輯佚書》（臺北：文海出版社，影印本，1967 年），頁 2400。按：
河間獻王所輯者即後來之《王禹記》，非《樂記》，馬說誤。

以上兩者都令人想起〈中庸〉「喜怒哀樂之未發，謂之中；發而中節，謂之和。中也者，天下之大本也；和也者，天下之達道也。致中和，天地位焉，萬物育焉」的說法，也就是把樂的功能放大到足以安頓宇宙萬物，上至星辰下及草木蟲魚的境地，和其餘各篇中較為平實的論述極不相同。也許因為如此，《荀子·樂論篇》對於誇張的部分均未引述。

　　如此說來，沈約的「取」字應不是全稱，就如「〈月令〉取《呂氏春秋》」並非照搬《呂氏春秋》的某一篇一樣，〈樂記〉的十一篇只是「有取於」《公孫尼子》，並非全部抄自《公孫尼子》。而張守節的「次撰」也應是有編有作之意，並非指〈樂記〉全部為公孫尼子所作。(註10)楊儒賓或許也有同樣思維，所以僅將〈樂本〉、〈樂言〉、〈樂象〉、〈樂化〉四篇列為《公孫尼子》的遺文，納入其文的討論範圍，應是有鑒於該四篇在論述走向、行文風格和遣辭用字方面能夠相容。楊氏的處理方式，筆者可以接受，但因在文獻上和《公孫尼子》有關係且有證據者，僅有〈樂化〉篇，為求謹慎，本文盡可能只以〈樂化〉的內容來討論，〈樂本〉、〈樂言〉、〈樂象〉則僅在必要時引為參證之用。

三、《公孫尼子》佚文與〈樂記·樂化〉的論旨

　　既然本文僅認定洪頤煊、馬國翰所輯的佚文和〈樂化〉篇出自《公孫尼子》，則二者可加以比較，並作綜合討論。佚文的內容，除見於上引〈樂化〉的兩條文字以外，觸及的都是心、情、血氣、養氣的範疇，其中最值得注意的是情性說和養氣說，但沒有論樂的

---

10. 薛永武以為「取」應為「吸取」之意，並非「二書等同」，筆者同意，但建議改用「汲取」一詞。薛說見其〈從先秦古籍通例談樂記的作者〉，《文學遺產》（2005年第6期），頁131。

文字。〈樂化〉篇則在論樂之時，也觸及心、情、性、氣等範疇，當然最值得注意的重點是樂論。二者合觀，可以增進對公孫尼子學說的了解。

〈樂化〉的樂論相當平實，為《荀子‧樂論》首先引述，沒有前述的誇張言論，但也沒有突出於〈樂記〉其他各篇之處，因而本文不單獨討論公孫尼子的樂論，而於下文與情性說和養氣論綜合討論。

先論公孫尼子情性說的問題。《公孫尼子》佚文中未見「性」字，頗令人意外。漢末王充《論衡‧本性篇》說：

> 周人世碩，以為「人性有善有惡。舉人之善性，養而致之則善長；性惡，養而致之則惡長」。如此則性各有陰陽，善惡在所養焉。故世子作《養書》一篇。密（宓）子賤、漆雕開、公孫尼子之徒，亦論情性，與世子相出入，皆言性有善有惡。……自孟子以下，至劉子政，鴻儒博生聞見多矣，然而論情性，竟無定是，唯世碩、公孫尼子之徒，頗得其正。

據王充所述，公孫尼子主「性有善有惡」之說，與世碩相出入。由於公孫尼子的情性說，除此以外，並無其他古籍資料可以參照，因而必須藉〈樂化〉篇加以推論。〈樂化〉篇有言：

> 夫樂者，樂也，人情之所不能免也。樂必發於聲音，形於動靜，人之道也。聲音動靜，性術之變，盡於此矣。

此段談到樂（包括歌唱、演奏、舞蹈）與情性的關係，其中最值得注意的是「性術之變」一語，鄭玄注：「性術，言此出於性也。」術即塗徑之意，性術指性之所由，性之所由既可改變，則與孟子的「性善」之「性」不同，也與後世理學家所謂的「本然之性」不同，

易言之，「性有善有惡」。〈樂化〉篇又說：

> 故人不耐無樂，樂不耐無形，形而不為道，不耐無亂。
> 先王恥其亂，故制雅、頌之聲以道之，使其聲足樂而不
> 流，使其文足論而不息，使其曲直繁瘠廉肉節奏足以感
> 動人之善心而已矣，不使放心、邪氣得接焉。是先王立
> 樂之方也。

「耐」，古文「能」字。這裡說到樂的功能，能夠觸發善心，能夠
防止放心、邪氣，可以和上引「性術之變」一段綜合思考。心、氣、
情、性的關係，公孫尼子之說如何？為了討論方便，以下先引見於
《春秋繁露・循天之道》的《公孫尼子》佚文中有名的「養氣」一段，
以資參考：

> 養氣曰：裡藏泰實則氣不通，泰虛則氣不足，熱勝則氣
> 寒（馬國翰原注：此下疑缺一句），泰勞則氣不入，泰
> 佚則氣宛至，怒則氣高，喜則氣散，憂則氣狂，懼則氣懾，
> 凡此十者，氣之害也，而皆生於不中。故君子怒則反中
> 而自說以和，喜則反中而收之以政，憂則反中而舒之以
> 意，懼則反中而實之以精，夫中和之不可不反[註11]如此。
> 君子道至，氣則華而上。凡氣從心，心，氣之君也，何
> 為而氣不隨也。

〈樂化〉篇並未直接論述心與氣、心與性、情與性的關係，但先秦
的樂論相當一致，和上引「養氣」一段文字合觀，可以理推如下。
人心因感於外物而作樂，樂本身也是一種氣，會和人身之氣相感應，
透過氣，人心和樂音會相互影響，因而「和樂」將可觸發善心，而

---

11. 清・蘇輿引盧文弨曰：「不可不反，舊本作不可反，今從趙增一不字。」見氏著，《春秋繁露義證》（北京：中華書局，2002年8月），頁448。茲從之。

善心能制作中和之樂;同理,「淫樂」是邪氣,會使人身之氣「不中」,從而使人心轉惡,制作出不正不和之樂。這就是〈樂象〉篇所說的「凡姦聲感人而逆氣應之,逆氣成象而淫樂興焉。正聲感人而順氣應之,順氣成象而和樂興焉」。既然心有「善」有「放」,氣有「邪」有「中」,又說「君子道至,氣則華而上。凡氣從心,心,氣之君也,何為而氣不隨也」,可見公孫尼子不認為心與氣有本然之善,而是和性一樣「有善有惡」。至於情,佚文說「怒則氣高,喜則氣散,憂則氣狂,懼則氣懾」,可見情也是有「中」有「不中」。易言之,在公孫尼子的學說中,情指喜怒哀樂的感情,氣則是感情發散時的狀態(此處不包括人身以外的氣),而心有知的功能,即〈樂本〉篇所謂的「物至知知」,心可以控制氣與情,但本身也會受外物影響,因此佚文有「修心」之說。心、氣、情,都是與生俱來的本能,稱為性。正因如此,心可稱為性,氣和情也可稱為性,因為心、氣、情都是與生俱來的,〈樂言〉篇說「民有血氣心知之性,而無哀樂喜怒之常」,應與公孫尼子之意相同。這也許便是王充一再使用「情性」一詞描述世碩、公孫尼子等人之學說的原因。總之,公孫尼子將善惡的價值置於心、氣、情、性之外,心、氣、情、性是客觀的存在,善、惡、中和、不中則是價值的用語。制作禮樂的目的是想將心、氣、情、性導向善,防止它們趨於惡。

必須補充的是,筆者以為,王充指宓子賤、漆雕開、世碩、公孫尼子持「性有善有惡」之說,應是因為孟子有性善說、荀子有性惡說而使用的籠統說法,該用語有細加分析的必要。《孟子·告子上》記公都子向孟子請教性善的問題說:

告子曰:「性無善無不善也。」或曰:「性可以為善,可以為不善;是故文武興,則民好善;幽厲興,則民好暴。」或曰:「有性善,有性不善;是故以堯為君而有象,

以瞽瞍為父而有舜，以紂為兄之子且以為君，而有微子
啟、王子比干。」今曰性善，然則彼皆非與？

宓子賤等四人《漢書‧藝文志》都將其書排在孟子之前，他們對情
性的主張，公都子的分類法應該可以含蓋，如用公都子的語言說，
公孫尼子的情性說應該屬於「性可以為善，可以為不善」，而不屬
於「有性善，有性不善」。[註12]因為「性可以為善，可以為不善；
是故文武興，則民好善；幽厲興，則民好暴」，是和強調禮樂教化
的功能相合的；而「有性善，有性不善；是故以堯為君而有象，以
瞽瞍為父而有舜，以紂為兄之子且以為君，而有微子啟、王子比干」
的邏輯，則是認為有人天生性善、有人天生性惡，即使父兄也無法
改變，此說必將導致否定禮樂功能的結論，絕非公孫尼子之意。當
然，「性有善有惡」還可以理解為「性有善端，亦有惡端」，王充
說「周人世碩，以為人性有善有惡。舉人之善性，養而致之則善長；
性惡，養而致之則惡長」，「如此則性各有陰陽，善惡在所養焉。
故世子作《養書》一篇」，則世碩的學說應是主張發揚善端、抑制
惡端。但根據上文的分析，公孫尼子的學說應不同於世碩，因為若
是強調發揚善端，則不必有中和之說，而中和的概念也無法解釋為
發揚善端、抑制惡端。

　　如果以上分析得實，那麼筆者的結論和楊儒賓運用更多〈樂記〉
資料的討論所得可以相呼應，亦即公孫尼子的情性說和所謂思孟學
派確有不同，不具有形上或本然的意義。楊氏說：

他（公孫尼子）所說的性情和思孟學派所說的不同，後
者的性情皆有超越面，人順著性情承體起用，即有大本

---

12. 李學勤認為宓子賤及公孫尼子四人都主張「有性善，有性不善」，筆者不能同意。
　　李說見其〈公孫尼子與易傳的作者〉，《文史》，第35輯（中華書局編輯部輯，
　　1992年6月），頁223。

> 達道，學者當下即可擺落凡態，對越道體。但公孫尼子
> 所說的性情是落在經驗層的心氣論來談的，是就人為一
> 感性的存在來論。^{（註13）}

楊氏是肯定理學家道體理論的學者，如果引文中的「超越面」、「經
驗層」二詞沒有價值義涵，筆者覺得更適合於描述公孫尼子的學說。

其次談養氣的問題。楊儒賓運用《公孫尼子》佚文及〈樂記〉
的資料，比較了公孫尼子和孟子的養氣說，頗為精闢，他認為：

> 公孫尼子氣論之要點有四：一、形體與情感上的失衡會
> 妨害氣；二、氣完美的狀態「中」（或說「中和」）；三、
> 氣從心，心為氣之君；四、君子道至，氣可昇華流行。
> 這四點筆者認為和孟子的養氣說都是相合的，尤其是第
> 三、四點和孟子養氣論的核心理論：志至氣次、以志帥氣、
> 踐形時可睟面盎背、志氣流貫全身，更是若合符契。^{（註14）}

楊氏並有斷語說：「公孫尼子的養氣理論遺澤予孟子。」又說：「公
孫尼子強調非超越性的血氣心知性情身體，以及禮樂與養氣交互調
養的工夫論。」與上文筆者的分析相對照，這是可信的論斷。

從學術發展的角度看，公孫尼子的養氣說，養生色彩濃厚，可
能發展自其前的養生術，並和樂論相結合，因而其情性說、養氣說
與樂論，沒有本然或形上的論調，顯得相當平實，的確具有「經驗
層」的傾向，和孟子、荀子比起來，不論時代或學說，都更接近孔子。

四、《公孫尼子》與〈緇衣〉

《禮記》〈緇衣〉，劉瓛以為公孫尼子作，沈約則以為與〈中

---

13. 同註7。
14. 同註7。

庸〉、〈表記〉、〈坊記〉均取《子思子》。有的學者遂折衷而主張《子思子》和《公孫尼子》都有〈緇衣〉，乃是公孫尼子紹述子思之學。(註15) 近年由於郭店楚簡儒家著作的出土，遂有學者主張其中〈性自命出〉出公孫尼子，而〈性自命出〉論性、命與〈中庸〉相近，又與〈緇衣〉及其他可信為所謂思孟學派的著作同出，因此公孫尼子與子思之學有關，劉瓛之說或有可能。按：此說在傳世圖書文獻上缺乏佐證，運用出土文獻資料的論證方式，也不無可議，說詳下文，茲不贅。

　　依本文的立場，欲論證〈緇衣〉是否公孫尼子作，只能取《公孫尼子》佚文及〈樂化〉篇與〈緇衣〉比較，但佚文及〈樂化〉篇僅有心氣論、養氣說和樂論，而〈緇衣〉的內容是「言君上化民，人臣事君，及立身行己之道」(註16)，二者沒有共同議題。本來，儒者議論政治乃是常態，《公孫尼子》二十八篇中必有此一部分，但資料既缺乏可以討論的焦點，劉瓛的說法實在無法證成。從另一方面說，〈緇衣〉與〈中庸〉、〈表記〉、〈坊記〉，行文風格一致，章首多冠以「子曰」，又都大量引述《詩》、《書》、《易》等經籍，此現象在《禮記》各篇中極為突出，所以沈約的說法可取，而劉瓛的說法難信，〈緇衣〉目前應排除在公孫尼子的著作之外。

五、《公孫尼子》與〈性自命出〉

　　1998 年《郭店楚墓竹簡》出版，其中〈性自命出〉的學派歸屬，說法不少，有人認為出自子游，有人認為出自子思，也有人認為出自公孫尼子，各有其思維。陳來有綜合性的說法：

15. 吳靜安，〈公孫尼子學說源流考〉，《南京教育學院學報》（1985 年第 1 期）。
16. 清·孫希旦，《禮記集說》（臺北：文史哲出版社，影印點校本，1990 年），頁1322。

〈性自命出〉既引子游語，所論情性又與〈樂記〉接近，

應與孔門中子游、公孫尼子有關，或許公孫尼子就是子

游的弟子。從政治思想上看，此篇又與〈中庸〉一致。

很可能子游、公孫尼子、子思是一系，所以〈緇衣〉才

會有子思所作、公孫尼子所作兩種說法。〔註17〕

陳氏的話有四個要點：一、〈性自命出〉文句和〈檀弓〉載子游語

有相同處，因此與子游有關。二、〈性自命出〉論情性與〈樂記〉

相近，因此和公孫尼子有關。三、〈性自命出〉論政治與〈中庸〉

一致，因此與子思有關，所以〈緇衣〉才有子思作、公孫尼子作兩說。

四、子游、公孫尼子、子思可能屬於同一學派。

　　關於第一點，〈性自命出〉的「喜斯慆」一段的確和〈檀弓下〉

子游答有子的話應是同一來源，〔註18〕也許是古語。但〈檀弓〉裡的

子游，強調的是「品節斯」的「禮道」，不贊成「直情而徑行」的「戎

狄之道」，對有子所說「予壹不知夫喪之踊也，予欲去之久矣。情

在於斯，其是也夫」的態度表示反對，和〈性自命出〉重情的論述

不同。因此僅憑一小段的文字相似，便推論〈性自命出〉與子游有

關，證據力實在薄弱。更何況陳來在文後曾舉出古籍和〈性自命出〉

文句相同或類似的，包括了《禮記》的〈王制〉、〈曾子問〉、〈檀

弓〉、〈喪服四制〉、〈樂記〉、〈表記〉、〈祭義〉、〈儒行〉、

〈中庸〉諸篇及《大戴禮》、《逸周書》、《孟子》、《荀子》等，

如何能據此一小段文字便斷定學派之歸屬？更何況上博簡〈性情論〉

---

17. 陳來，〈荊門竹簡之《性自命出》篇初探〉，《中國哲學》，第20輯《郭店楚簡研究》
　　（瀋陽：遼寧教育出版社，1999年1月）。

18. 彭林於1998年夏率先指出〈性自命出〉「喜斯慆」一段見〈檀弓下〉子游語。後
　　又指〈檀弓下〉的文句與〈性自命出〉相較，應有訛誤。詳氏著，〈郭店楚簡性自
　　命出補釋〉，《中國哲學》，第20輯《郭店楚簡研究》（瀋陽：遼寧教育出版社，
　　1999年1月）。

內容與〈性自命出〉略同，卻無「喜斯慍」一段呢？

　　關於第二點，〈性自命出〉談到了性命、性情、情偽、心物、血氣、禮樂等課題，並使用了「人道」、「心術」等詞彙，和〈樂記〉的確有相同處。但是，這些恐怕是戰國諸子共同關心的課題，不是特定學派的專利，更不是儒家某一學派的專利。〈性自命出〉論情性誠然與可信為出《公孫尼子》的〈樂化〉篇相近，都主「性可以為善，可以為不善」之說，[註19] 但〈樂記〉的其他各篇在情性論方面與〈樂化〉篇也並無不同，[註20] 因此不能據以推論〈性自命出〉出自公孫尼子。

　　關於第三點，陳來的論據是：〈性自命出〉「未言而民信，有美情者也。……未刑而民畏，有心畏者也」一段，和〈中庸〉「見而民莫不敬，言而民莫不信……是故君子不賞而民勸，不怒而民威于斧鉞」一段類似；〈性自命出〉「上交近事君，下交得眾近從政，修身近至仁」和〈中庸〉「在上位不陵下，在下位不援上，正己而不求于人」一段類似。按：陳來的舉例，前例講的是在上者的威信，後者講的是修己守分，其實是儒家共同的言論，不能斷定和子思之學有必然的關係，這點陳來後來也承認：「這樣的話在先秦儒家著

---

19. 龐樸見解與筆者相同。龐說見其〈孔孟之間──郭店楚簡的思想史地位〉，《中國社會科學》（1998 年第 5 期），頁 95。廖名春認為公孫尼子論性與〈性自命出〉不合，理由是王充說公孫尼子主「性有善有惡」之說。這是執著於字面。廖說見其〈荊門郭店楚簡與先秦儒學〉，《中國哲學》，第 20 輯《郭店楚簡研究》（1999 年 1 月），頁 60，注 36。丁四新則言公孫尼子論性有善有惡與〈性自命出〉思想基本相同，筆者亦不同意。丁說見其〈論性自命出與公孫尼子的關係〉，《武漢大學學報》（哲學社會科學版，1999 年第 5 期），頁 38。鄒華以為〈性自命出〉與〈樂記〉均主性惡論，筆者尤不同意。鄒說見其〈郭店楚簡與樂記〉，《西北師大學報》（社會科學版，第 41 卷第 6 期，2004 年 11 月），頁 39。

20. 李學勤說：〈性自命出〉的「喜怒哀樂之氣，性也」和〈樂本〉的哀樂喜怒敬愛之心「六者非性也」並不矛盾，因為「簡文喜怒哀樂之氣未見于外，〈樂本〉哀樂喜怒等則是已動的。說法儘管有別，實質仍然一樣。」見氏著，〈郭店簡與樂記〉，《中國哲學的詮釋與發展：張岱年先生九十壽慶紀念論文集》（北京：北京大學出版社，1999 年），頁 25。

作中很常見，如《禮記·祭義》：『天則不言而信，神則不怒而威。』
又如《荀子》：『君子不爵而貴，無祿而富，不言而信，不怒而
威。』」[註21] 可見據此只能說〈性自命出〉和子思之學不牴觸，但
不能斷定公孫尼子和子思有淵源傳承的關係，更不能斷定〈性自命
出〉是公孫尼子作。

關於第四點，陳來之所以會有「子游、公孫尼子、子思是一系」
的說法，是認定〈性自命出〉出公孫尼子，又引子游語，再加上相
信康有為所主張的子游傳之子思、孟子的新道統說而成的。但〈樂
記〉本不出一人之手，認定〈性自命出〉出公孫尼子，證據嚴重不足。
至於子游傳之子思、孟子的問題，筆者已有文駁斥，[註22] 茲不贅述。
總之，「子游、公孫尼子、子思」的學術譜系無法成立。

整體說來，〈性自命出〉反映的是戰國中期儒家對心氣、情性、
禮樂的普遍看法，和《禮記·樂記》論點相近，與同出的郭店儒家
著作各篇，應是曾子、子思一系的門徒所傳，[註23] 乃是孟子性善說
出現以前的著作。總之，〈性自命出〉的論旨和《公孫尼子》可能
並不相左，但沒有證據出自《公孫尼子》。

六、公孫尼子的學派歸屬問題

由於《荀子·非十二子篇》、《韓非子·顯學篇》、《禮記·
儒行篇》、《聖賢群輔錄》等均有關於戰國儒學派別或儒者作風的

---

21. 陳來，〈郭店竹簡儒家記說續探〉，《中國哲學》，第 21 輯《郭店簡與儒家研究》
    （瀋陽：遼寧教育出版社，2000 年 1 月），頁 84。

22. 參拙作，〈郭店儒家著作的學術譜系問題〉，原載《臺大中文學報》，第 13 期（臺
    北：國立臺灣大學中國文學系，2000 年 12 月），轉載《中國哲學》，第 24 輯（瀋
    陽：遼寧教育出版社，2002 年 4 月），後收入拙著，《經學側論》（新竹：國立清
    華大學出版社，2005 年 11 月）。而康說則是受廖平影響並扭曲邵懿辰《禮經通論》
    之說而來，詳本書第壹篇，〈駁《儀禮》為孔子手定完書說及其延伸之新道統說〉。

23. 參拙作，〈郭店儒家著作的學術譜系問題〉。

陳述，再加上唐宋人標榜道統之說，辨識孔門後學的學派歸屬，始終是學者備感興趣的課題。公孫尼子的學說既與上述諸書有或多或少的因緣，近人對他的學派歸屬也有所討論，據筆者所知，有孔子弟子、子夏門人、子游弟子、思孟學派、仲良氏之儒、公孫氏之儒、荀子弟子諸說，這些推測自然無法完全相容。下文試加以分辨。

　　《漢書・藝文志》於《公孫尼子》下注云「七十子之弟子」，但未明說是何人的弟子，《隋書・經籍志》則說「尼似孔子弟子」，郭沫若贊成《隋書》之說：「我疑心七十子裡面的『公孫龍字子石，少孔子五十三歲』（《史記・仲尼弟子列傳》）怕就是公孫尼。龍是字誤，因有後來的公孫龍，故聯想而致誤。尼者泥之省，名尼字石，義正相應。……公孫尼子可能是孔子直傳弟子，當比子思稍早。」^{（註24）} 按：〈經籍志〉說「尼似孔子弟子」，不知所據，也許是因王充將公孫尼子和宓子賤、漆雕開兩位孔子直傳弟子相提並論，而有此一推測；但王充也將公孫尼子和七十子弟子的世碩並提，所以若是據王充語推測，並不合理。如據《漢書・藝文志》，班固將《公孫尼子》置於七十子弟子《世子》、《魏文侯》、《李克》之後，正表示公孫尼子不是孔子直傳弟子。至於郭氏說公孫龍可能是公孫尼之誤，並以名尼字石為證，也無根據，因為唐人司馬貞已指出龍可能是蠪之誤，所以字子石，《史記索隱》說：「《家語》：或作寵，又云蠪，《七十子圖》非蠪也。按：字子石，則蠪或非謬。」若然，則公孫尼子自非孔子弟子。

　　武內義雄認為〈藝文志〉將《公孫尼子》二十八篇列在《魏文侯》六篇和《李克》七篇之下，應有意義，由於魏文侯和李克都是子夏的弟子，而〈樂記〉又有〈魏文侯〉篇，所以公孫尼子可能是

---

24. 以上同註4。頁 162~163。

子夏門人。^(註25)按：儘管〈藝文志〉有同類或年代相近的著作相附近的體例，但未一一注明上書與下書的關係，因此不能過於執著，如《公孫尼子》之後即是《孟子》，卻不能推論孟子和公孫尼子有師承關係，更不能推論孟子和子夏有何關係。至於〈魏文侯〉篇記子夏和魏文侯的對話，也不能證明公孫尼子與子夏有關係，因為〈師乙〉篇也記子貢和師乙論樂的對話，若依武內氏的邏輯，公孫尼子又與子貢有關係了。何況，《李克》七篇下班固注「子夏弟子」，公孫尼子若是子夏的弟子，班固也應注「子夏弟子」，而不是「七十子之弟子」。但最重要的是，武內氏把〈樂記〉十一篇全部視為公孫尼子的著作，所以才會有以上的推論，但〈樂記〉不出一人之手，武內氏的推測在邏輯上便顯得頗為無力了。

公孫尼子出子游之門的說法，完全是郭店楚簡〈性自命出〉出土以後才有的。上一節筆者業已分析此說比附之迂曲，可說完全不可信。

吳靜安認為公孫尼子和子思之學有關，「《子思子》有〈緇衣〉，而《公孫尼子》復有〈緇衣〉，是公孫尼子紹述子思之證」。^(註26)李學勤根據前人的論述，如「中和」之說同〈中庸〉，「養氣」之說與孟子有關等，承認「公孫尼子與思、孟有一定關係是不可否認的」。但又根據《聖賢群輔錄》「仲良氏傳樂，為移風易俗之儒」之說，認為公孫尼子與仲良氏之儒有關。李氏認為：第一，「移風易俗」是儒家樂論的核心觀點，該辭也見於〈樂施〉篇（撰按：又見於〈樂象〉篇）。第二，仲良氏可能指魯人仲梁子，是知禮樂之人，同時也是《毛詩》的先師，「古代禮樂並行，樂與詩相通，所以仲

---

25. 同注 5。
26. 同注 15。

梁氏傳樂，為移風易俗之儒，是合乎情理的」，^(註27)而傳《毛詩》的毛生曾和河間獻王合編《王禹記》，〈詩大序〉和「樂本」的言論又有極相似處，因而仲良氏「大約是公孫尼子的後學」。^(註28)按：將公孫尼子與子思繫聯，乃因古代有沈約、劉瓛對〈緇衣〉作者的矛盾之言，近年則因多數學者認定郭店儒簡屬思孟學派，而其中〈性自命出〉的情性論和樂論與〈樂記〉相近，因而試圖折衷。然而取〈緇衣〉與《公孫尼子》佚文及〈樂化〉篇對讀，卻不能發現相同點，因此公孫尼子屬所謂思孟學派的說法終究缺乏證據。至於說公孫尼子是仲良氏之儒的先師，主要是以相信〈樂記〉十一篇為公孫尼子作為前提的推論，由於從傳統古籍與出土文獻諸如〈性自命出〉、〈語叢〉、〈性情論〉等看來，孔孟之間的確有一批喜論情性、禮樂的儒者，公孫尼子也是其一，因而不能否定這個可能性，但此類學者既多，因而也無從證實。

　　楊儒賓則認為公孫尼子的「心性」、「養氣」、「中和」諸說和孟子有經驗層和超越面的差異性，但也認為公孫尼子和子思可能有師門淵源，其中之一是與《易傳》的關係。楊氏認為子思和《易傳》的關係在孔門中特深，而《公孫尼子》佚文有「君子行善必有報，小人行不善必有報」和〈文言傳〉「積善之家，必有餘慶；積不善之家，必有餘殃」相關；又〈樂禮〉篇「地氣上齊」、「天尊地卑」兩段和〈繫辭傳〉相似；所以可能是《聖賢群輔錄》所說的「傳《易》為道，為潔靜精微之儒」的「公孫氏」。^(註29)按：楊氏使用資料，引用了原來在其設定排除名單的〈樂禮〉篇，立場上有些難以自圓

---

27. 同注 6。

28. 李學勤，〈公孫尼子與易傳的作者〉，《文史》，第 35 輯（中華書局編輯部輯，1992 年 6 月）。又，此文認定〈樂記〉十一篇為七十子弟子公孫尼子作，而〈樂禮〉篇襲自《易傳》，特別是〈繫辭〉，因此《易傳》成書在公孫尼子之前，時代接近孔子。筆者按：《易傳》成書於何時，茲不討論，然李氏所據，基礎不穩。

29. 同注 7。

其說。但最主要的是證據不足，因為《公孫尼子》佚文，除了楊氏
所舉的「君子行善必有報，小人行不善必有報」之外，再沒有其他
與《易》有關的言辭，而且此一「報」的觀念，並不是《易》學所
獨有，而是很普遍的思維，甚至《老子》也有「天道無親，常與善
人」之說。何況若公孫尼子果是「傳《易》為道，為潔靜精微之儒」，
又作了〈樂禮〉篇，行文何須硬套〈繫辭傳〉且與人立異呢？所以
楊氏的推測可能性極低。

　　將公孫尼子生活年代說得最晚的是錢穆，錢氏說：「余考〈緇衣〉
篇文多類《荀子》。〈樂記〉剿襲《荀子》、《呂覽》、〈易繫〉諸書，
其議論皆出荀後。則公孫尼子殆荀氏門人。」[註30] 按：錢說既認〈緇
衣〉、〈樂記〉都為公孫尼子作，又認為是荀子門人，其最大的缺
點是，若公孫尼子果為荀子門人，則應主性惡之說，而〈緇衣〉、〈樂
記〉均無性惡說蹤影，足證錢說不足信。

七、結論

　　綜上所述，公孫尼子的遺文，可以相信的，除了洪頤煊、馬國
翰所輯的《公孫尼子》佚文外，只有〈樂記〉中的〈樂化〉篇，其
餘十篇，來源和時代恐怕頗為分歧。至於前人有關公孫尼子的陳述，
可信的只有班固《漢書・藝文志》和王充《論衡・本性篇》。其學
說可知者有情性說、養氣說、樂論三部分，此三部分可以互相詮釋
印證，並和〈樂記〉多篇、郭店簡〈性自命出〉、上博簡〈性情論〉
說法相通，而和〈緇衣〉無任何交集。鑒於其情性學說，王充取與
漆雕開、宓子賤、世碩等人並論，且尚無性善說或性惡說的蹤影，
班固又將其書次於《魏文侯》、《李克》之後，《孟子》之前，稱

---

30. 錢穆，《先秦諸子繫年》（臺北：聯經出版股份有限公司，1995 年），頁
　　573~574。

其為「七十子之弟子」，則不論從思想史或文獻看，公孫尼子應是孔孟之間的人物。再從班固不逕稱為某人之弟子看，公孫尼子應非孔子知名弟子如子游、子夏、子張、子貢、有子、曾子等人之弟子。

　　近人所以紛紛討論公孫尼子，自然是基於學術的熱忱。但就公孫尼子而言，可信的資料實在太少。更關鍵的是，已知的公孫尼子的學說，恐怕是戰國初中葉儒家普遍的觀點，沒有特出之處，因而其學說鮮被古人單獨引述，其書終致亡佚。近人在資料過少的窘境下，力圖從蛛絲馬跡中費心去尋求，頗為可敬，然而其考據方法，若非相信〈樂記〉十一篇均為公孫尼子作，即是否定其中有公孫尼子遺文，且在此基礎上，使用繫聯的方式，因甲與乙有相同處，乙與丙有相同處，即推論甲與丙有關，故而眾說出入甚大。諸說既難以完全相容，則大部分必屬錯誤。學者需要從事的，也許不是感歎資料不足，而是應該思考考據的立場和方法。

　　　　（本文原載《臺大中文學報》，第二十五期。臺北：國立
　　　　臺灣大學中國文學系，二〇〇六年十二月。）

拾、韓儒權近《禮記淺見錄》評論

一、前言

　　韓儒權近（1352~1409），安東人，初名晉，字可遠，一字思叔，號陽村。他是將朱子《四書章句集註》引進韓國的權溥的曾孫，也是著名儒者李穡的門人，活躍於高麗末期和朝鮮初期。[註1] 洪武二十二年（1387）曾任副使出使中國，撰有《奉使錄》。返韓，為朝鮮太祖李成桂任用。朝鮮太祖五年（1396），請纓出使中國，晉見明太祖，奉旨賦詩二十四篇，使待詔文淵閣。返韓後，因政爭閒居數年，朝鮮太宗即位（1401），起為相職，並任成均館大司成。其著作《入學圖說》和《五經淺見錄》分別是朝鮮初期性理學和經學的典範。權近學術的重點，是將性理學運用在現實政治上，其經學著作的進路，則源自朱子，韓國學界稱之為「朱子學式經學」[註2]，影響其後的研究頗大。

---

1. 韓・鄭麟趾，《高麗史》（漢城：延世大學校東方學研究所，1961年），列傳卷20，〈權溥傳〉及〈權近傳〉。
2. 韓・李俸珪，〈朝鮮時代《禮記》研究的特色之一：朱子學式經學〉（臺北：國立臺灣大學人文社會高等研究院，韓國儒學與經典詮釋國際學術研討會論文，2009年4月9日、10日）。

　　權近的《禮記淺見錄》二十六卷(註3)，起草於 1391 年，脫稿
於 1405 年，但其實未依原定計畫全部完成。此書以元儒陳澔的《禮
記集說》為底本，運用朱子在《大學章句》、《中庸章句》、《儀
禮經傳通解》中分別經傳、移易章句的方式，對《禮記》各篇進行
重整，並以性理學的立場論辨各篇內容的價值。書成，朝鮮太宗許
於經筵進講，並命校書館用鑄字印成。關於此書著作的源起和宗旨，
據卷首載明永樂五年（1407）河崙（1347~1416）受朝鮮太宗命所撰
〈禮記淺見錄序〉稱：

> 禮經，聖人立教之大典，而切於人倫日用者也。不幸火
> 於秦，漢儒勤於掇拾，然簡編不得其次，文理不相接，
> 間有雜引傳記，不類於聖賢之言者多矣。至宋，河南兩
> 程氏表章〈大學〉、〈中庸〉二篇，餘未及焉。考亭朱
> 先生有志刪定，亦未暇焉。及東匯澤陳氏之《集說》出，
> 學者有所矜式，然其編次仍舊，學者有未滿之歎。夫遡
> 而求其源，辨而得其正，中國之學者猶難之，況海外之
> 一方乎？我韓山李先生入學中國，有高明正大之見，及
> 東還，師範一方，欲於是經有所論著，晚年多疾，竟未
> 能就，以囑門人陽村權近。……乃於是經專意參究，更
> 次簡編，分為經傳，文義之可疑者，皆盡辨論，題其目
> 曰《禮記淺見錄》。

據此，權近寫作此書的假定是，《禮記》各篇因經秦火，簡編不無
錯亂，朱子有志整理而未暇，陳澔《禮記集說》亦仍舊貫，因此後
人需加改正。考其用心，闡揚性理學是最主要的目的，「更次簡編」

3. 韓・權近，《禮記淺見錄》，收入《韓國經學資料集成》（首爾：成均館大學校出
版部，1998 年），第 125 冊。另見 AEAS 韓國經學資料系統 http://koco.skku.edu/
CHN/index.jsp。

是為了使各篇思想層次更加清楚、文理更加暢順。但是,此一企圖
是否達成,對經學研究有無助益,是否違背古文獻篇章之本真,其
論辨是否持平,自應予以檢討。朝鮮後期有些實學派學者對類似權
近的處理方式並不表示同意,筆者則將站在現代華夏學者的立場重
新予以評論。

由於《禮記》卷帙浩繁,本文僅選擇權近在處理上類型不同的
〈檀弓〉、〈禮運〉、〈樂記〉、〈學記〉進行討論,〈檀弓〉論
其移易篇章是否恰當,〈禮運〉、〈樂記〉論其分別經傳是合理,
〈禮運〉、〈學記〉論所謂「文義之可疑者,皆盡辨論」是否持平。
雖僅一斑,當可見其全體。

二、關於〈檀弓〉

《禮記淺見錄》的卷三和卷四,分別是〈檀弓上〉和〈檀弓下〉。
權近在卷三篇首「檀弓」題下加按語說:

> 近按:此篇雜記諸子言行,有得有失,有常有變,每章
> 異旨,不相聯屬,如《論》、《孟》諸書之比,不可強
> 分其類,姑仍其舊。但其間或有一事而先後倒置、不可
> 不正者,與夫先賢訓釋容有可議者,則別舉而陳之爾。

據此,在〈檀弓〉上下兩篇中,權近想做的有兩件事,一是把記載
同一件事的各章依發生的先後重新排列,二是糾正先賢注釋的錯誤,
這正和河崙的〈序〉所說的「更次簡編」、「文義之可疑者,皆盡
辨論」相同。本節不討論後者,單論前者。

權近所謂「一事而先後倒置」指的是什麼?有一個明顯的例子
可以說明,即「孔子少孤,不知其墓,殯於五父之衢」一章,本在「孔
子既得合葬於防」一章之後,中間相隔三章,權近將之改編到其前,

使相銜接。權近如此做，理由很明顯，即「殯於五父之衢」的時間
必在「合葬」之前，因此將「孔子少孤」一章移前。不過，權近「更
次簡編」有一個但書，即他在首章「公儀仲子之喪，檀弓免焉」下
的按語：

> 苟以類分，則後節「司寇惠子之喪，子游麻衰牡麻絰」者，
> 正與此同，當屬此下，然此篇汎記諸子議禮之言，本無
> 終始先後之序，不必如此屑屑以強分之也。

換句話說，如果關於議禮之言，儘管性質極為相近，也不依類編在
一起。和上段所述合觀，將同一件事的各章依發生的先後重新排列，
是權近的積極作為；議禮之言儘管性質極為相近也不編在一起，則
是消極措施。

依照權近的原則，筆者將檢視其「更次簡編」是否合理，是否
更有助於閱讀〈檀弓〉，這必須用具體的事例來討論。

關於積極作為，權近其實並沒有將所有同一件事的各章依發生
的先後重新排列。如「曾子寢疾，病」章，其後有「曾子之喪，浴
於爨室」章，中間相隔十一章；此兩章記曾子臨終及始死之浴，乃
一事之先後，但權近並未移動使相靠近。又如「伯高之喪，孔氏之
使者未至」章舊在「伯高死於衛，赴於孔子」章之前，但「赴於孔子」
的時間必在「孔氏之使者未至」之前，而權近也未更改次第。又如
「孔子之喪，門人疑所服」章、「孔子之喪，公西赤為志焉」章、「孔
子之喪，二三子皆絰而出」章接「孔子蚤作，負手曳杖」章之後，
記孔子辭世之後的喪禮，固然依時間先後，但「孔子之喪，公西赤
為志焉」、「孔子之喪，二三子皆絰而出」兩章之間夾有「子張之
喪」及「子夏問於孔子曰：居父母之仇，如之何」兩章，權近將「子
夏問於孔子曰：居父母之仇，如之何」一章移至「顏淵之喪，饋祥肉」

章之後，卻未將「子張之喪」一章移開，甚且在「孔子之喪，二三子皆絰而出」章之後，隔四十六章，有「孔子之喪，有自燕來觀者」及「魯哀公誄孔丘曰」兩章，和前引「孔子之喪」各章都是一事的先後，但權近也未移動使相銜接。由此可見，將同一件事的各章依發生的先後重新排列這一項，權近做得並不徹底。

關於消極措施，權近有時將性質相近的議禮之言依類編在一起，有時則否。權近在〈檀弓下〉「弔於葬者，必執引」章下按語說：

> 近按：右自「君於大夫，將葬，弔」以下，是言行弔之禮，舊經多失次，而「五十無車，不越疆而弔人」之下，「大夫弔」之上，有「季武子寢疾」至「曾點倚其門而歌」二節雜入其中，今以類而分之，又以尊卑之序而次之。

據此，權近將該各章依類編次，和前引的聲明相左。至於「季武子寢疾」章，權近將之移至「子張死，曾子有母之喪」章後，並加按語說：

> 近按：此因上言行弔之禮，而附以貴賤行弔之有得失者也。

其意是說，其前「子張死，曾子有母之喪」章討論了「齊衰不以弔」的問題，而此章也討論了「士唯公門說齊衰」的問題，所以以類相從。如此看來，議禮之言儘管性質極為相近也不依類編在一起的原則，權近是有時遵守，有時不遵守。

尤有進者，〈檀弓〉之所以分為上下兩篇，是因為簡編繁重，而非內容有別。此為老生常談，而權近似乎遺忘，所以「更次簡編」時，只在篇內，這更使得權書自相矛盾。譬如權近將〈檀弓下〉的行弔之禮「類而分之，又以尊卑之序而次之」，卻不管〈檀弓上〉也有多處記載行弔之禮。又如〈檀弓上〉「孔子曰：之死而致死之」

章談到明器的問題，〈檀弓下〉也有「孔子謂：為明器者，知喪道矣」章，但權近又不「類而分之」。再如〈檀弓上〉「舜葬於蒼梧之野」章「周公蓋祔」談到合葬問題，〈檀弓下〉「孔子曰：衛人之祔也離之」章也談到合葬問題，但權近也不「類而分之」。凡此，都顯現處理上的矛盾。

　　總之，〈檀弓〉各章雖以議論喪禮為多，但也有其他內容，各章並不出於一人之手，單以不同章而有「子夏問於孔子」、「子夏問諸夫子」之句並陳為例加以類推，即可知矣。蓋〈檀弓〉本出雜編，所以原本即無次第。權近為求文理暢順而「更次簡編」，本無可厚非，但既不能更大刀闊斧的依類重編，對自定的原則又未能堅守，致使體例零亂，較之原書，並無改進之處，故其努力可稱失敗。

三、關於〈禮運〉

　　《禮記淺見錄》的卷八是〈禮運〉，權近在篇首「禮運」題下加按語說：

> 近按：此篇取一篇大旨而名之。篇內記帝王禮樂制作之本，陰陽造化流通之理，故謂之禮運。推而至於體信達順，而四靈畢至，言禮之功用極矣，但往往言多浮誇，是記者之失也。

據此，權近對此篇評價並不很高。他對此篇，要做的是分別經傳和移易章句，並論辨內容的得失。

　　權近在篇首第一節「昔者仲尼與於蜡……而有志焉」下引宋人石梁王氏曰：

> 以五帝之世為大同，以禹湯文武成王周公為小康，有老氏意。而註又引以實之，且謂禮為忠信之薄。皆非儒者

語。所謂孔子曰，記者為之辭也。

又引宋人陳埴說：

> 禮家謂太上之世貴德，其次務施報往來，故言大道為公
> 之世不規規於禮，禮乃道德之衰，忠信之薄。大約出於
> 老莊之見，非先聖格言也。

按：陳埴說見《木鍾集》[註4]卷八，與此引文文字大致相同。至於
石梁王氏所謂註，指鄭玄在「是謂小康」下註：「康，安也。大道
之人，以禮於忠信為薄。言小安者，失之則賊亂將作矣。」石梁王
氏與陳埴不細審〈禮運〉絕無禮為亂首之意，而執著於鄭玄用語，
遂指大同小康之說同於《老子》第三十八章「夫禮者，忠信之薄而
亂之首」之論。權近既承此意，所以認為「而有志焉」下的大同小
康之說不出孔子，所以不是經而是傳：

> 此章以下，大同小康之說，先儒以為非夫子之言，蓋記
> 者因此章之言而附會也。今當以此章夫子之言為經，而
> 以下章大同小康之說為傳也。

在「是謂小康」之後，權近認為「言偃復問曰……故天下國家可得
而正也」和「言偃復問曰……吾以是觀之」兩段要對調，「吾以是
觀之」一段在前的理由是：

> 今以上下文勢及此章之後記者釋之之序觀之，當為先問。
> 蓋章首夫子之說，但言有志於古，引而不發，故言偃復
> 請其極言，孔子以其言禮不可無徵，故答以欲觀夏、殷
> 之道，而杞、宋之不足徵，蓋前言三代之英，故此先以夏、
> 殷言之。夫二代之禮，夫子能言之者，而言其後之不足

---

4. 宋‧陳埴，《木鍾集》（臺北：臺灣商務印書館，影印文淵閣四庫全書本）。

徵者，謙辭也。言偓復疑聖人生知，無所不通，而尚且
欲觀夏、殷之道，必之杞之宋以求之，故又有下節「禮
如此其急也」之。

因此「言偓復問曰……吾以是觀之」為第二節經文，「言偓復問曰
……故天下國家可得而正也」接「夫禮之初……此禮之大成也」為
第三節經文，「孔子曰嗚呼哀哉」以下是第三節經文的傳文，但「故
國有患……謂之變」一小段應移至「故政者，君之所以藏身也」上。
所以權近在〈禮運〉篇末加按語說：

> 右〈禮運〉一篇，極言禮之至大，精意尤在首章第三節，
> 一篇之內，皆推廣此一節之意。其文當分為經、傳，其
> 首皆冠以「孔子曰」，然非盡孔子之言也。傳之一節，
> 雜在經文之中，是記者因孔子之嘆而附會之，非以為其
> 傳文，今以其非孔子之言，故亦當以為傳文也。其餘亦
> 多浮誕之辭，然其大旨，粗有節次，至其格言奧義，則
> 精深廣大，有與〈易繫辭〉、〈樂記〉之文相為表裡者，
> 豈可以易而言之哉！愚敢陳其大略，而不能致詳，幸觀
> 者更加察焉。

由此可見，權氏認為〈禮運〉的結構是：其前三節（合成首章）是
經文，其後是傳文，後來第一節經文「而有志焉」下被人附入大同
小康之說，並非〈禮運〉原來所有。

上述權近對〈禮運〉全篇文脈的觀點，筆者並不認同，理由有
以下幾點。首先，從全篇的內容看，其架構為依時代先後分為三個
階段，先是天下為公而不必強調禮的大同世界，再是重禮的小康之
世，「孔子曰嗚呼哀哉」以下則感嘆周衰禮崩樂壞，所以篇名稱為
「禮運」，即禮之實行的狀況的意思，而非權近以性理學觀念所說

的「篇內記帝王禮樂制作之本,陰陽造化流通之理,故謂之禮運」。
其次,如果大同小康之說是後人附入,則「而有志焉」以下不論接
「言偃復問曰如此乎禮之急也」一段或「言偃復問曰夫子之極言禮
也」一節,內容與文脈都不銜接,因為文中的孔子根本還沒談到禮
的問題,言偃何從問「禮之急」或「極言禮」?只有文中的孔子在
談到小康之世重禮,言偃如此問才順理成章,所以大同小康之說是
原文所有,並非後人所附。今人不解的是,若權近認為該段是後人
附會,應該予以刪除,而權近竟說「傳之一節,雜在經文之中,是
記者因孔子之嘆而附會之,非以為其傳文,今以其非孔子之言,故
亦當以為傳文也」,出現了「非以為其傳文」與「亦當以為傳文」
完全缺乏立場且互相矛盾的說辭。第三,權近既認為「言偃復問曰
如此乎禮之急也」一節是全篇精義所在,「一篇之內,皆推廣此一
節之意」,卻又在此節「故天下國家可得而正也」下說:

> 自「失之者死」至引《詩》一段,言甚迫切,恐非夫子
> 之言。況夫子方嘆魯禮之失,豈敢遽以此言之哉!

查此一段共98字,而「恐非夫子之言」者便佔了27字,若再扣除「言
偃復問曰如此乎禮之急也」12字,僅剩59字。而權近在「是謂大假」
下說:

> 近按:此下至「是謂疵國」,皆言得禮失禮之事,以釋
> 前章偃問第三節「失之者死,得之者生」之意。

此前既稱該27字「恐非夫子之言」,此處卻指明其中重要的文句「失
之者死,得之者生」有長篇傳文,豈不自相矛盾?有此三項,足證
權近區分經、傳,有扶得東來西又倒的窘境。

總之,〈禮運〉一篇,全文以言偃之三個提問引發孔子的回答,
文中的孔子,所談的是不須用禮、重禮、禮崩樂壞的三個階段,並

沒有經、傳之分，也沒有禮為亂首的觀念或說詞。權近強分經、傳，
又指大同小康之說為老氏之言，自不足取。

四、關於〈樂記〉

　　對於〈樂記〉，權近的主要工作是區別經傳。《禮記淺見錄》
的卷十五和卷十六，分別是〈樂記上〉和〈樂記下〉。在《禮記》
四十九篇中，〈樂記〉本來只佔一篇，權近將原文重新分割移動，
分為經、傳兩部分，其〈樂記上〉是經，〈樂記下〉是傳。他在卷
十五篇首「樂記」題下說：

> 近按：此篇論樂之理，而兼言禮，二者不可以相離也。
> 其論精微，多與〈易繫辭〉相類，而視〈禮運〉、〈學記〉
> 等篇之誣誕者不同，此似非出於記者之手，疑亦作於孔
> 門也歟。

又在「地氣上齊」一節下加按語說：

> 近按：此上兩節，與〈繫辭〉略同，先儒謂記者引之。
> 愚竊恐此篇之文最精，與諸篇不類，似非出於記者之手，
> 疑亦作於聖筆也。

權近相信〈繫辭〉為孔子作，而「天尊地卑」、「地氣上齊」兩節
與之略同，應是「作於孔門」、「作於聖筆」，換句話說，乃孔子
所作，因此這些部分都列入權近所區分的經之中。今本〈樂記〉中，
除了有些具體內容的時代晚於孔子無法歸入「作於聖筆」之列外，
權近對篇中理學家關心的議題的高度評價，乃是他分別經、傳的理
論基礎。

　　今本〈樂記〉先儒都稱由〈樂本〉等十一小篇組成，各有篇名，

沒有從屬關係。權近如何將之分別為經、傳呢？他將今本前三小篇〈樂本〉、〈樂論〉、〈樂禮〉定為經，不分小篇，亦無篇名。將其餘八小篇定為傳，並將第十小篇〈樂化〉移到第八小篇〈魏文侯〉之前，然後將此八小篇重新區分為十一節，〈樂施〉為第一節，〈樂言〉「而民淫亂」以上為第二節，以下為第三節，〈樂象〉「可以觀德矣」以上為第四節，「樂為大焉」以上為第五節，「樂也者」一段及〈樂情〉為第六節（將「所謂大輅者」一段移至〈樂記下〉最後，視為它篇錯簡），〈樂化〉「其義一也」以上為第七節，以下為第八節，〈魏文侯〉為第九節，〈賓牟賈〉為第十節，〈師乙〉為第十一節。

權近如此區分是否合理？應分兩個層面來討論。第一個層面是：如此區分是否符合古文獻之本真？第二個層面是：如此區分是否更能呈現〈樂記〉內容之層次？

先討論如此區分是否符合古文獻之本真的問題。本來權近「更次簡編」的依據是河窴所稱的禮書「不幸火於秦，漢儒勤於掇拾，然簡編不得其次，文理不相接，間有雜引傳記，不類於聖賢之言者多矣」，如果不能證明「簡編不得其次，文理不相接」，便沒有「更次簡編」的必要。因此，須先了解〈樂記〉內容的來源。依《別錄》、《漢書・藝文志》等文獻記載，今本〈樂記〉內含的十一小篇，乃是同名古籍《樂記》書中二十三篇的一部分，其餘十二篇也各有篇名，[註5] 只是內容今已失傳。此十一小篇在《樂記》書中本各自成篇，不相統屬，何來經、傳之分？再者，依前人及筆者考證，今本〈樂記〉的十一小篇非一人所作，[註6] 既非一人所作，原來自無經、傳

---

5. 依劉向《別錄》所載，另外十二篇為〈奏樂〉第十二、〈樂器〉第十三、〈樂作〉第十四、〈意始〉第十五、〈樂穆〉第十六、〈說律〉第十七、〈季札〉第十八、〈樂道〉第十九、〈樂義〉第二十、《昭本》第二十一、〈昭頌〉第二十二、〈竇公〉第二十三。

6. 參本書第玖篇，〈公孫尼子及其論述考辨〉。

之分。因此，除了「所謂大輅者」一段依先儒意見視為它篇錯簡外，權近的分別經、傳，「更次簡編」，缺乏文獻上的依據，也不符合古文獻的本真。

其次討論如此區分是否更能呈現〈樂記〉內容之層次的問題。如有一件古文獻，雖非一人所作，但其中內容的確有主要論據和補充說明的區別，而且層次分明，後人將它分別經、傳，以利閱讀，筆者並不反對。但如果沒有明顯的層次，勉強區分，則不贊成。以此標準來看權近的區分，筆者認為屬於後者。何以言之？第一，既言經，內容應該精要，而權氏所謂經之部分，內容重複太多。既言「凡音之起，由人心生也。人心之動，物使之然也，感於物而動」，又言「樂者，音之所由生也，其本在人心之感於物也」，又言「凡音者，生於人心者也」。既言「聲音之道，與政通矣」，又言「是故審聲以知音，審音以知樂，審樂以知政，而治道備矣」。可見權氏所謂經的部分，其實不具備經的性格。第二，既言經，應不必自作補充說明，而權氏所謂經的部分有之。如前稱「亂世之音怨以怒，其政乖；亡國之音哀以思，其民困」，而後言「鄭、衛之音，亂世之音也，比於慢矣。桑間、濮上之音，亡國之音也，其政散，其民流，誣上行私而不可止也」，正是前者的補充說明，可見權氏所謂經的部分不具備經的性格。第三，既言傳，相對於經，其闡釋發揮應有針對性，但權氏所謂傳的各節內容卻往往重複，缺乏針對性。如所謂第七節，「故樂也者，動於內者也。禮也者，動於外者也」兩見。又如第八節，既言「夫樂者，樂也，人情之所不能免也」，又言「故樂者，天地之命，中和之紀，人情之所不能免也」。可見權氏所謂傳的部分，也缺乏傳的性格。第四，自相矛盾。如第七、八節，權氏加按語說：「此下數節，文義皆精，與篇首經文相類，疑亦出於孔門而記者以類而附之也歟？」其意實謂此是孔子之言而門人記之。

既然如此，權氏應該將七、八兩節列在經中，何以列在傳中？有此四項，足見權近將今本〈樂記〉區分經、傳並不適當。

　　總之，今本〈樂記〉是由各自獨立的十一個小篇所組成的，正因各自獨立發揮，所以彼此內容有相當重複處，這說明了它們本就沒有層次上的統屬關係。這樣的古文獻，保存它的原貌，並不會妨害讀者對其內容的閱讀或研究。權近不顧古代目錄學上的記載，勉強泯除篇別，並將之分別為經、傳，而最終並未能顯現層次之分，因而價值不彰，其努力可以說是失敗的。

五、關於〈學記〉

　　《禮記淺見錄》的卷十四中有〈學記〉，權近在篇首「學記」題下先引石梁王氏說云：

> 六經言學字，莫先於〈說命〉，此篇不詳言先王學制與教者、學者之法，多是泛論，不如〈大學篇〉教是教箇甚、學是學箇甚。

又自加按語說：

> 近按：此篇泛論教學之義，而不詳言所以教學之法，每節之終，多引書與古記之言以明之，是猶論學之義疏也。

據此，權近對於〈學記〉的評價不高。

　　權近對〈學記〉的評價何以不高？答案是權近完全站在性理學的立場去衡量古文獻的價值，言論接近性理學觀點者價值高，反之則低。如他在首段「其必由學乎」下說：

> 近按：此篇是言大學之教，而非小學之事，故首以化民成俗言之。終始不言明明德之事，是脩己治人皆無其本也。

在此，權近是和〈大學〉作比較，〈大學〉談「明明德」，所以價值高，〈學記〉不談性理，所以價值低。又如他在「凡學，官先事，士先志，其此之謂乎」下說：

> 近按：此節是言為學之事，然但言其入學行禮之節目，
> 而不言其為學工夫之節次。

在此，權近也是和〈大學〉作比較，因為〈學記〉不談理學家所謂「為學工夫」，所以權近評價不高。

　　但是，〈學記〉一篇，談論的是教學原則，考慮到教、學雙方，關心的是如何培育出能夠化民成俗的領導人才。其中關於教學原則，至今仍然有效，關於教學內涵，比起理學家的主張更合乎當時的現實和需要。性理學家有自己的主張和偏好是一回事，不顧古代社會現實和當時的思想而一律以性理學的價值去衡量古文獻，卻很不恰當，也很難令人接受。

六、結論

　　二戴《禮記》，都是他們當年傳授《儀禮》時，有感於十七篇在內容上的殘缺，而雜取源自先秦的各種「記」所編成的補充教材。（註7）因此，其中各篇之次第並無邏輯上的先後，各篇的內容如屬雜記性質的其章節次第也仍先秦之舊，而不像今人寫書、編書那麼有條理。對於《禮記》這樣的文獻，如果從其中抽出一些章節，編成小書，取其便捷，如明代梁寅「於《禮記》也，以其多駁雜，惟取格言，以類而分，謂之《類禮》」（註8），而成為選本；或依照

---

7. 參拙作，〈二戴《禮記》與《儀禮》的關係〉，收入拙著，《經學側論》（新竹：國立清華大學出版社，2005 年 11 月）。

8. 清・朱彝尊，《經義考》（臺北：臺灣中華書局，四部備要本），卷 144。

主題和其它文獻彙整，如清代徐乾學《讀禮通考》通考喪禮，而成為通論；兩者都不是不可以，但那是另外一種書。但如果把《禮記》假設為原本有完整組織或嚴明結構，而硬要將它重組成讓人滿意的著作，這顯然是極不恰當的，也是不可能成功的。單獨各篇，也是一樣。

在華夏，由於朱子《大學章句》、《中庸章句》、《儀禮經傳通解》的影響力，遂有人在《禮記》一書上起而仿效，如元代吳澄（1249~1333）作《禮記纂言》，「〈檀弓〉申生之死、延陵季子之哭子、曾子之易簣、子思之母死於衛、子上之母死而不喪數節，是皆諸說紛紜，不合禮意，先生研精覃思，證之以經，裁之以禮，於經無據，於理不合者，則闕之」（註9），明末劉宗周（1578~1645）作《禮經考次》，「合大小戴，正集十四卷，卷若干篇，分集四卷，卷若干篇，每篇表章孔子之言，錄為正經，而其後乃附以記者之說，各從其類，先後次第，頗存條貫，又於其間錯者正之，訛者衍之，間有缺者，以《家語》補之」（註10）。然而吳、劉雖是大儒，其書並未獲得現代學者的青睞，正因不應輕易增刪更改古文獻之故。

權近生於吳澄之後、劉宗周之前，惑於朱子以來更改經籍的風氣，勉強將不必分經、傳的分別經、傳，不必移易章節的移易章句，並一切以性理學的立場衡量古代文獻的價值，而忽略了先秦思想的多樣性與價值，身為現代華夏學者，筆者認為不能接受。

（本文原載《中國經學》，第六輯。桂林：廣西師範大學，二〇一〇年六月。）

---

9. 清·朱彝尊，《經義考》，卷143引吳尚志語。

10. 清·朱彝尊，《經義考》，卷145引劉宗周〈《禮經考次》自序〉。

拾壹、韓儒金在魯《禮記補註》研究

一、前言

　　韓儒權近（1352~1409）《禮記淺見錄》[註1]、崔錫鼎（1646~1715）《禮記類編》[註2]與金在魯（1682~1759，康熙21年~乾隆24年）《禮記補註》[註3]三書，韓國學界認為是最能表現朝鮮「朱子學式」《禮記》學特性的代表著作，其中金在魯的《禮記補註》被推為最高峰。[註4]

　　如此認定金書，本文不太認同。金在魯摒棄權氏區分經傳、崔氏改編全書的「朱子學式」經學，而重視漢唐注疏、文句訓解，頗有「回歸經典」與「復古」的意味，所以金書不是「朱子學式」經

---

1. 韓・權近，《禮記淺見錄》，收入《韓國經學資料集成》（首爾：成均館大學校出版部，1998年），第125冊。另見 AEAS 韓國經學資料系統 http://koco.skku.edu/CHN/index.jsp。

2. 韓・崔錫鼎，《禮記類編》，收入《韓國經學資料集成》（首爾：成均館大學校出版部，1998年），第126冊。另見 AEAS 韓國經學資料系統 http://koco.skku.edu/CHN/index.jsp。

3. 韓・金在魯，《禮記補註》，收入《韓國經學資料集成》（首爾：成均館大學校出版部，1998年），第127冊。另見 AEAS 韓國經學資料系統 http://koco.skku.edu/CHN/index.jsp。

4. 韓・李俸珪，〈朝鮮時代《禮記》研究的特色之一：朱子學式經學〉（臺北：國立臺灣大學人文社會高等研究院，韓國儒學與經典詮釋國際學術研討會論文，2009年4月9日、10日），中譯本。

學的高峰之作，而是轉向考證學的開拓之作。

　　為證明本文的觀點，下文將先以金在魯《禮記補註》和權、崔二書作一比較，再與時代稍後且接觸清人考證學著作較多的丁若鏞（1762~1836，乾隆27年～道光16年）的《檀弓箴誤》比較，分析四者的學術取向，論其成就高低，亦即置於韓國《禮記》研究發展史之中加以觀察。之後，再置於東亞經學研究發展史之中予以評論，以彰明金書在經學史上的定位。

二、《禮記補註》的參考文獻與寫作體例

　　《禮記補註》一書書名的取義，亦即著書的宗旨，金在魯在卷首的「凡例」中說：

> 此書之作，蓋病陳氏《集說》之疏謬訛舛，將有以補其漏而證其誤。故凡其旨義之取舍，字句之增刪，皆就《集說》而言之。覽此書者，必以《集說》互看，然後方可瞭然。

易言之，金書乃是為補正陳澔的《禮記集說》而作的。由於高麗、朝鮮時期，三韓對《禮記》的討論一向以《禮記集說》為對象，早期學者甚至沒見過鄭注、孔疏的本子，[註5]因而以《禮記集說》為討論對象遂形成三韓的學術傳統，所以金在魯時代雖較晚，並且可以相信他對興起於晚明的考證學風應該有所風聞，而他著書仍以《禮記集說》為討論的標的，是可以理解的。這只要將他與年代比他更晚、閱讀清人著作比他更多的丁若鏞作一比較，便更加清楚了。丁

---

5. 如〈檀弓上〉「伯高之喪」章，三韓傳本陳澔《禮記集說》解「冉子攝束帛乘馬而將之」之「攝」字為「攝，貨也」。金在魯《禮記補註》於「攝貨」二字下云：「《辨疑》曰：金叔度云『貨』疑作『貸』。按：今觀於註疏，果然。」《辨疑》指金長生《經書辨疑》，可見金長生未見鄭注孔疏《禮記》。

若鏞的《檀弓箴誤》，儘管廣泛參考了鄭注、孔疏以及許多宋元明清人的意見，比起其前的三韓學者，可謂見多識廣，該書卻念念不忘盯住《禮記集說》加以抨擊，而不管當時華夏學界對《禮記集說》一書的評價甚低（詳本文第七節）。

在參考文獻方面，金書卷首的「引用書籍」，共列有六十二種，其中十種出於三韓作者之手。觀此書目，範圍遍及經史子集四部書，首列陳澔《禮記集說》，而殿以明末人楊梧的《禮記註》。[註6]此一書目，雖然隱然有依四部分類和依時代先後排列的意味，但也不盡然。筆者認為詳細加以體會，能夠透露很多訊息。

首先，金氏在《禮記集說》之後，隨即列出《禮記古經》、《儀禮》、《周禮》，然後才是《儀禮經傳通解》、《通解續》，這說明了金在魯已有「回歸原典」的認知，在其心目中漢代傳下來的三禮原典已取代朱熹《儀禮經傳通解》的地位，更不用說陳澔的《禮記集說》了。在上述書目之後，金在魯列出《大戴禮》、《家語》、《國語》，然後是三禮以外的群經如《春秋左氏傳》等，這說明了金在魯認為「回歸原典」需要群經和重要先秦古籍來印證。再之後，金在魯舉出《呂氏春秋》、《史記》、《漢書》、《白虎通》等秦漢人著作而殿以許慎《說文》，《說文》列於書目中，說明了金在魯已了解文句訓解的重要性，且該書目在華夏人士著作之最後，又列出元黃公紹的《韻會》和明梅膺祚的《字彙》，更能印證筆者的推測。再後，金在魯列出《老》、《莊》、《荀》諸子和唐宋人韓

---

6. 按：《禮記補註》「引用書籍」末條「楊梧《禮記註》」下注「清國初人，字鳳閣」。茲據《四庫全書總目・禮記說義集訂二十四卷》提要云：「明楊梧撰，梧字鳳閣，一字嶧珍，涇陽人，萬曆壬子舉人，官青州府同知。是書不載經文，但如時文題目之式，標其首句而下註曰幾節，大旨以陳澔《禮記集說》、胡廣《禮記大全》為藍本。」按：萬曆壬子為萬曆 40 年（1612），距清世祖順治元年（1644）僅 32 年，故金書謂「清國初人」非無可能。茲再取《禮記說義纂訂》核對金書所引楊梧語，知《禮記註》即《禮記說義纂訂》，唯引文時有省略耳。

愈《昌黎集》、周敦頤《周子書》、祝穆《事文類聚》等子部和集部書，說明了金在魯知道需要廣泛參考後人意見的態度。最後，在楊梧的《禮記註》之前列出十種三韓人士的著作，而以禮學相關者為主，其中自然包括權近的《禮記淺見錄》和崔錫鼎的《禮記類編》，則說明了他對三韓禮學有所參酌也有所反省。整體而言，此一書目所傳遞的訊息，和宋元以來受到朱熹之學所影響的華夏或三韓著作相比，已然大異其趣，而透露出金在魯個人的思維傾向。

此一思維傾向既明，然後金在魯摒棄權近對《禮記》各篇進行移易章節次第甚至區分出經傳的方式，也不採納崔錫鼎打散《禮記》各篇原有篇第而重新編輯的方式，便可理解。金在魯仍依《禮記集說》的篇第、經文和陳澔注文進行「補註」，因為《禮記集說》的篇第和經文仍是其所謂《禮記古經》的舊貌（〈大學〉、〈中庸〉除外），如此做，符合其「回歸原典」的思維。單從這一點來說，金在魯和權近、崔錫鼎就有根本上的不同。

在寫作體例方面，金書既針對陳澔《禮記集說》而發，凡無補充或修正意見者均不錄經文與陳注，其「補註」之措辭亦要言不煩，故全書篇幅並不大。但細心閱讀，其用心與見解仍可窺見。

三、金在魯對於文句訓解的態度

上文指出金在魯已了解文句訓解對解讀先秦古籍的重要性，這可從其書是否加以實踐來觀察。如〈樂記〉「知樂則幾於禮矣」，陳澔《集說》不訓解「幾」字，而引應氏[註7]之言曰：

---

7. 應氏名鏞，字子和，宋金華人，撰有《禮記纂義》二十卷。清・朱彝尊，《經義考》
　（臺北：臺灣中華書局，四部備要本）卷142云「未見」。

應氏曰：倫理之中，皆禮之所寓，知樂則通於禮矣。不
曰「通」而曰「幾」者，辨析精微之極也。

金在魯《補註》則曰：

鄭註：幾，近也。疏曰：知樂則能正君臣民事物，故云
近於禮。陽村曰：幾，應氏謂辨析精微之極。愚恐「幾」
當訓「近」。

應氏將「幾」訓為「辨析精微之極」，為陳澔、權近（號陽村）所
接受，而不知如此則增字解經，違反訓詁原則且使文意涉於玄虛。
故金在魯引鄭注、孔疏予以糾正。

又如〈檀弓上〉「孔子之衛遇舊館人之喪」章「遇於一哀而出涕」
句，鄭玄注云：

見主人為我盡一哀，我為出涕。

是訓「遇於一哀」之「遇」字為「見」，與同章「遇舊館人之喪」
之「遇」當解為「不期而會」者不同。按訓「遇」為「見」，見《爾雅·
釋詁下》，又見《國語·晉語一》「遇兆」韋昭注、《呂氏春秋·不屈》
「今惠子之遇我尚新」高誘注、《戰國策·秦策二》「出關遇蘇子」
高誘注，是鄭注有據。而陳澔《集說》注云：

遇一哀而出涕，情亦厚矣。情厚者，禮不可薄，故解驂
馬以為之賻，凡以稱情而已，客行無他財貨故也。惡夫
涕之無從者，從，自也。今若不賻，則是於死者無故舊
之情，而此涕為無自而出矣。惡其如此，所以必當行賻
禮也。舊說，孔子遇主人一哀而出涕，謂主人見孔子來
而哀甚，是以厚恩待孔子，故孔子為之賻。然上文既曰
「入而哭之哀」，則又何必迂其說而以為遇主人之哀乎？

金在魯引鄭注而謂「陳註誤」。按其言雖簡，其意可約略推得。此章乃後人所記，所謂「入而哭之哀」者，即指下文「遇於一哀而出涕」，之後「出，使子貢說驂而賻之」，蓋脫驂之舉本不在孔子原先計畫中，故子貢疑而問曰「無乃已重乎」。則孔子於舊館人本不預期「哭之哀」、「出涕」，其「哭之哀」、「出涕」，乃外在因素引起，即「見主人為我盡一哀」，勾起哀憫之情而「出涕」，之後「惡夫涕之無從」，故使子貢脫驂賻之。如此訓解，方是經文本意。陳氏以「入而哭之哀」與「遇於一哀」為兩事，又以「遇於一哀」與「出涕」之事均歸之孔子，且未訓解該「遇」字，蓋以為乃孔子「不期然而然」之意，並非主人哀甚之外在因素所致。如陳所解，則孔子為一情緒不穩定之人矣。以陳說於訓解經文未能暢順，故金氏以為「陳註誤」。

　　除了文句訓解之外，金在魯對於與禮學息息相關的名物制度也頗為留意。譬如〈曲禮上〉「若非飲食之客，則布席，席間函丈」，陳澔《集說》注云：

古者飲食燕享，則賓位在室外牖前，列席南向，不相對。相對者，惟講說之客。席之制，三尺三寸三分寸之一，則兩席并中間空地共一丈也。

核諸鄭注云：

謂講問之客也。函，容也。講問宜相對，容丈，足以指畫也。

孔疏云：

席間函丈者，函，容也。既來講說，則所布兩席中間相去使容一丈之地，足以指畫也。〈文王世子〉云：「侍坐於大司成，遠近間三席。」席之制，三尺三寸三分寸

之一，則三席是一丈，故鄭云「容丈」也。

金在魯既得讀鄭注、孔疏，核對之下，知陳澔誤讀注疏，故云：

> 陳氏引疏而沒去所引〈文王世子〉之文，只存席之制三
> 尺三寸三分寸之一，又改兩席中間相去使容一丈，云兩
> 席并中間空地共一丈也。妄以己意改舊文，似未安。

鄭注、孔疏有〈文王世子〉之文為據，故金在魯判定鄭是而陳非。
查古尺小，即以戰國時代一尺約二十三點一公分計算，三尺三寸三
分寸之一尚不足七十七公分，兩人相對坐，在此距離內，兩手若各
有動作將相互碰撞，故需相去一丈，乃「足以指畫」，陳澔不知古
代度量衡制度，反疑一丈相去太遠，故有「兩席并中間空地共一丈」
之說。此例雖小，亦可見金在魯留心於名物制度矣。

四、金在魯對於權近區分經傳、崔錫鼎改編全書的態度

權近《禮記淺見錄》，受朱子〈大學章句〉移易文字、區分經
傳的影響，對《禮記》他篇亦加模仿，如在〈檀弓〉移易章節次第，
將〈禮運〉區分經傳，將〈樂記〉分為上下兩篇，上篇為經、下篇
為傳，等等即是。[註8]

崔錫鼎《禮記類編》更受到朱子《儀禮經傳通解》打散《儀禮》
與《禮記》原有篇第而另謀架構的影響，打散《禮記》各篇原有次第，
大舉依家禮、邦國禮、學禮、吉禮、凶禮、嘉禮、賓禮的順序重編《禮
記》，甚至納入《孝經》而成為五十篇，對各篇之章節，也繼續權
近加以移易的方式，如將〈曲禮〉上下篇依內容類別重編，將〈檀弓〉
泛論喪禮節目的內容歸入〈雜記〉，〈文王世子〉、〈孝經〉與〈仲

---

8. 參本書第拾篇，〈韓儒權近《禮記淺見錄》評論〉。

尼燕居〉則本文不變而將他篇若干文字移入，種種不一。

　　對於權近、崔錫鼎的處理方式，金在魯完全不予採納，其原因並不在金書完全依照陳澔《禮記集說》而作「補註」受限於體例之上，而是金在魯不認同權、崔二人的觀念。

　　譬如權近《禮記淺見錄》將〈樂記〉分為上經下傳兩篇，金在魯雖在「補註」中引其論性理之說，甚至在〈樂記〉的第三小篇〈樂論〉下引權近「此上〈樂記〉之經，此下即其傳文」之語，但於篇首即引孔疏云：

> 疏曰：十一篇合為一篇，謂〈樂本〉、〈樂論〉、〈樂施〉、〈樂言〉、〈樂禮〉、〈樂情〉、〈樂化〉、〈樂象〉、〈賓牟賈〉、〈師乙〉、〈魏文侯〉，而今之章次與此少異。
> 其餘十二篇，其名猶在，即〈奏樂〉、〈樂器〉、〈樂作〉、〈意始〉、〈樂穆〉、〈說律〉、〈季札〉、〈樂道〉、〈樂義〉、〈昭本〉、〈昭頌〉、〈竇公〉也。

由於陳澔《集說》並沒有交代《禮記·樂記》的文獻來源，早期的三韓學者又沒見過鄭注、孔疏，不知〈樂記〉是由彼此獨立的十一小篇文字組成，而以為〈樂記〉不無錯亂失次，故有權近將之分為上經下傳兩篇之舉。金在魯於篇首引疏的用意極明，自是從文獻的來源直接否定權近的主張。

　　對權近《禮記淺見錄》既如此，對篇第章節的安排完全出自崔錫鼎個人私意的《禮記類編》當然更不採納了。

　　由於權、崔二氏的《禮記》著作，區分經傳、改編全書，乃受到朱子《大學章句》以及《儀禮經傳通解》的影響，因而稱二氏書為「朱子學式」的著作，名副其實，但以之稱金書且謂之為高峰，則不合實情。

五、金在魯對於以性理學解經的態度

金在魯對權、崔二氏區分經傳、改編全書的處理方式雖不認同，但對以性理解經，則不全然反對，而是有所取捨。

如〈樂記〉「及夫禮樂之章」下《補註》引權近之說云：

> 篇首言心，次言性。心者，樂之所由生，性者，禮之所由制，能以性之理而節其心之欲，然後禮樂皆得其道，而參贊之功亦可馴致矣。是心、性二字，一篇之體要，而明有禮樂、幽有鬼神者，又一篇之蘊奧也。

即是有所採取之例。但如權近以性理學之觀點大力貶低〈學記〉，宣稱：

> 此篇是言大學之教，而非小學之事，故首以化民成俗言之。終始不言明明德之事，是脩己治人皆無其本也。

權近認為：此節是言為學之事，然但言其入學行禮之節目，而不言其為學工夫之節次。對此種具有性理學偏見的貶語，金氏一字不提，則其立場可知矣。

又如〈樂記〉「天高地下」以下一節（含三小段），最為性理學者所喜，《朱子語類》曾稱許為「其文如〈中庸〉」、「此說純粹通暢」[註9]，權近因文字與〈繫辭〉略同，即謂該節「作於孔門」、「作於聖筆」，崔錫鼎《禮記類編》更將朱子語冠於〈樂記〉篇題，金在魯則指出崔氏之認知有誤：

> （《語類》）所謂「其文如〈中庸〉」及「此說純粹通暢」者，專指此一節而言，而《類編》於〈樂記〉篇題引此

---

9. 宋·黎靖德編，《朱子語類》（臺北：臺灣商務印書館，影印文淵閣四庫全書本），卷87。

兩句，有若並論全篇者然，大非朱子之意。此篇中末以
後，多偏頗之語，何可盡許之以純粹通暢、文如〈中庸〉
乎？

面對古籍，態度不偏頗，是金在魯難得之處。總之，金在魯雖不反
對性理，但與權、崔二氏書相較，其中性理學的色彩已大幅度淡化，
因而稱其書為「朱子學式」經學的高峰，並不恰當。

六、《禮記補註》與丁若鏞《檀弓箋誤》的比較

依上文所述，金在魯《禮記補註》的性理學色彩較前人已逐漸
淡化，而轉向重視漢唐注疏、文句訓解。此後三韓學界因漸受清人
著作之影響，學風更趨向考證學發展，金在魯去世（1759）後三年
（1762）始出生的丁若鏞，號稱禮學大家，且生逢乾嘉之盛，對考
據極有自信。按理丁若鏞應有較金在魯更優秀的《禮記》著作，但
事實不然，茲舉二人著作中討論對象之共同者〈檀弓〉以明之。

丁若鏞《檀弓箋誤》，凡箋〈檀弓〉注釋之誤者共一百七十二條，
抨擊華夏學人，措辭嚴厲無比。筆者捧讀其書，不盡以為然，曾撰
文予以平議(註10)，凡丁說有理據者八條，理未安者十六條，正誤參
半者三條，錯誤者八條，共三十五條。可見丁氏所箋，不無主觀太
強、說詞勉強、粗心誤讀處。若與《禮記補註》相較，亦可看出金
氏較丁氏細心謹慎。

譬如〈檀弓〉一開卷，《補註》在「檀弓上第三」下注：

疏曰：「此在六國時。以仲梁子六國時人，此篇載仲梁子，
故知也。」又曰：「以其人善於禮，故著姓名以顯之」。《語
類》曰：「〈檀弓〉恐是子游門人作，其間多推尊子游。」

10. 參本書第拾貳篇，〈韓儒丁若鏞《檀弓箋誤》平議〉。

此注雖然都引用前人文字，但對於檀弓其人的時代、〈檀弓〉著作年代的上限，交代得頗為清楚。而《檀弓箴誤》「公儀仲子之喪，檀弓免焉」條，竟說：

> 孔云：「檀弓在六國之時。」箴曰：「章末云子游問諸孔子，孔子豈六國時人耶？」

事實上孔疏乃謂〈檀弓〉成篇於六國時，非謂檀弓其人為六國時人，丁若鏞竟誤以為孔疏謂檀弓為六國時人，一開卷即誤讀疏文，其粗心可知。

然金在魯雖較謹慎，其說並非均正確無誤。茲舉一例言之。〈曲禮上〉「共飯不澤手」句，《補註》云：

> 疏曰：「共飯不澤手，是共器盛飯也。古之禮，飯不用箸，但用手。與人共飯，手宜潔淨，不得臨食始捼莎手乃食，恐為人穢也。」張子曰：「不澤手，必有物以取之，不使濡其手也」。按：以下文「飯黍毋以箸」註觀之，當是飯黍稷用匕，飯稻用箸耳。然則「古者飯但用手」之說可疑，「不澤手」，只當依張子之訓。

金在魯所謂「以下文『飯黍毋以箸』註觀之」者，金氏在該句下注云：

> 疏曰：飯黍當用匕，〈少牢〉云「廩人溉匕」，註云「匕，所以匕黍稷」是也。

故金氏信張載之言而不信孔疏。然此乃孔疏誤讀《儀禮・少牢饋食禮》之經文與鄭注所致。按〈少牢饋食禮〉云：

> 雍人概鼎匕俎于雍爨，雍爨在門東南，北上。廩人概甑甗匕與敦于廩爨，廩爨在雍爨之北。

鄭玄注云：

廩人，掌米入之藏者。甒，如甑，一孔。匕，所以匕黍
稷者也。

賈疏云：

云「所以匕黍稷者也」者，上「雍人」云「匕」者，所
以匕肉，此「廩人」所掌米，故云匕黍稷也。

則鄭注、賈疏所云「匕黍稷」者，乃待黍稷蒸熟後，將用匕由甑、
甒匕至敦以待食，猶如肉煮熟後，將用匕由鼎匕至俎以待食，非謂
席上用飯者以匕食黍稷、食肉者以匕取肉也。以《儀禮》各篇之記
飲食者，食飯食肉均用手，不見其他取食工具，故孔疏云「古之禮，
飯不用箸，但用手」。唯「飯黍毋以箸」下，孔疏竟又云：

飯黍無用箸，當用匕。故〈少牢〉云「廩人溉匕與敦」，
注云「匕，所以匕黍稷」是也。

此說誤讀〈少牢饋食禮〉之經文及鄭注，且明顯與「共飯不澤手」
之疏相牴觸，蓋孔疏本出眾手故也。金氏不查，反謂「飯黍稷用匕，
飯稻用箸」，其說既受「飯黍毋以箸」孔疏之誤導，又受其國俗以
匙用餐之影響過深，故亦致誤也。

七、從東亞經學研究發展史看《禮記補註》

　　當代韓國學者李俸珪 2009 年在〈朝鮮時代《禮記》研究的特色
之一：朱子學式經學〉[註11] 一文中說：

《禮記補註》是以權近的《禮記淺見錄》為發端的朝鮮
「朱子學式」經學研究史上的最高峰。

---

11. 同注 4。

李氏如此措辭，也許是該文主旨在強調「朱子學式經學」的關係，所以沒有從三韓《禮記》學的研究發展史作全面觀照。筆者認為李氏為《韓國經學資料集成》撰寫《禮記補註》的解題較為持平：

> 如果說，到了十七世紀，產生了金長生與金集編纂的《家禮輯覽》、喻棨與尹善舉完成的《家禮源流》等大量縝密的家禮研究書籍。而與此相比，古禮的經學的研究，卻只有鄭經世等部分學者進行了零星的研究。那麼，到了十八世紀，這反而成了大部分學者所關心的研究對象。金在魯的《禮記補註》則是綜合了當時的研究成果並使古禮的經學性研究得到進一步發展的有代表性的業績之一。因此，聯繫朝鮮時代禮學發展過程來看，金在魯的《禮記補註》在積極繼承李穡與權近追求的「以性理學重新解釋古禮」思想的同時，另一方面還對朝鮮思想界相對欠缺的對禮學的經學性研究進行了補充完善。

李氏所言，完全站在「朝鮮時代禮學發展過程」的立場來立論，強調金在魯既重視「以性理學重新解釋古禮」，又重視「古禮的經學性研究」，這是可以理解和接受的。但是，李氏並沒有再將此一情況置於整個東亞《禮記》研究發展史中去觀察。

李氏所謂「古禮的經學性研究」，其實即是對經文本身與漢唐注疏的研究。遍觀金書，其篇章次第，依漢代傳本，其補充與修正陳澔說，大部分先引鄭注、孔疏為據，此即筆者所謂「回歸經典」與「復古」。而「回歸經典」與「復古」，乃是金在魯在世時（1682~1759，康熙21年～乾隆24年）東亞的潮流。此一潮流，在中國固不必多言，即在日本，生卒年均較金在魯略早的伊藤仁齋（1627~1705，明熹宗天啟7年～康熙44年）、荻生徂徠（1666~1728，

康熙 5 年～雍正 6 年）也已掙脫宋明理學之窠臼，提倡古學，推尊孔子與六經。金在魯在《禮記》研究上的轉向，應該置於此一潮流中去理解。

　　當然，由於金在魯生前朝鮮仍與清國隔離，[註12] 對華夏的學術發展不甚熟悉，對日本古學派的著作也未接觸，在學術視野上受到了限制。其以陳澔《禮記集說》為討論的底本，固然有三韓學術傳統的因素，卻不知華夏學者對該書評價甚低，如朱彝尊在《經義考》中評論道：

> 按自漢以來，治小戴之記者，不為不多矣。以公論揆之，自當用衛氏《集說》取士，而學者厭其文繁，全不寓目。若雲莊《集說》，直兔園冊子耳，獨得頒於學官，三百餘年不改，其於度數品節，擇焉不精，語焉不詳，禮云禮云，如斯而已乎？[註13]

則清人對陳澔（學者稱雲莊先生）《禮記集說》之評價可知。又由於金氏生長之年代，清代勃興的考證學著作傳入朝鮮者極少，金氏未能廣泛參考，所以儘管金氏寫作頗為謹慎，宋元傳本中的原有問題自然難以突破。

八、結論

　　權近《禮記淺見錄》、崔錫鼎《禮記類編》與金在魯《禮記補註》三書，韓國學界認為是最能表現朝鮮「朱子學式」《禮記》學特性的著作，其中《禮記補註》被推為最高峰。如此認定金書，本文並

---

12. 明亡後，朝鮮即與清國隔離，直至北學派先驅洪大容於 1765 年（乾隆 30 年）出使清國後，情況才明顯改變。
13. 清・朱彝尊，《經義考》（臺北：臺灣中華書局，四部備要本），卷 143。

不認同。因為金書雖不排斥性理學，卻不像權書、崔書一樣受到朱子《大學章句》和《儀禮經傳通解》的影響而區分經傳、改編全書，反而重視漢唐注疏、文句訓解，頗有「回歸經典」與「復古」的意味，所以金書不是「朱子學式」經學的高峰之作，而是轉向考證學的開拓之作。若與時代稍後且接觸清人考證學著作較多的丁若鏞相比，丁若鏞的《檀弓箴誤》顯得過度自信而錯誤極多，儘管金書也不是不存在錯誤的訓解。

　　總之，本文先將金書放在韓國《禮記》研究發展史之中加以觀察，再放在東亞經學研究發展史之中予以評論。本文認為：金書乃是韓國從性理學轉向考證學的開拓之作。在學術態度的持平和參酌面向的寬廣方面，比起權、崔二氏之拘泥於性理學，較具公信力；在文句訓解和考證方面，則較其後丁若鏞《檀弓箴誤》為謹慎。唯金氏受限於歷史與地理的因素，不熟悉華夏、日本的研究動向，成就仍然有限。

　　　　　　　　（本文原宣讀於「東亞交涉學會第二屆年會」。臺北：國立臺灣大學人文社會高等研究院、國立臺灣大學文學院，二○一○年五月。）

拾貳、韓儒丁若鏞《檀弓箴誤》平議

一、前言

　　韓國儒學一直相當興盛，對華夏著作大致熟悉，但韓儒的著作傳到華夏的卻極少，這多少令韓國儒者失望。[註1]但華夏學者，也因此失去和韓國儒者切磋的機會。這一缺憾，非常奇妙的等著現代華夏學者來進行。

　　韓儒丁若鏞（號茶山，1762~1836，即乾隆27年至道光16年），精研學術，撰述繁多，著有《與猶堂全書》，其中對《四書》、《五經》均有專論，禮學方面有《喪禮四箋》、《喪禮外編》、《喪禮節要》、《祭禮考定》、《嘉禮酌儀》、《疑禮問答》、《經世遺表》、《春秋考徵》（主要論禮）等，乃是朝鮮時期實學派的禮學大師。

　　《喪禮外編》十二卷中，前六卷為《檀弓箴誤》，[註2]或一章一條，或一章數條，凡箴〈檀弓〉注釋之誤者共一百七十二條，[註3]

---

1. 韓國學者其實非常希望其著作能得到華夏學者的注意。譬如丁若鏞〈喪禮四箋序〉便說：「藏之巾衍，以俟後世。其或有施之邦國，公之域外，以闡古聖人之精義者，余雖阨窮乎，庶亦無悶焉。」其所謂「域外」，主要即指華夏而言。〈喪禮四箋序〉見丁若鏞，《與猶堂全書》（韓國・肅蘭市：民族文化推進會，影印標點韓國文集叢刊。網路全文資料庫 http://www.minchu.or.kr）第三集禮集，卷一卷首。

2. 本文所用版本為《韓國經學資料集成》（漢城：成均館大學，1998年），第132冊。此本較標點《全書》本為佳。

3. 《韓國經學資料集成》中《檀弓箴誤》解題作者李篪衡稱共173條，疑誤數。

第三卷後附〈禮問〉二十條，每條均以請教語收尾，疑是門人或友朋所為，並非茶山所撰，最後一卷附〈他篇箴誤〉，共十四條，〈禮問〉與〈他篇箴誤〉內容均與〈檀弓〉無關。《韓國經學資料集成》該書解題作者李箎衡稱：「《檀弓箴誤》為朝鮮王朝後期實學派經學寶典。」則該書受到韓國學者之重視可知。

　　據茶山自述，於《禮記》中最喜讀〈檀弓〉，其〈題檀弓箴誤〉[註4]曰：

　　〈檀弓〉二篇，於《禮記》篇之中，其義理特精，其文詞特美，余故最悅之。

按：茶山於禮學最重喪禮，而華夏有關喪禮之典籍，除《儀禮》外，以《禮記》篇章最多，其中茶山最愛〈檀弓〉，廣泛參考漢籍，暨翼奉、鄭司農、賈逵、鄭玄、何休、王肅、崔琰、譙周、杜預、張晏、孫毓、蔡謨、范堅、孔琳之、孔穎達、賈公彥、高郅、邢昺、劉敞、張載、呂大臨、程子、蘇軾、胡銓、馬晞孟、方慤、陸佃、朱熹、張栻、黃震、黃榦、黃裳、劉彝、陳祥道、羅泌、游桂、李晴、吳澄、陳櫟、敖繼公、陳澔、郝敬、丘濬、邵寶、顧炎武、毛奇齡、萬斯同、陳廷會、徐乾學、陸元輔、顧湄、秦蕙田等人之說，讀之別有會心，而對華夏學者深致不滿之意，故撰《檀弓箴誤》，多所譏評，用語尖銳。其譏鄭玄，有曰：「七藤八葛。」有曰：「前跋後躓。」有曰：「此怪談也。」有曰：「一往匔圇。」有曰：「奇矣。」有曰：「不曉事如此。」有曰：「枉生疑惑。」有曰：「陋甚矣。」有曰：「此天下之奇談也。」有曰：「胡亂荒雜，全不成理。」有曰：「大夢也……餘子何譏焉。」有曰：「此奇談也。」有曰：「奇詭胡亂。」譏孔穎達，則曰：「破碎聖經，溷洞王典。」曰：「明知鄭說之謬，

4.丁若鏞，《與猶堂全書》，第一集詩文集，第十四卷文集。

而猶不敢明言其非,回護而曲成之,其心不公矣。」譏陳澔(字可大)曰:「陳可大於注疏之說,其善者多棄之,其不善者多錄之。」譏毛奇齡,則曰:「毛甡悖妄,敢作矯強之說,欲以誣毀經傳,大罪也。」誠如其言,華夏學者幾無可取,有愧於三韓學者多矣。然乎?否乎?正待後世持平看待。

筆者捧讀茶山之書,再三再四,深覺其言固有足以針砭華夏學者處,亦有不盡然者。今不揣穴陋,試擇《檀弓箴誤》平議之如下,庶幾華、韓學者對此書均有較恰當之認知與評價。唯茶山於〈題檀弓箴誤〉中又言:

> 其後余編《四箋》,其大義弘論,悉皆移入。今所存者,唯零碎無攸屬者也。後之覽者,若以為《箴誤》之書,如斯而已,則是買櫝而還珠也。凡欲讀〈檀弓〉者,就《四箋》中還拔其所移者,按次編錄,斯為全矣。

據此,茶山於《檀弓箴誤》撰成之後又撰《喪禮四箋》,將部分內容移至《四箋》,故論《箴誤》,亦須參考《四箋》,筆者自然遵照。

平議之前,先概略介紹茶山對華夏禮書及喪禮的基本認知,俾讀者了解茶山《檀弓箴誤》中何以有某類意見。

二、丁若鏞對禮書之看法及對喪禮之觀點

茶山對三禮的看法,散見其著作中,而以〈題毛奇齡喪禮吾說篇〉(註5)一文最簡明扼要,引述如下:

> 三禮雖晚出,都非偽書。《周禮》是周家大典,雖其中或有未及施行者,及後來廢格不行者,然文字最高古,

---

5. 丁若鏞,《與猶堂全書》,第一集詩文集,第十四卷文集。

斷非春秋以後之筆。若《儀禮》一部，明是春秋時行用
之禮，如聘禮及冠昏諸禮，皆與《春秋傳》諸文相合。
至如《禮記》諸篇，明亦孔子之後子游、子夏之門人若
公羊、穀梁之徒，各述舊聞者，斷斷非漢初儒者之所得
為也。

又《檀弓箴誤》卷四云：

《周禮》者，周公致太平之書也。

卷二云：

鄭意蓋謂《儀禮》成於周公之手，明尊降之禮自周公始
也。然〈雜記〉明云〈士喪禮〉成於孔子之手，則《儀禮》
未盡周公筆也。

〈喪禮四箋序〉云：

〈士喪禮〉者，歷諸聖之手，而成之於聖人（按：指孔
子），以與天地俱立，必非後生末學所得移易而變亂之，
以逞其私智小慧者。

可見茶山對三禮性質與所反映之時代的看法，與漢唐學者一致，而
與明清疑古學者動稱偽書或漢人所為者不同。

至於茶山對喪禮之特殊觀點，見《檀弓箴誤》卷二：

喪禮有一大義理，欲讀喪禮者不知此一大義，則許多節
目之中，精義妙旨都不能曉悟；既知此一大義，則千條
萬縷豁然貫通，而無一毫之凝滯不開矣。所謂一大義何
也？三日而斂，以俟其生也。親始死，凡天下之凶容凶
服何所不為，所以隱忍而不為者，曰是不可知也，曰是
或天幸而回生矣，曰我何忍遽死吾親而斷其望哉，曰是

殆非真也，曰是夢也，曰我何忍凶容凶服為喪親之人哉，
此其所以惻怛純至而至於三日也。三日而不生，亦不生
矣，於是乎斂之矣，曰吾親今果死矣，曰吾無復望矣，
曰我天下之罪人也，曰我何忍為常人之容之服哉，於是
乎為之去冠，為之去笄，笄去而髮解矣，於是乎用麻繩
以撮之，此之謂括髮也。既而曰括髮未足以表哀也，為
之首経，為之要経，以著其忠實之心。及至既殯之後，
又隱忍其哀而黽勉乎禮容之間，為之冠以飾其首，為之
衰以飾其身，此之謂成服也。此喪禮之一大義理也。

茶山對喪禮之種種舉措，均從「人子不忍死其親」之心加以解釋，
而不甚重視其他因素。基於此一觀點，茶山對華夏禮家之注釋多致
不滿之意，特別是鄭玄、孔穎達、賈公彥，如稱「鄭玄之注，十誤
六七，而先儒堅信鄭玄，是可恨也」，[註6] 又稱孔、賈「奉鄭為師，
凡鄭所言，皆曲解以成之」。[註7] 其態度如此。

三、《檀弓箴誤》平議

本節對《檀弓箴誤》進行平議，唯茶山所箴，多達一百七十二
條，其間輕重有別，亦有文旨重複者，茲不能亦不必逐條討論，凡
屬下列五種情形者本文姑置之：

（一）〈檀弓〉文字極簡約，歷經二千餘年學者研讀注釋，其間有
不易判定是非者，如「孔子少孤不知其墓」條之「其慎也」，
「慎」字鄭玄釋為用以牽引柩車之「引」，學者或釋為「謹

---

6. 〈答仲氏〉，載丁若鏞，《與猶堂全書》，第一集詩文集，第二十卷。「堅信」原
文誤作「兼信」，茲逕改。
7. 丁若鏞，《與猶堂全書》，第三集禮集《喪禮四箋》卷一，《喪禮匡一》，〈始死一〉。
「奉鄭為師」原文誤作「俸鄭為師」，茲逕改。

慎」，茶山同之，雙方對詞性與含義彼此說解不同，而又難以絕對否定對方，因孔子選擇殯而不葬，自亦出於謹慎，即其一例。又如「宋襄公葬其夫人」條，孔穎達云是後娶夫人，茶山云是母夫人，二者均無確證，難以論其是非。故凡此類無以定奪者，姑置之。

（二）茶山所箴，有古人已明言者，如「大功廢業」條，鄭注孔疏以為廢書傳不習，朱子等人則謂不敢作樂，茶山所箴同於朱子。又如鄭玄以遣車即塗車，敖繼公以乘車、槀車、道車為遣車，茶山所箴同於敖氏。其說既同，此亦姑置之。

（三）所箴細微不甚影響禮意者，如「有虞氏瓦棺」條，論「夏后氏」亦得稱之為「夏人」，又如「國子高曰葬也者藏也」條，鄭玄云「皆所以為深邃」，語義已足，而茶山以為「語不明核」。此類無關宏旨，姑置之。

（四）有茶山自疑其說者，如「孔子之喪二三子皆絰而出」條，茶山自云「余此說恐不如橫渠、草廬之說平正合理」。又如「小斂之奠子游曰於東方」條，自云「姑識所疑」。此類姑置之。

（五）凡與禮意無涉，如「魯莊公及宋人戰于乘丘」條，鄭玄謂事在莊公十年夏，茶山云當在九年。又如「吳侵陳斬祀殺厲」條，論是否有兩太宰 。此類既不涉禮意，亦姑置之。

下文所論，各類均依原書順序擇其涉及禮意較大且正誤明顯者論之，若兩條所論為同一事則併為一條。下文之平議，凡丁說有理據者八條，丁說理未安者十六條，丁說正誤參半者三條，丁說錯誤者八條，共三十五條。唯讀者察正之。

（一）丁說有理據者

1. 子上之母死而不喪

《箴誤》曰：陳（澔）云：「伯魚、子上皆為父後，禮當不服。子思不使白喪出母，正欲用禮耳。」箴曰：「〈小記〉云：『為父後者為出母無服者，喪者不祭故也。』夫唯父沒而後可以主祭，則為父後者，父沒之謂也。〈喪服傳〉曰：『出妻之子為父後者無服。』疏曰：『為父後者，謂父沒適子承重。』父沒而后謂之為後也明矣。孔子在，伯魚未嘗為父後也。子思在，子上未嘗為父後也。叔梁紇之祭，孔子主之，伯魚何為不喪孔子？伯魚之祭，子思主之，子上何為不喪伯魚？期而猶哭，則疑於三年也。子思令白不喪，則並期而禁之也。記者明著子思之失，而陳氏乃云『禮不當服』，其知禮乎！又曰『伯魚、子上皆為父後』，是以長子為後，而不知父沒而後方稱為後也。不亦誤乎！孔疏云：『子思既在，子上當為出母有服，故門人疑而問之。』陳氏棄此正義，謬刱新說。」

平議曰：鄭注云：「禮為出母期。父卒為父後者不服耳。」故伯魚為出母期而猶哭，孔子不以為然，非謂為出母不得期也，陳氏說顯誤。若父卒而為父後者，當主祭，故為出母無服，非謂人子為出母均無服也。茶山據孔疏論之甚確，然孔疏乃本鄭注。陳澔《禮記集說》執著〈喪服小記〉及〈喪服傳〉字面，而未詳察其中內含之意，故誤。又按：「伯魚之母死期而猶哭」條，陳云：「伯魚乃夫子為後之子，則於禮無服，期可無哭。」既昧於「猶」字，又曲解禮書，其誤亦同，茶山亦於該條下箴之，理據與此條相同，茲不另議。

2. 晉獻公將殺其世子申生

《箴誤》曰：鄭云：「伯氏，狐突別氏。」箴曰：「禮云：『幼名，冠字，五十以伯仲。』申生之謂狐突為伯氏，縣子之謂子游為叔氏，皆五十而伯仲也。鄭謂之別氏，孔又混以為字，皆非也。」

平議曰：「幼名，冠字，五十以伯仲。」亦出此〈檀弓〉。鄭以伯氏為狐突別氏，實無所據。孔疏謂：「狐是總氏。伯仲者是兄弟之字，字伯者謂之伯氏，字仲者謂之仲氏。」說亦含糊。據王國維〈女字說〉[註8]，周代男女之字之結構為「伯某父」、「伯某母」，仲叔季唯其所當，「父」、「母」言其有為人父母之道。字得省稱，如仲尼之類，若五十以上則得單稱伯、仲，故伯者得謂之伯氏，叔者得謂之叔氏，並非所謂「總氏」之「別氏」。茶山之箴是也。

3. 魯人有朝祥而莫歌者

《箴誤》曰：陳（澔）云：「此人獨能行三年之喪。」箴曰：「魯人非狂人，亦非樂為之歌者也。祥之日鼓素琴，蓋當時之禮制，故此人因以為歌，欲行禮而過之者也，故子路笑之。苟狂人而已，則子路亦何責而笑之？……孔子亦既祥十日而成笙歌。」

平議曰：陳澔《禮記集說》云：「朝祥莫歌，固為非禮，特以禮教衰廢之時，而此人獨能行三年之喪，故孔子抑子路之笑，然終非正禮，恐學者致疑，故俟子路出，乃正言之。其意若曰：名為三年之喪，實則二十五月，今已至二十四月矣，此去可歌之日，又豈多有日月乎哉，但更踰月而歌，則為善矣。」按：陳說多誤。〈檀弓〉載「孔子既祥，五日彈琴而不成聲。十日

---

8. 王國維，〈女字說〉，收入氏著，《觀堂集林》（臺北：河洛圖書出版社，影印本，1975 年），卷 3。

而成笙歌。」茶山於該條云：「今云十日而成笙歌，抑何故也？
〈曲禮〉曰：『喪事先遠日。』故練祥之祭皆用下旬，既祥十
日，則其踰月可知也。註疏明釋此義。」〈檀弓〉云：「是月禫，
徙月樂。」是大祥之後得彈琴笙歌也。子路笑之者，此人朝祥
暮歌，太急，重點在「朝」、「暮」二字，並非笑此人完全背
違禮意，故孔子勸子路勿責人過深。

4. 顏淵之喪饋祥肉

《箴誤》曰：橫渠云：「祥日食肉彈琴，恐不是聖人舉動。使其
哀未忘，則子於是日哭，不飲酒食肉以全哀，況彈琴乎？使其
哀已忘，何必彈琴？」箴曰：「『子於是日哭，則不歌』，至於
不飲酒食肉，未有明文。禮曰：『祥之日鼓素琴。』況於門人之
祥乎？禮曰：『祥而食肉。』何不可之有！」

平議曰：茶山引文，「子於是日哭，則不歌」出《論語・述而》，
「祥之日鼓素琴」出《禮記・喪服四制》，「祥而食肉」出〈喪
大記〉，言有理據。又〈雜記〉云：「自諸侯達諸士，小祥之
祭，主人之酢也嚌之，眾賓、兄弟則皆啐之。大祥，主人啐之，
眾賓、兄弟皆飲之可也。」則若非主人祥日非不可飲酒。又〈檀
弓〉云：「行弔之日，不飲酒食肉焉。」橫渠謂「子於是日哭，
不飲酒食肉以全哀」，記誦偶誤，蓋混雜〈述而〉與〈檀弓〉
文字，遂據以申述，非是。

5. 子夏問曰居父母之仇

《箴誤》曰：孔云：「既云不仕，得遇諸朝者，身雖不仕，或有
事入朝也。持兵入朝者，閽人掌中門之禁，但兵器不得入中門
耳。」……箴曰：「孔說非矣。《論語》云：『吾力猶能肆諸市朝。』
朝可以刑人乎？《孟子》云：『若撻之於市朝。』朝可以撻人乎？

〈奔喪篇〉云：『哭辟市朝。』朝其有道路乎？〈孟嘗君傳〉云：『日莫之後，過市朝者，掉臂不顧。』朝可以掉臂乎？孔說非矣。有夫焉，既不仕於朝，乃持兵入王宮之門曰：『我將報仇也。』未有不縛而誅之者。……案〈考工記〉：『匠人營國，左祖右社，面朝後市。』」

平議曰：茶山論「市朝」一詞，酣暢淋灕，已無疑義，孔說的非。

6. 曾子襲裘而弔

《箴誤》曰：孔云：「主人未變之前，弔者吉服而弔。吉服謂：羔裘、玄冠、緇衣、素裳。又，袒去上服，以露裼衣，則此裼裘而弔是也。」[註9] 箋曰：「雖小斂之前，羔裘、玄冠，不可以弔人也。故季桓子死，魯大夫朝服而弔，子游問于孔子，孔子曰：『始死，羔裘、玄冠者，易之而已。』（原注：〈檀弓〉亦云云）蓋雖小斂之前，羔裘、玄冠，不可以弔人也。故《論語》云：『羔裘、玄冠，不以弔。』亦指未斂之弔也。若於既斂之後，雖非孔子，亦無羔裘、玄冠以弔人者。（原注：馬晞孟以《論語》所記為小斂以後之弔，非矣）」

平議曰：孔子云者亦見〈檀弓〉，「羔裘、玄冠，不以弔」見〈鄉黨〉及〈檀弓〉，既有明文，則孔說以吉服為羔裘、玄冠、緇衣、素裳而弔，非也。按：丁說又見「夫子曰始死羔裘玄冠者易之而已」條，茲不另舉。

7. 孔子曰之死而致死之不仁

《箴誤》曰：鄭云：「不縣之。」孔云：「案〈典庸器〉云：『大喪廞筍簴。』明知有而不縣之也。」箋曰：「《周禮》笙師、鏄師、

---

9. 原文脫「是」字，茲據孔疏補。

籥師之職，皆云大喪廞其樂器，及塋，奉而藏之。至於典庸器則無『奉而藏之』四字，蓋此笱簴雖不納壙，而將發引陳明器之時，不可無笱簴，故有司者廞之耳。則此經與《周禮》未嘗不合。孔氏之云有而不縣者，非也。」

平議曰：茶山云：「《周禮》笙師、鎛師、籥師之職，皆云大喪廞其樂器，及塋，奉而藏之。」實則鎛師、籥師原文無「及葬」二字。茶山之意，蓋據〈典庸器〉，發引時有笱簴而不「奉而藏之」，則〈檀弓〉「有鐘磬而無簨虡」云者乃指納壙而言，不指將發引而言。〈典庸器〉云有而〈檀弓〉云無，故鄭、孔以發引時有而不縣說之，然不如茶山之說合理。

8. 陶斯咏咏斯猶猶斯舞舞斯慍

《箴誤》曰：孔云：「凡喜怒相對，哀樂相生，故若舞而無節，形疲厭倦，事與心違，故所以怒生。」箴曰：「非也。劉敞[註10]曰：『人舞宜樂，不宜更慍，又不當漸至辟踊，此中間有遺文矣。蓋本曰：人喜則斯陶，陶斯咏，咏斯猶，猶斯舞，舞斯蹈矣。人悲則斯慍，慍斯戚，戚斯嘆，嘆斯辟，辟斯踊矣。自喜而下，五變而至蹈；自悲而下，亦五變而至踊。』陳澔《集說》以此為孫氏之說。」

平議曰：經有脫文，孔疏強解。茶山主劉說，有理，今郭店楚簡〈性自命出〉有類此一段，文字雖不盡與此〈檀弓〉相同，亦悲喜分述，可證。

（二）丁說理未安者

---

10. 原文誤書為「劉敬」，今據《七經小傳》及韓國文集叢刊本《與猶堂全書》改。

9. 朋友之墓有宿草

《箴誤》曰：鄭云：「為師心喪三年，於朋友期可。」箴曰：「若論心喪之禮，期之內亦不宜哭。鄭說自覺少理。」

平議曰：朋友無服，自無喪期。曾子曰：「朋友之墓，有宿草而不哭焉。」此曾子以己意定期限耳，故鄭玄揣摩其意以「為師心喪三年」為比以釋之。查茶山之意，蓋謂心喪則不哭，然《史記·孔子世家》載「（弟子）三年心喪畢，相訣而去，則哭各復盡哀」，一「復」字，知三年內亦嘗哭之。於朋友喪哭之，多見經傳，非心喪則不哭也。疏引張敷曰：「謂於一期之內，如聞朋友之喪，或經過朋友之墓，及事故須哭，如此則哭焉。若期之外，則不哭也。」其說合乎情理，得之。

10. 子路有姊之喪

《箴誤》曰：鄭云：「行道，猶行仁義。」箴曰：「鄭說非也。行道之人，謂行路之人也。孔子之意，若曰：爾以不忍除服為友愛超人而然乎？汝獨賢者，而他人之遵制者皆不賢乎？彼行路之人皆能不忍，而先王制禮，莫可奈何也。」

平議曰：若依丁說，直謂「人」即可，不必謂「行路之人」也。

11. 孔子在衛有送葬者

《箴誤》曰：陳（澔）云：「此孝子不死其親之至情。」箴曰：「『如疑』二字，豈可草草如是？嗚呼！迎精而反，親其來此乎？送形而往，親其在彼乎？此之謂『如疑』也。鄭玄云：『疑者，哀親之在彼，如不欲還然。』此二句，善形容『如疑』二字。」

平議曰：鄭云：「慕謂小兒隨父母啼呼。疑者，哀親之在彼，如不欲還然。」陳云：「往如慕，反如疑，此孝子不死其親之

至情也。」至情兼往、反二句言之，本無語病。茶山截去上兩句，且單就「如疑」二字發揮，既忽略「其往也如慕」一語，又連「送形而往」亦歸之「如疑」，反有語病。

12. 孔子與門人立拱而尚右

《箴誤》曰：橫渠云：「叉手，以右手在上也。」箴曰：「拱者，衣袂圍抱之名。《孟子》云『拱把之桐梓』是也。叉手者，番拜也。」

平議曰：橫渠以叉手釋拱，固誤。茶山以「衣袂圍抱」說之，義亦未安。拱者，男以左手覆於右手之上，女以右手覆左手之上，凶拜均反是。拱手則露手，故門人得見孔子尚右，茶山以「衣袂圍抱」釋之，此義不明。至云叉手為番拜，蓋謂華夏古無此禮。然叉手自六朝以來有之。

13. 孔子蚤作負手曳杖

《箴誤》曰：鄭云：「今無明王，誰能尊我以為人君乎？」箴曰：「宗予，謂尊之為師也。〈學記〉曰：『君之所不臣於其臣者二，當其為尸則弗臣也，當其為師則弗臣也。大學之禮，雖詔於天子，無北面。』蓋視學之法，師坐於兩楹之間，王公以下皆北面而事之，此所謂宗予也。鄭玄謂孔子欲做人君，何其淺也。」

平議曰：《大戴禮・武王踐阼》：「王下堂，南面而立。師尚父曰：『先王之道，不北面。』王行西，折而南，東面而立。師尚父西面道書之言。」《禮記・學記》孔疏引皇侃曰：「王在賓位，師尚父主位，故西面王庭之位。若尋常師徒之教，則師東面，弟子西面，與此異也。」據此，為師東面，若為帝王師則西面，未見有南面者，丁說無據。考鄭玄說，蓋受

漢代孔子為素王說之影響，茶山所主，則受後世禮儀影響，並非先秦嘗行之禮。筆者之意以為「宗予」釋為「宗予之道」則無病矣。

14. 扶君卜人師扶右

《箴誤》曰：鄭云：「君疾時也。」箴曰：「禮云『疾病』者，已絕命而未發喪之時也。鄭則認之為一縷猶存，迂甚矣。豈有一縷猶存而扶其四體者。」

平議曰：《喪禮四箋》亦云：「『疾病』云者，此時未及發喪，權以『疾病』立名，以寓其徼幸惻怛不忍遽死之意。」又云：「一縷猶存，則屬纊，非所忍也。」然〈喪大記〉及〈士喪・記〉「疾病，內外皆埽」下文俱云：「屬纊以俟氣絕。」則「疾病」時氣尚未絕可知，若氣已絕，屬纊何居？茶山之說誤。鄭云「疾時」，未必已至一縷猶存之情況，何必不能扶持？即使一縷猶存，亦未必不命人扶持如曾子易簀者。且〈檀弓〉之文云：「扶君，卜人師扶右，射人師扶左。君薨，以是舉。」若如茶山之說，卜人師扶右云云，乃指已薨而言，則〈檀弓〉之文為複沓矣。丁說未安。

15. 陳莊子死赴於魯

《箴誤》曰：鄭云：「『異姓之廟』，明不當哭。」方愨云：「『哭諸縣氏』，以其禮所由起，與哭伯高於賜氏同義。」箴曰：「古人以異姓為昏姻之稱，《大戴禮》：南宮縚，夫子信其仁，以為異姓，謂以兄之子妻之也。《周禮・司儀》『時揖異姓』（原注：鄭注亦引《大戴禮》），此云『異姓之廟』，亦當如是看也。蓋縣子與陳莊子為昏姻之黨，故聞喪之日必召縣子而問之，其哭也亦必於縣氏之廟也。方氏之說非矣。」又箴曰：「同姓

不婚，周人之禮也。〈曲禮〉：『納女于天子曰備百姓。』《左傳》鄭史伯之對桓公曰：『先王聘后於異姓。』不與昏姻者，古者不云異姓。」

平議曰：古人固以異姓為昏姻之稱，但異姓不盡為昏姻，茶山拘泥太過。〈曲禮〉載：「五官之長曰伯，……天子同姓，謂之伯父；異姓，謂之伯舅。……九州之長，入天子之國曰牧。天子同姓，謂之叔父；異姓，謂之叔舅。」鄭注：「稱之以父與舅，親親之辭也。」孔疏：「異姓謂之伯舅者，異族重親之名也。異族無父稱，故呼為伯舅，亦親之故也。」其意乃謂稱舅以親之，並非必是舅也，猶稱之為父，未必盡是父執輩也，天子豈能盡與天下異姓諸侯通婚哉？又據《儀禮·覲禮》，天子稱侯氏為「伯父」，乃舉「伯父」以該「伯舅」、「叔父」、「叔舅」可知，若如丁說，豈異姓諸侯之未與周室通婚者不必覲見天子乎？必不然矣。又，丁謂縣子與陳莊子為昏姻之黨，無據。

16. 司士賁告於子游曰請襲於牀

《箋誤》曰：鄭云：「禮唯始死廢牀。」孔云：「〈喪大記〉遷尸及襲皆在於牀，當時失禮，襲在於地，故司士賁告子游。」箋曰：「非也。《家語》曰：『掘中霤而浴，毀竈而綴足，襲於牀，殷道也，孔子行之。』（原注：孔子，殷人也。）縣子之以子游為汰者，襲於牀是殷禮也，非時王之制，而子游專輒以許人，所以為汰也。若如鄭孔之說，則是當諾而諾也，何汰之有？」（原注：〈喪大記〉云『襲一牀』，蓋子游之徒著之為典禮也。〈士喪禮〉亦多參用殷禮者。）

平議曰：鄭、孔云襲於牀，既於〈喪大記〉有據，則縣子所譏，

本在子游之「諾」字，不在「襲於牀」是否殷禮。況禮儀沿革，均有損益，即令「襲於牀」出於殷禮，周人用之，即是周禮。茶山謂「襲於牀是殷禮也，非時王之制」，既未指出見於何典，又似昧於「諾」字語氣本不莊重，理不安矣。

17. 朝奠日出夕奠逮日

《箋誤》曰：鄭云：「陰陽交接，庶幾遇之。」箋曰：「古人行事，必用三時，三時之外，皆不用也。故夏后氏用昏，殷人用日中，周人用日出，皆此義也。若如鄭說，則日中而虞者，亦以陰陽之交接乎？」

平議曰：「朝奠日出，夕奠逮日」者，特指朝夕奠而言，事死如事生，朝夕奠與古人一日兩餐同一時刻，孫希旦《禮記集解》云：「朝夕奠，以象生人之朝夕食。生人日已出而朝食，日未入而夕食，故奠之時亦放之。」其說是也。鄭以陰陽交接說之，正可不必，茶山以初虞在日中駁之，亦不對題。且如茶山之說，試問始死之奠亦必用三時乎？

18. 季武子寢疾蟜固不說齊衰而入見

《箋誤》曰：孔云：「失禮顯著，凡人皆知；若失禮微細，唯君子乃能表明之。」箋曰：「非也。微，謂將亡也。道之衰微而將亡者，君子必表明之。」

平議曰：茶山訓「微」為「亡」，以「道之衰微而將亡者，君子必表明之」為言，既增字解經，且於文理不順。

19. 大夫之喪庶子不受弔

《箋誤》曰：鄭云：「不以賤者為有爵者主。」箋曰：「非也。〈士喪・記〉云：『尸在室，有君命，眾主人不出。』則職卑者猶然矣。

但大夫雖非君命，庶子亦不受弔。」

平議曰：〈士喪・記〉謂有君命時庶子不受弔，非謂庶子均不受弔也，庶子獨非人子乎？獨無君長友朋乎？鄭玄針對此句作注，說本無誤，茶山吹毛求疵。

20. 喪之朝也順死者之孝心也

《箋誤》曰：孔云：「朝廟之禮，每廟皆朝。天子、諸侯以下，每廟皆一日，至遠祖之廟，當日朝畢，則為祖祭，至明日，設遣奠而行。」箋曰：「行而朝於祖，虞而祔於祖，其義一也。人之既死，以其昭穆相與祔合，此聖人之精義也。故祖廟之禮主於祖，自曾高以上無朝法也。至若朝禰之禮，亦人情也。禰者，父母也，既入其廟，安得無朝？故於適祖之路，先入禰廟，既設奠，遂即適祖，無留宿禰廟之法，今考〈既夕〉之文，其儀節了然，乃鄭忽以朝禰、朝祖分為兩日，而孔、賈從而和之，乃謂天子七日畢朝（原注：七廟故），諸侯五日畢朝（原注：五廟故），審如是也，謂之朝廟可也，何必謂之祖廟乎？鄭說一鬩，則虞而適祖、祔而合祖、昭必從昭、穆必從穆之一大義理，遂至晻昧而不明矣。」

平議曰：《喪禮四箋》亦云：「二廟之士，是日凡有三奠，一曰朝禰奠，二曰朝祖奠，三曰祖奠。意此三奠，分行於朝午夕三辰。」是不以每廟一日為然也。然〈士喪・記〉「其二廟」至「主人踊如初」，記上士二廟者朝禰之序，「祝及執事」至「適祖」，鄭云：「此謂朝禰明日舉奠適祖之序也。」賈疏云：「此謂朝禰明日者，以其下文朝祖之時『序從如初』，中有燭，若同日，則朝祖之時已自明矣，何須更有燭也？以此言之，則此朝祖與朝禰別日可知。」然則鄭云分為兩日者，於經有據。

二廟者既兩日,則五廟者五日、七廟者七日可知。且一廟者,諸祖與禰共一廟,二廟者,諸祖共一廟、禰一廟,不論一廟、二廟,遣行之先,於先祖先考均朝見之,則二廟以上者豈有僅朝祖考之理?既朝之,又豈有匆匆一日盡之之理?然則經文雖隱微,鄭於無字句處發掘之,合乎情理。茶山謂「無留宿禰廟之法」、「自曾高以上無朝法」,乃臆斷之辭,非據明文而言然也。且朝廟之序,本與昭穆之事無涉,若如其說,父子昭穆不同,又何必入禰廟乎?是知茶山之說於理未安矣。

21. 穆公問於子思曰為舊君反服古與

箴誤曰:鄭云:「仕焉而已者。」〈喪服〉鄭註云:「仕焉而已者,謂老若有廢疾而致仕者。」箴曰:「非也。老疾致仕者,猶在本國,猶在本國而謂其君曰舊君,天下有是禮乎?……今正之曰:老疾致仕者亦斬衰三年,不在舊君中論。仕焉而已者,謂其進也不以道干君,其退也亦不以道去君,唯以祿仕為心,趨走以為恭者也。若是者,既去其國,無恩無怨,追念前日祿仕之事,為之齊衰三月可也。」

平議曰:先秦君臣關係與後世不同,茶山執著後世君臣定分之觀念,謂致仕者不得稱其君為舊君,理不安。又,茶山解「仕焉而已」為「唯以祿仕為心」,試問何人肯自承乎?

22. 季子皋葬其妻犯人之禾

《箴誤》曰:鄭云:「恃寵虐民,非也。」箴曰:「非也。子皋之說,深識治體,鄭以為虐民,何哉?此經之解,陳澔為正。」

平議曰:陳澔《禮記集說》云:「劉氏曰:季子皋,孔子弟子高柴也。夫子嘗曰柴也愚。觀《家語》所稱,及此經所記

泣血三年，及成人為衰之事觀之，賢可知矣。此葬妻犯禾，
亦為成宰時事，有無固不可知，然曰『孟氏不以是罪予，朋
友不以是弃予』者，以犯禾之失小，而買道之害大也。何也？
以我為邑宰，尚買道而葬，則後必為例，而難乎為繼者矣。
此亦愚而過慮之一端，然出於誠心，非文飾之辭也。鄭註謂
其恃寵虐民，而方氏又加以不仁不恕之說，則甚矣。豈有賢
如子皋而有是哉！」按：此說似是而非。子皋既為邑宰，俸
祿多於士民，豈可以士民難繼為不庚之藉口。

23. 喪不慮居為無廟也

《箋誤》曰：鄭云：「謂賣舍宅以奉喪。」吳澄云：「慮居，
謂謀欲賣其所居，以給喪費也。賣其居則無廟以奉祖考之神靈
矣。」劉氏云：「喪禮稱家之有無，不可勉為厚葬，而致有敗
家之慮，家廢則宗廟不能以獨存矣。」箋曰：「非也！非也！
喪謂失位去國也。失位去國者，不能奉其先人之廟，若孔悝之
反祏西圃也（原注：見《左傳》）故『祭器不踰竟』（原注：〈曲
禮〉文），以無廟也。」

平議曰：「喪不慮居」與「毀不危身」對言，指居喪可知。
茶山必欲指為失位去國，則上下文不相侔矣。

24. 孔子曰衛人之祔也離之魯人之祔也合之

《箋誤》曰：鄭云：「祔，謂合葬也。離之，有以間其椁中。」孔云：
「謂以一物隔二棺之間於椁中也。魯人則合並兩棺置椁中。」
朱子云：「二棺共椁，蓋古者之椁，乃合眾材為之。」箋曰：「此
乃祔祭之義，非論合葬也。〈士虞禮〉祔祭之祝曰：『適爾皇
祖某甫，以隮祔爾孫某甫，尚饗。』」（原注：鄭云：欲其祔合

兩（註11）告之。）一尸而兩祭之，所以合兩神而為一也。衛人則不然，必如後世之祔祭，故孔子曰『離之』也（原注：後世之禮，座既雙設，爵亦各獻，析祝辭而兩之，面面就告）。」陳祥道云：「殷尊尊，故凡昭穆之祔於廟者，離之而不親（衛，故殷地也）。周親親，故凡昭穆之祔於廟者，合之而不尊。孔子皆善之。」

平議曰：此經所謂祔，鄭玄與陳祥道之說異，合葬乎？祔祭乎？殊難論斷。唯茶山云合之者乃「合兩神而為一」之謂，則殊乖禮意。按：祔祭祝辭雖祖孫兩告之，祖孫畢竟為兩神，故各有一主。若如茶山所述，祖孫之神得合而為一，則祖又與其祖合而為一，其祖又與其祖合而為一，豈止兩神而已？且如其說，是昭共一主，穆共一主，足矣，又何必一神一主乎？是知其說為未安也。至陳祥道謂殷尊尊、周親親，揆之「縣子瑣曰吾聞之古者不降上下各以其親」章及禮家通論，適相違反，則據以論祔祭之離合，難取信於人矣。

（三）丁說正誤參半者

25. 有子問於曾子曰問喪於夫子乎

《箴誤》曰：鄭云：「喪，謂仕失位也。」孔云：「喪，息浪反。」箴曰：「古者失位去國，純用喪禮。〈曲禮〉曰：『大夫士去國，踰竟為壇位，鄉國而哭，素衣，素裳，素冠，徹緣，鞮屨，素簚，乘髦馬，不蚤鬋，不祭食，不說人以無罪，婦人不當御，三月而復服。』此喪禮也。故《孟子》曰：『三月無君則弔。』彼以喪禮自處，故我以喪禮往弔也。三月無君者，謂三月復服之間也。不然何必三月哉！由是言之，此經『喪』字當平聲讀。」

---

11. 原文誤書為「而」，今逕正之。

平議曰：茶山解仕失位為喪，為服如喪禮，引〈曲禮〉、《孟子》說之，可為鄭說注腳，均是。唯謂此章四「喪」字均應平聲讀，就文法觀之則不然。「喪禮」之「喪」為名詞，固讀平聲，而此章四「喪」字與「死」對言，乃是動詞，故陸德明《釋文》讀「息浪反」，茶山謂是孔疏，亦誤。「晉獻公之喪秦穆公使人弔公子重耳」條之誤同此，茲不另出。

26. 孟獻子之喪司徒旅歸四布

《箋誤》曰：鄭云：「旅，下士也。司徒使下士歸四方之賻布。」皇氏（侃）云：「獻子有餘布，歸之於君，君令國之司徒歸賻於四方。」熊氏（安生）云：「獻子家臣為司徒。《左傳》叔孫氏之司馬鬷戾，是家臣亦有司徒、司馬。」[註12]箋曰：「皆非也。司徒，魯大夫；旅，其名也。歸，讀作饋，謂賻贈也。四布，四束之布也。（原注：冉子有束帛之賻。）孟獻子之喪，賻贈皆厚，司徒旅以四束之布，備文而止，蓋所以不繼富也。君子於取予之際，酌量義理，升龠是爭。故孔子於公西赤予粟五秉，可見也。司徒旅之事，豈非得中？」又箋曰：「古文雖簡奧，四方之布可云四布乎？且未聞家臣有司徒也。《周禮》有家司馬、都司馬，蓋有采邑則出車乘，出車乘則有司馬，此家司馬之所以設也。司馬然矣，司徒奈何？」又箋曰：「《穀梁傳》云：『歸死者曰賵，歸生者曰賻。』未聞其訓歸為還也。」

平議曰：據阮元校勘記，古本及足利本，「司徒」句作「司徒敬子使旅歸四方布」，證之鄭注、孔疏，甚是。然則「敬子」乃此司徒之謚號，其不名「旅」明矣。又，四方之布固不可云

12.「左傳」至「司馬」原文乃作雙行小字附注，依此書體例，乃茶山所注意見，然於此條中意見與茶山相左。經查孔疏，實為熊安生語，蓋抄手之誤也。又據孔疏，「左傳」上當有「故」字，「馬」下當有「也」字。

四布，四束之布何嘗得稱四布？且依禮文，亦未見有以四束之布贈人者，丁說均誤。既無四束之布之事，則所謂「備文而止，蓋所以不繼富也」，乃虛空不實之談。又，鄭注未言司徒為何官，皇氏云國司徒，熊氏、孔疏謂是家臣，茶山則謂是魯大夫，與皇氏同。按：傳世及出土文獻所見，家臣中尚無司徒之明文，且「司徒敬子」又見〈檀弓〉「衛司徒敬子」章及「國昭子之母死」章，「衛司徒敬子死」，子夏、子游弔焉。「司徒敬子之喪，夫子相」，此三司徒未悉是否一人，然「敬子」乃諡號，謂之家臣，似太勉強，茶山謂是魯大夫，得之。至於「歸」字，茶山讀「饋」，甚是，孔疏釋為「歸還」，不符「歸」字古義，自誤。「歸四方布」者，竊謂與子柳以鬻布之餘班諸兄弟之貧者意同，乃「君子不家於喪」之作風，故孔子曰「可也」。然則此條，茶山之說正誤參半。

27. 復盡愛之道也有禱祠之心焉

《箴誤》曰：鄭云：「且分禱五祀。」箴曰：「非也。乃復已禱祠也」[註13]。自天子而稱其名，非禱天乎？招之至三，非禱神明乎？復於屋上，禱於五祀，判為二事，不相涉也。」又箴：「古以之禱天，故不敢不名。今不知此義，故尊稱之。」

平議曰：《喪禮四箋》亦云：「復者，祈禱之意，故其禮本從卑薄，雖以天子之尊，不敢不稱名也。」按：茶山之說誤。鄭云：「復謂招魂，且分禱五祀，庶幾其精氣之反。」是以分禱五祀亦屬招魂之儀節，〈檀弓〉云：「君復於小寢、大寢、小祖、大祖、庫門、四郊。」蓋凡精氣可能逗留之處皆招之，分禱五祀其意同此。〈喪大記〉云：「凡復，男子稱名，婦人

---

13. 原文誤書為「只復已禱祠也」，無復文理，今正之。

稱字。」孔疏云:「自殷以上,貴賤復,同呼名。周則天子稱『天子』,諸侯稱『某甫』,且字矣;大夫、士稱名,而婦人並稱字。」是知古之招魂,自天子以下均呼其名,後世則或諱之、尊稱之,茶山言「今不知此義,故尊稱之」者,據此;然呼名者,乃使魂氣知呼己,庶幾還魂,非禱天也。招之至三者,恐一二呼而魂氣未必得聞,非禱神明也。茶山之說誤。^(註14)

(四)丁說錯誤者

28. 公儀仲子之喪,檀弓免焉

《箋誤》曰:孔云:「檀弓在六國之時。」箋曰:「章末云子游問諸孔子,孔子豈六國時人耶?」

平議曰:孔云:「此〈檀弓〉在六國之時。知者,以仲梁子是六國時人,此篇載仲梁子,故知也。」據此,則孔穎達乃謂〈檀弓〉成篇於六國之時,非謂檀弓其人為六國時人,茶山粗心,誤讀疏文。

29. 孔子既得合葬於防

《箋誤》曰:陳(澔,字可大)云:「門人修築而後反。」箋曰:「……〈雜記〉云:『五十者從反哭,四十者待盈坎。』反哭在盈坎之前審矣。……鄭氏於『先反』之註曰:『當修虞事。』陳可大胡刪焉?」

平議曰:據陳澔《禮記集說》,陳於「古不脩墓」句下云:「雨甚而墓崩,門人修築而後反。」謂孔子先反修虞,門人則修墓之後乃反,非謂孔子待門人修築之後乃反。茶山誤解陳意。

---

14. 參本書第拾肆篇,〈冠笄之禮中取字的意義及其與先秦禮制的關係〉。

30. 曾子弔於負夏

《箴誤》曰：鄭云：「『填池』當為『奠徹』，聲之誤也。」箴曰：「非也。」胡銓云：「池以竹為之，喪行之飾也。填謂縣銅魚以實之，謂將行也。」箴曰：「亦非也。吳艸盧云：『飾棺之池，考之《士禮》，在朝祖後階下載柩之時。今二字在既祖之下，則亦可疑。』（原注：謂胡說未允）陸農師云：『池，殯坎也。既祖則填之，故曰「主人既祖填之」。《孔叢子》曰「埋柩謂之殔，殔坎謂之池」是也。』此是正義。」

平議曰：鄭云：「祖謂移柩車去載處為行始也。」據〈既夕禮〉：「祖，還車。……乃奠如初。」其明日，賈疏云：「將設葬奠，先撤祖奠。」將遣矣，曾子於此時來弔，而柩車昨日已還向外，故有「推柩而反之」之舉。鄭說「既祖徹奠」，於禮有據。茶山曰「此是正義」者，謂「既祖填池」乃「既祖之後，填平殯坎」之意。按：丁說非是。祖在廟宮，而坎在殯宮，此處既云「既祖」，述「填池」何居？至於胡銓謂填為懸銅魚，然「填」字於禮書無據，純出臆測，且依〈既夕禮〉賈疏，大夫以上乃有銅魚，焉知負夏之主人為大夫子乎？又，商祝飾棺在既祖之前，不在其後，故吳澄亦疑胡氏說不確。

31. 孔子之喪有自燕來觀者

《箴誤》曰：孔云：「合葬於防，崇四尺，今葬夫子，不可過之，故斜殺，惟高四尺。」箴曰：「非也。叔梁紇，白徒也，墳高當四尺。孔子，大司寇也，墳當六尺。〈中庸〉所謂『父為士，子為大夫，葬以士』者，叔梁紇也。」

平議曰：叔梁紇即《左傳》襄公十年、十七年之郰人紇、郰叔紇，既得帥甲，自非白徒。茶山引〈中庸〉謂之士矣，又

稱之為白徒，自相矛盾。且孔子之時，墳形墳高，尚無定制，故本章引孔子云：「吾見封之若堂者矣，見若坊者矣，見若覆夏屋者矣，見若斧者矣。」《周禮》成書遠在孔子之後，〈冢人〉云「以爵等為丘封之度」，然無丈尺明文，茶山謂「墳當六尺」者，無據。蓋誤以為板廣二尺則三斬板墳當六尺，而不知第一次築板得墳二尺，以後則板須夾住已築之土始能施力，又以斜殺之故，故每次其高僅得一尺，三斬板而得墳四尺。六尺之說無據。

32. 柏椁以端長六尺

《箋誤》曰：鄭云：「以端，題湊也。」孔云：「以此木之端首題湊嚮內。」箋曰：「題湊之木，斜豎嚮內，下闊上銳，以成四阿。長六尺者，阿長六尺也。孔氏不解其制，每云疊上，若果疊上，當云崇六尺，不當曰長六尺也。（原注：橫長六尺，則短於棺矣）。至若黃腸題湊，此雖漢時之法（原注：見《漢舊儀》及《漢書·霍光傳》），於周有據（原注：《周禮·方相》注亦有鄭玄說），《周禮·匠人》云：『殷人四阿重屋。』（原注：鄭云「阿，棟也」）而宋文公椁有四阿（原注：成二年）註家遂以四阿為題湊也。」

平議曰：孔疏云：「長六尺者，天子椁材，每段長六尺而方一尺。」又云：「如鄭此言，椁材並皆從下疊至上，始為題湊。湊，嚮也。言木之頭相嚮而作四阿也。」證之出土漢時黃腸石，其說是也。茶山乃云題湊之木，指四阿之木，高六尺，且創為「斜豎嚮內，下闊上銳」之說，實無以說明「題湊」一詞之意，誤矣。

33. 有若之喪悼公弔焉子游擯由左

《箋誤》曰：孔云：「立者尊右。」箋曰：「未必然。《老子》云：『吉事尚左，喪事尚右。』兵亦凶事，故偏將軍處左，上將軍處右。若吉事，尚左，故信陵君迎侯生，其車虛左，此以左為尊也。喪，凶事也，故孔子有姊之喪，其拱尚右。弔亦凶事，故子游擯由左也（原注：君在右）。」

平議曰：〈少儀〉云：「贊幣自左，詔辭自右。」此指吉事而言。子游擯由左者，乃因喪禮之故，鄭注、孔疏說之甚詳，本不必由茶山引《老子》而後明。且孔疏云「鄭云：為君出命也，立者尊右」，本引〈少儀〉鄭注，茶山截去上句，且以「立者尊右」為孔氏語，誤讀。再者，並非凡吉凶事左右均相反，如禮事不論吉凶均左袒，乘車亦不論吉凶均尚左，茶山以信陵君迎侯生乃吉事故尚左，誤矣。

34. 卒哭曰成事是日也以吉祭易喪祭

《箋誤》曰：鄭云：「既虞之後，卒哭而祭，其辭蓋曰哀薦成事。」孔云：「所以稱蓋者，以其〈士虞禮〉無文，唯〈雜記〉及此有『卒哭成事』，故稱蓋以疑之。」箋曰：「大非也。三虞即卒哭，非二祭也。〈士虞‧記〉云：『三虞卒哭，曰哀薦成事。』經文赫赫，昭如日星，而孔乃云〈士虞禮〉無文，抑何故也？……卒哭之謂成事，奚止〈檀弓〉、〈雜記〉哉？〈曾子問〉亦云『卒哭成事，主各反廟』。成事者，本係卒哭之名，而鄭乃稱蓋以疑之，過矣！」

平議曰：〈士虞‧記〉云：「三虞，卒哭，他用剛日，亦如初，曰哀薦成事。」「他」下三句，鄭云：「他謂不及時而葬者。……謂之他者，假設言之，文不在卒哭上者，以其非常也。」

茶山於此截去「他用剛日，亦如初」兩句，遂謂〈士虞·記〉有「哀薦成事」明文，非是。《喪禮四箋》又云：「再虞翌日，即行三虞，非禮也。據經，唯卒哭與祔祭有接日之文，而再虞三虞無接日之文，可見再虞之後間二日始行三虞也。」是解「他用剛日」為三虞，亦即卒哭，其說蓋本敖繼公《儀禮集說》訓「他」為「別」，謂「卒哭，別用剛日」也。然祭之明日又祭，於禮有徵，茶山言祭後間二日再祭，則不知所出。又，卒哭成事，雖見〈雜記〉、〈曾子問〉與〈檀弓〉，然非其辭，鄭據〈士虞·記〉所載「哀薦成事」等辭擬撰，故稱「蓋」。據〈士虞·記〉，「始虞用柔日」上文所記乃虞祭儀節，「獻畢未徹乃饋」以下乃卒哭祭儀節，二者不同，明是二祭。又〈雜記〉云：「上大夫之虞也，少牢。卒哭成事、附，皆大牢。」鄭注：「卒哭成事、附言皆，則卒哭成事、附與虞異矣。」茶山謂三虞即卒哭者，非是。[註15]

35. 仕而未有祿者君有饋焉曰獻

《箋誤》曰：鄭云：「君有饋，有饋於君。」孔云：「奉餉君上曰獻，出使他國，所稱與得祿者同。」箋曰：「非也。饋者，君賜以物也。使者，君使人存問也，待之以賓師，不以臣禮，故曰獻、曰寡也。此經之解，方氏得之（原注：見陳澔《集說》）。蘇軾〈賀劉發〉云『仕而未祿猶賓客，待以純臣蓋非古。餽焉曰獻稱寡君，豈非[註16]公卿相爾汝。』」

平議曰：獻之為言，主對客，下對上，如《左傳》隱公元年潁考叔「有獻於公」，君饋臣不應言獻，「君有饋焉曰獻」當讀

---

15. 另參本書第伍篇，〈劉師培《禮經舊說》的寫作宗旨與詮釋上的問題〉，第三節（二）關於終虞與卒哭。

16.「非」字本或作「比」。

為「君，有饋焉，曰獻」，故鄭釋為「有饋於君」。焉，之也，上句「君有饋焉曰獻」之「焉」字指君，下句「使焉曰寡君」之「焉」字指仕而未有祿者。若如茶山之言，則下句之「焉」字無著落矣。

四、結論

據上所論，茶山所箴，固有足以針砭華夏學者處，如論「市朝」，酣暢淋漓，說不可易。然亦有主觀太強、說詞勉強、粗心誤讀者，無法一概而論。如其論「疾病」、「屬纊」時親均已死，即純以「人子不忍死其親」之角度讀經，主觀太強，不知喪禮除「稱情而立文」之外，尚須「因以飾群」[註17]，即除人子之心外，猶須考慮家族、社會因素，並非僅僅反映孝子之心而已。其解「異姓」，強行劃入昏姻之黨，說詞勉強。其批陳澔解「門人修築而後反」，純屬誤讀。等等不一。然則茶山之與華夏學者，可稱勝負互見，則其對華夏學者之嚴厲措辭，亦太過矣。

茶山所以然之故，除過於強調「人子不忍死其親」之心外，北京清華大學彭林先生認為：其一，自元代敖繼公著《儀禮集說》對鄭注大加抨擊以來，曾有一長時期禮學界重敖輕鄭，直到清代方才逐漸扭轉，而朝鮮學者仍繼續受敖氏影響，茶山正是代表，並指出《喪禮四箋》引用敖氏《儀禮集說》者頗多。[註18]其二，儘管燕行者帶回大量漢籍，若干華夏重要著作並未傳入朝鮮，茶山未曾寓目，

---

17. 《禮記・三年問》：「三年之喪何也？曰：稱情而立文，因以飾群，別親疏、貴賤之節，而弗可損益也。」此文雖以討論喪期為主，而喪禮種種儀節之精神，可以「稱情而立文，因以飾群」二語盡之。

18. 彭林，《中國禮學在古代朝鮮的播遷》（北京：北京大學出版社，2005年），第12章〈茶山的考據學〉，頁336至341。

因而論述有所不足或錯誤。[註19] 關於第二點，本文「孟獻子之喪司徒旅歸四布」條，阮元〈校勘記〉據古本及足利本，「司徒」句作「司徒敬子使旅歸四方布」，證明鄭注、孔疏無誤，而茶山根據脫漏四字之版本為說，牽強錯謬。阮元曾贈朝鮮著名學者金正喜《十三經校勘記》，但茶山顯然未曾寓目，否則此條不應致誤，而其禮學當更精湛。

總之，茶山對華夏禮學家之嚴厲態度，既有朝鮮學者禮學傳承之因素，亦有對華夏著作了解不足之因素，更有其誤解華夏喪葬禮儀之因素。至於其批評恰當與否，學者正可繼拙文之後繼續討論。

（本文原載《臺大文史哲學報》，第七十一期。臺北：國立臺灣大學文學院，二〇〇九年十一月。）

---

19. 同前注頁 348、349。

下 編
儀節研究方法的諸面向

拾參、先秦禮書中保存的古語及其意義

一、前言

　　西元一九二一年，王國維先生有〈與友人論詩書中之成語〉及〈與友人論詩書中之成語二〉二文，[註1]文中歷舉《詩》、《書》中的「成語」，以為：「其成語之數數見者，得比校之而求其相沿之意義，否則不能贊一辭。若但合其中之單語解之，未有不齟齬者。」王先生指出：寫於先秦甚至早至西周的文獻，已有長久沿用的成語，既是成語，自是古語，而且由於長久使用，其語義往往發生若干變化，不能單靠字面的訓詁得到確解，而須廣泛比對更早的文獻或年代相近的文例，才有可能得其正解。王先生在該二文中便曾根據金文與西周書面文獻，糾正若干漢人的誤釋。從語言演變的常規看，王先生的論點無疑是正確的，而且富於啟發性。由於王先生在文中附帶談到《禮記·曲禮》中的「天王登假」和〈雜記〉所載的弔詞「如何不淑」亦是成語，讓筆者想到：先秦禮書中的某些用語和儀式進行中應對的措辭，保守性較一般言談強，往往保留時代較古的語言。如今人行喪禮，司儀會指示家屬「跪。一叩首，再叩首，三叩首。興」等語，其中「跪」、「叩首」與「興」都是古

<hr>

1. 二文收入《觀堂集林》（臺北：河洛圖書出版社，影印本，1975 年），卷 2。至於寫作年代，據洪國樑，《王國維著述編年提要》（臺北：大安出版社，1989 年）。

語。(註2) 可以想見,先秦禮儀活動中應當也留有王先生所述的現象。這些現象,不一定只存在禮書之中,如《左傳》一書載有大量的禮儀活動,自可依王先生之法加以探討。本文以篇幅因素,想要加以探討的,只限於先秦禮書所保留的古語,並思索該現象的意義。

　　本文之寫作,目的在指出《三禮》與《大戴禮》中保留了一些比各該書或其中之篇章寫定時更早期的古語,後人不應只以今本的「著成年代」來看待,而誤判了該等語言的時代,從而將該等語言所反映的禮儀的形成時代往後推遲,其結果是未能恰當掌握華夏禮樂文明的歷史實情。從學術意義看,本文的研究,是要為該等禮儀形成時代的探討,提供其中一種觀察的角度。

　　本文所稱的古語,主要有四種情形。第一種情形,是其措辭大量使用公認為西周時期作品中即已出現的成語,這說明了該措辭的使用由來已久,而非作品寫定時所造。第二種情形,如果禮書中用了許多作品寫定時的語言去解說文中的詞語,則說明了被解說的詞語乃是更古的語言,這反映出禮書中的語言有層累的現象,同時說明了禮儀也有層累的現象,因而該禮儀也不是作品寫定時所制定的。第三種情形,是禮儀進行中使用的對話語言,若其文法結構或訓詁明顯的異於敘事語言,情況有如上舉「叩首」與「興」之類,則可判定其為古禮語言的留存;換言之,該禮儀也有古禮之遺存成分。第四種情形,是長期使用的敬語,不宜用文法分析來處理,更不宜輕率的判定它的時代。以上這四種情形,都反映出先秦禮書所載禮儀也有層累的事實,因而判斷某種禮儀的形成時期,不能只以今本的「著成年代」為準,而應該將其時代推前;因為研究禮書,畢竟以禮儀的內容為最重要。

---

2. 據筆者所知,今人所稱的「跪」先秦多稱為「坐」,漢人漸稱為「跪」,至南宋以後,「坐」終於喪失「跪」的意思。「興」屢見《儀禮》。「叩首」,見《前漢紀·孝成一》。至於今日口語中習用的「叩頭」,則早見於《史記·吳王濞列傳》、《漢書·李陵傳》等。

下文將各舉例證，加以分析，以為說明。

二、使用西周時期即已出現的成語

禮書中存在西周甚或周初即已出現的成語，如王國維先生舉出的「天王登假」和「如何不淑」即其例證。茲舉《儀禮·士冠》所載祝「辭」為例以明之。

始加，祝曰：「令月吉日，始加元服；棄爾幼志，順爾成德；壽考惟祺，介爾景福。」

再加，曰：「吉月令辰，乃申爾服；敬爾威儀，淑慎爾德；眉壽萬年，永受胡福。」

三加，曰：「以歲之正，以月之令，咸加爾服；兄弟具在，以成厥德；黃耇無疆，受天之慶。」

醴辭曰：「甘醴惟厚，嘉薦令芳；拜受祭之，以定爾祥；承天之休，壽考不忘。」

醮辭曰：「旨酒既清，嘉薦亶時；始加元服，兄弟具來；孝友時格，永乃保之。」

再醮曰：「旨酒既湑，嘉薦伊脯；乃申爾服，禮儀有序；祭此嘉爵，承天之祜。」

三醮曰：「旨酒既芳，籩豆有楚；咸加爾服，肴升折俎；承天之慶，受福無疆。」

字辭曰：「禮儀既備，令月吉日，昭告爾字；爰字孔嘉，髦士攸宜；宜之于假，永受保之。」

以上「壽考惟祺」見《大雅·行葦》；「介爾景福」見《大雅·既醉》；「敬爾威儀」見《大雅·抑》；「眉壽萬年」見閵碩鼎銘；「壽考不忘」見《小雅·蓼蕭》；「兄弟具來」見《小雅·頍支》；「籩豆有楚」見《小雅·賓之初筵》；「受福無疆」見《大雅·假樂》；「禮儀既備」

見《小雅・楚茨》；「髦士攸宜」見《大雅・棫樸》。至於文法結構相同而僅有一字相異者，則「淑慎爾德」《大雅・抑》作「淑慎爾止」；「旨酒既清」《大雅・鳧鷺》作「爾酒既清」；「永乃保之」《周頌・載見》作「永言保之」；「承天之祜」《小雅・桑扈》作「受天之祜」。以上所舉詩篇及銘文均為西周作品，自能證明〈士冠禮〉所記諸祝辭均傳自西周；諸祝辭既傳自西周，則三加冠服、醴醮、命字等亦必為西周冠禮已有的儀節，與今本〈士冠禮〉所載相異的，應該只是細節。

三、需要先秦學者特別訓解的詞語

詞語的使用，其語意隨著時間的進行而變動，因而古籍需要後人以當代語言加以訓解，其事自古已然。如《孟子・滕文公上》說：「洚水者，洪水也。」這些例子散見古籍，頗為零星。較為成文的，以《國語・周語下》晉羊舌肸對單靖公的家臣解說《詩經・周頌・昊天有成命》最為典型：

> 其詩曰：「昊天有成命，二后受之，成王不敢康，夙夜基命宥密，於緝熙亶厥心，肆其靖之。」是道成王之德也。成王能明文昭，能定武烈者也。夫道「成命」者而稱「昊天」，翼其上也；「二后受之」，讓於德也；「成王不敢康」，敬百姓也；「夙夜」，恭也；「基」，始也；「宥」，寬也；「密」，寧也；「緝」，明也；「熙」，廣也；「亶」，厚也；「肆」，固也；「靖」，穌也。其始也，翼上德讓，而敬百姓；其中也，恭儉信寬，帥歸於寧；其終也，廣厚其心，以固穌之。始於德讓，中於信寬，終於固和，故曰「成」。

羊舌肸的解說,「夙夜」以上是文意的詮釋,「基,始也」到「靖,龢也」則是以當時語言解說古語的詞義。他所以不厭其煩的逐句甚至逐詞解說,是因為〈昊天有成命〉「是道成王之德也」,乃西周早期的作品,對春秋時一般人士而言,已是數百年前的古語,若未經特別研究,則無法準確了解。

以此例來讀先秦禮書,我們也可發現對當時人而言乃是不易了解的古語資料。如《大戴禮》中〈夏小正〉一篇便有以下情形:

雉震呴。震也者,鳴也。呴也者,鼓其翼也。

魚陟負冰。陟,升也。

農緯厥耒。緯,束也。

時有俊風。俊,大也。

寒日滌凍塗。滌也者,變也,變而煖也。

農率均田。率者,循也。

初俊羔,助厥母粥。俊也者,大也。粥也者,養也。

綏多女士。綏,安也。

來降燕。…降者,下也。

越有小旱。越,于也。

執陟攻駒。…陟,升也。

浮游有殷。殷,眾也。

啟灌藍蓼。啟者,別也,陶而疏之也。灌也者,聚生者也。

頒馬。分夫婦之駒也。

狸子肇肆。肇,始也。肆,遂也。言其始遂也。其或曰,肆,殺也。

陟玄鳥蟄。陟,升也。

時有養夜。養者,長也,若日之長也。

此一情形，若解釋為〈夏小正〉的作者自作自注，自然不切實際，因為先秦古籍中只有自問自答之例，並無自作自注之例。合理的解釋是，被解說的詞語屬於古語，乃是早期〈夏小正〉的原文，而解說的詞語則屬後加，因而傳世的〈夏小正〉其實包括了早期的原文和其後的詞語解說兩部分。因此，若僅以其後的詞語解說來斷定〈夏小正〉的寫作時代，無疑將把它的主體部分的原文的真正著成時代推遲了許多。[註3]

　　被解說的詞語的年代究竟可以推到何時，需要逐詞研究。姑以上舉〈夏小正〉所見「陟」、「降」二詞為例，王國維先生上揭文曾舉《周頌》「念茲皇祖，陟降庭止」、「陟降厥士，日監在茲」及《大雅》「文王陟降，在帝左右」之例，指出「古又有陟降一語。古人言陟降，猶今人言往來，不必兼陟與降二義」。換言之，早在西周早期「陟降」一詞已有作偏義複詞使用的例證。依語言發展的規律，偏義複詞的產生，不僅較該複詞的使用為晚，較組成該複詞的各單詞尤晚。〈夏小正〉中，「陟，升也」三見，「降者，下也」一見，則可知原被解說的「魚陟負冰」、「執陟攻駒」、「陟玄鳥蟄」、「來降燕」數語的時代，必在西周，甚至更早。此數語時代既早，則上列各該語之時代亦不致太晚，因而又可據之檢視其它篇章。

　　以「灌」字為例，〈夏小正〉載「啟灌藍蓼。啟者，別也，陶而疏之也。灌也者，聚生者也。」亦即「灌」有「聚」義。《大戴禮‧千乘》：「循其灌廟。」盧辯注：「循，順也。灌，聚也。順其昭穆，

3.〈夏小正〉的研究者，一般將被解說的詞語稱為「經」，解說的詞語稱為「傳」。關於經、傳的區分及二者的著成時代，說者不一，可參莊雅州，《夏小正新論》（臺北：文史哲出版社，1985年），第1章〈夏小正之經傳〉。筆者同意沈文倬先生的意見：「〈夏小正〉一書（就其經文言）應與《尚書》、《詩經》一樣，看作是我國最古的文獻資料之一，因它被收入大戴《禮記》中而貶低其價值是不對的。」參氏著，《菿闇文存》（北京：商務印書館，2006年），〈讀未刊稿記‧宋書升《夏小正箋疏》〉，頁1002。但《尚書》與《詩經》中的各篇章，時代也有不同，因而〈夏小正〉經文的年代也無法一言論定。

聚群廟之主於太廟，而行大祭之禮。」比對〈夏小正〉，盧注有其依據。儘管從全篇的行文用語觀察，〈千乘〉篇的「著成年代」可能已到戰國時期，但「循其灌廟」一語卻可以是自西周以來長久沿用的古語。再以「頒馬」一詞為例，〈夏小正〉載「頒馬。分夫婦之駒也」，則知《周禮·牧人職》「頒馬攻特」亦屬古語。前人言《周禮》多古字，其實古語亦不少。

四、對話中保留的古語

　　《三禮》與《大戴禮》中，雖然有許多孔門論禮的對話，但那是以當時語言進行的討論，譬如《禮記·曾子問》之類，篇中除了禮儀的專門術語以外，並無本文所稱的古語。其實，真正關於禮儀進行時的對話的記載並不多，《儀禮·聘禮》「擯者曰：寡君從子，雖將拜，起也」句下鄭注：「此禮固多有辭矣，未有著之者。是其志而煥乎，未敢明說。」賈疏：「云此禮固多有辭矣者，謂此《儀禮》之內，賓主之辭固多有辭矣。但周公作經，未有顯著明言之者，直云辭耳。此及〈公食〉皆著其辭，此二者是志記之言，煥乎可見。云未敢明說者，據此二者，觸類而長之，餘辭亦可以意量作，但疑事無質，未可造次明說，故上注每云：其辭未聞也。」足見禮儀進行中其實有許多對話，但有的對話成了套語，固可記載，而有的對話需要行禮時臨機應變，並不固定，所以古人撰作禮書時對這類的對話很少記載，因此鄭注每云「其辭未聞也」。儘管如此，禮書中仍有若干「辭」的記載，本文將依據有限的資料舉例說明儀式進行中對話裡保留古語的情形。而牽連所及，也順便提出其敘述文字也有夾雜古語的情況。

　　《儀禮·聘禮》描述執行聘禮的使節團向它國借道的經過如下：

若過邦，至于竟，使次介假道。束帛將命于朝曰：「請
帥。」奠幣。下大夫取以入告，出，許，遂受幣。……
士帥，沒其竟。

鄭注：「帥，猶道也。請道己道路所當由。」筆者按：「帥」乃「引
導」之意。「猶道也」即「猶導也」，「請道己道路所當由」即「請
導己道路所當由」，「士帥」謂「士任引導之責」。又，〈聘禮‧記〉
「訝帥之」，鄭注「帥猶道也。」亦與「士帥」之「帥」同義，但
二者乃敘述語，非對話語。在先秦古籍中，未見「請帥」這種用法，
則「請帥」當是外交習用的古語。又，《儀禮‧士昏禮》記父命子
親迎：

父醮子，命之曰：「往迎爾相，承我宗事，勖帥以敬，
先妣之嗣，若則有常。」

鄭注：「相，助也。宗事，宗廟之事。勖，勉也。若，猶女也。勉
帥婦，道以敬，其為先妣之嗣，女之行，則當有常。深戒之。《詩》
云：大姒嗣徽音。」此處「帥」亦訓為「道」，亦即「導」，可見「帥」
是正式禮儀場合的常用詞。如果再從「相」為「助」義早見於《周頌‧
清廟》、《大雅‧生民》，「勖」為「勉」義早見於《尚書‧周書‧
君奭》來看，父命子親迎的一段話應是長久沿用的古代禮儀套語。

《禮記‧內則》記大夫或士之子，生三月之末，妻以子見於父，
有以下文字：

妻抱子出自房，當楣立，東面。姆先相曰：「母某敢用
時日祇見孺子。」夫對曰：「欽有帥。」父執子之右手，
咳而名之。妻對曰：「記有成。」遂左還授師，子師辯
告諸婦諸母名，妻遂適寢。

以上所見的「欽有帥」，鄭注解為「欽，敬也。帥，循也。言教之敬，

使有循也。」「記有成」，鄭注解為「記猶識也。識夫之言，使有成也。」二者正屬賈疏所謂的「煥乎可見」的較為固定的措辭一類，應是長久沿用的古代禮儀用語。從二語出發，再檢視〈內則〉該段之下，記載君初見適子、庶子（不含世子）並為命三月之名：

> 適子、庶子見於外寢，撫其首，咳而名之，禮帥初，無辭。

又記教育的次第：

> 十年，出就外傅，居宿於外，學書記，衣不帛襦袴，禮帥初，朝夕學幼儀，請肄簡諒。

以上兩段均有「禮帥初」一語，應是成語。鄭注：「禮帥初，遵循先日所為也。」則「帥」訓為「循」，與「欽有帥」之「帥」義同，似乎暗示「禮帥初」一語時代也不晚。另，《儀禮·覲禮》述天子對入覲的侯氏有以下記載：

> 天子賜舍，曰：「伯父，女順命于王所，賜伯父舍。」
> 天子使大夫戒曰：「某日，伯父帥乃初事。」
> 天子曰：「非他，伯父實來，予一人嘉之。伯父其入，予一人將受之。」
> 擯者（傳達天子語）曰：「予一人將受之。」
> 天子辭於侯氏曰：「伯父，無事，歸寧乃邦。」

其中「帥乃初事」，鄭注：「戒，猶告也。其為告，使順循其事也。初，猶故也。」「歸寧乃邦」，鄭注：「乃，猶女也。」其中「帥」、「乃」、「事」均為西周禮儀習用語，《尚書·召誥》有「越自乃御事」，師虎（簋）有「先王既令乃且考事，……今余隹帥井先王令」，毛公鼎有「女毋敢弗帥用先王乍明井」，可證。至於天子自稱「予一人」，見《尚書·康誥》，康王時器大盂鼎作「我一人」；稱諸侯

為侯氏，與《大雅‧韓奕》稱入覲的韓侯為「侯氏」同；稱侯氏為「伯父」，與《尚書‧康王之誥》康王稱各方諸侯同；則可證明〈覲禮〉時代不晚。

從以上所述來檢視《禮記‧文王世子》所記文王之對王季、武王之對文王所執的子禮：

> 食上，（文王）必在視寒煖之節。食下，問所膳，命膳
> 宰曰：「末有原。」應曰：「諾。」然後退。武王帥而
> 行之，不敢有加焉。

鄭注：「在，察也。……末，猶勿也。原，再也。勿有所再進，為其失飪，臭味惡也。……帥，循也。」此處「末有原」一語它處未見，「末」與「原」的訓詁亦與戰國時代的用法有別，應是古語。若再考慮「帥」（詳上文）「在」（詳下文）在禮儀場合使用的例證，則不應將該段文字的年代定得太晚。〈聘禮‧記〉記聘禮中的「辭」有以下的記載：

> 子以君命在寡君，寡君拜君命之辱。

鄭注：「此贊君拜聘享辭也。在，存也。」

> 君以社稷故，在寡小君。

鄭注：「此贊拜夫人聘享辭也。」以上兩個「在」字，鄭注訓為「存」，乃「存問」之義，其實與〈文王世子〉的「在」為「察問」之義相同，乃是古禮習用的詞彙。則〈聘禮〉所載的「辭」亦是其來有自。

五、長期使用的敬語

「敢」和「不敢」都是古人行禮時對人自稱的習慣用語，「敢」意為冒昧、斗膽，「不敢」表示不會造次、不會僭越。二詞起源很

早，《尚書·周書》各篇屢見，但並不都是行禮時的用語。確實用在行禮之上的，西周初期的令彝有「敢追明公賞于父丁，用光父丁」之文，可能是昭穆時期的效尊有「效不敢不萬年夙夜奔走」之句，便可證明禮書中「敢」和「不敢」這兩個敬語的淵源。

　　但禮書所見，「敢」有時卻是「不敢」的意思。〈聘禮·記〉「辭曰：非禮也。敢。」鄭注云：「敢，言不敢。」對人自稱不敢既可言「不敢」，又可言「敢」，若從文法或邏輯分析，似乎不通。清·翟灝以為乃是語急而省：

> 古有以語急而省其文者，《左傳》莊二十二年「敢辱高位」，二年「敢辱大官」，注皆云：「敢，不敢也。」《儀禮·聘禮》辭曰：「非禮也。敢。」注亦云：「敢，言不敢。」又《論語》「患得之」，亦言「不得」。《左傳》「若愛重傷，則如勿傷；愛其二毛，則如服焉」，「如」亦言「不如」。今語如此類甚多。[註4]

但行禮之嚴肅場合，豈容有如此多的「語急而省其文」？翟說自不可取。若將「敢」讀為「曷敢」作反問辭，則行禮場合中老是反問他人似不禮貌，而且從下舉文例的口吻看，也不是用反問辭可以解釋的。筆者以為：「不敢」與「敢」都是周初以來不離口的敬語，廣見於西周文獻和金文，但久經交替使用以表敬意或自謙之後，「敢」遂逐漸產生「不敢」的意思。《儀禮·士冠禮》：

> 戒賓曰：「某有子某，將加布於其首，願吾子之教之也。」
> 賓對曰：「某不敏，恐不能共事，以病吾子，敢辭。」
> 主人曰：「某猶願吾子之終教之也。」賓對曰：「吾子

---

4. 清·翟灝，《通俗編》（臺北：藝文印書館，百部叢書集成，據清乾隆李調元輯刊函海本影印），卷1。

重有命，某敢不從。」宿曰：「某將加布於某之首，吾
子將蒞之，敢宿。」賓對曰：「某敢不宿興。」

這裡的「敢辭」、「敢宿」的「敢」有冒昧、大膽的意思，「敢不
從」、「敢不宿興」的「敢」則是不敢的意思，二者卻都只用「敢」
字。這種例子，不勝枚舉，如《禮記・雜記下》：「寡君固前辭『不
教』矣，寡君敢不敬須以俟命。」二戴《禮記》的〈投壺〉篇均載
賓固辭不獲已，曰：「某固辭不得命，敢不敬從。」以上的「敢」
也都是不敢的意思。

　　此處筆者要說明的是，「敢」之有「不敢」的意思，是「久經
交替使用以表敬意或自謙之後」形成的，如果以周初的文獻和銘文
並無其例來比對，則上舉〈士冠禮〉、〈雜記〉、〈投壺〉所見的
用法應不會早到昭穆以前，然而《左傳》既有其例，那麼春秋時此
種用法便已形成無疑，而不是「語急而省其文」。

六、結論

　　關於《三禮》及《大戴禮》的「著成年代」，依照古代或近代
學者較可靠的記載與論證，大多是在戰國時期，也許有少數幾篇如
《禮記・王制》或《大戴禮・禮察》、〈保傅〉等已到了漢初，或
是如近年郭店、上博戰國簡所反映的現象，戰國的寫本到了漢初又
有少許的增刪更動。但這種對文獻年代的討論，基本上是「辨偽學」
中處理「下限」的思維。關於「下限」的論證，其優點是提供學者
使用資料在年代上的底線，以避免使用晚期的資料去論證早期的歷
史，就此點言，有其學術上的嚴謹性；至於缺點，則因先秦文獻大
多經歷輾轉傳寫增改的歷程，其內容具有層累性，今本並非其本來
面目，若過於執著「下限」，則不能反映出該文獻在歷史上的真正

意義，勢將影響學界對先秦歷史文化的了解，而有過猶不及之弊。

關於內容的層累性，禮書因為禮儀性質的關係，恐怕在各種文獻中居冠，因而執著「下限」，對古禮的研究的影響將比對其它文獻的研究為大，因此更應有另一面向的思維。就目前言，有何進路，仍然有待多方開發。本文僅揭出禮書中有許多較「著成年代」為早的「古語」的現象；這個現象，如果解釋成「著成年代」的作者因發思古之幽情而使用「古語」，恐不恰當；合理的解釋，應是該禮儀有較「著成年代」更早的淵源。至於其淵源與演變究竟如何，正是需要研究者用力之處。

以本文開頭筆者舉出的「跪。一叩首，再叩首，三叩首。興」為例，「跪」、「拜」、「興」的模式在有文獻記載的時代已然（筆者更認為此禮於遠古時即已形成），如果考慮用語的年代，則「叩首」見於西漢，再考慮明代以前一般情況下的「拜」、「頓首」等是以雙數二、四為節，清朝始以三為節，則「跪。一叩首，再叩首，三叩首。興」的「形成年代」是在清朝；然而僅僅斷言此禮「形成年代」在清朝，其實只說明了「三叩首」這部分，而「跪」（即先秦之「坐」、「跽」、「長跪」）、「一叩首、二叩首」（即古之再拜、頓首頓首）、「興」這部分並沒有講清楚；反過來，如果執著於「興」早見於先秦、「叩首」見於漢代，便主張「跪。一叩首，再叩首，三叩首。興」起源於先秦兩漢，同樣是不合理的。因為同樣的理由，所以上文論禮書中「敢」與「不敢」時，即兼顧了「上限」與「下限」。總之，筆者以為研究古禮，應盡可能的將其淵源與演變釐清。

茲再以二戴《禮記》都有的〈投壺〉篇為例，表明本文的觀點，作為結束。王鍔近著《禮記成書考》認為：

〈投壺〉成篇于戰國中期，與〈鄉射禮〉、〈大射〉的
成篇時間接近。

《禮記‧投壺》的經文部分，約成篇于戰國中期，後在
流傳中，出現兩種不同的版本，附有各自的記文，記文
也是戰國時期之作。漢代，它們分別被收入大、小戴《禮
記》，並流傳到現在。^(註5)

王書的主要論據是〈投壺〉的文風與〈鄉射禮〉相近，以及有戰國
銅投壺與有投壺圖案的提梁壺的發現。由於王書的主題是「成書
考」，若論〈投壺〉的「著成年代」（下限），筆者並無太多意見，
但筆者以為在此基礎上往前探討該禮之形成，才更有意義。首先，
王文已舉出《左傳》昭公十二年記載晉侯與齊侯投壺之事，諸侯享
宴時賓主既能相與投壺，則投壺之禮必在此前業已形成多時。而且
晉侯投壺時，穆子賦詩：「有酒如淮，有肉如坻；寡君中此，為諸
侯師。」齊侯投壺時，賦詩：「有酒如澠，有肉如陵；寡人中此，
與君代興。」則〈投壺〉載行禮時奏樂，當是淵源有自。再者，〈投
壺〉載敗而當飲者奉觴（大戴作觚）曰「賜灌」，鄭玄注：「灌猶飲也。
言賜灌者，服而為尊敬辭也。《周禮》曰：『以灌賓客。』^(註6)」按：
《論語‧八佾》「禘自既灌而往者，吾不欲觀之矣」，《禮記》〈郊
特牲〉及〈禮器〉「灌用鬱鬯」，〈明堂位〉「灌用玉瓚大圭」，「灌」
均指以酒獻神與尸供其飲用，不指以酒獻人供其飲用，《儀禮》所
載諸飲酒禮儀以酒飲人或受人獻酒亦不用「灌」字，則可以推論以
酒獻神與尸供其飲用謂之「灌」，必在以酒獻人供其飲用謂之「灌」

---

5. 以上兩段引文，分見王鍔，《禮記成書考》（北京：中華書局，2007年），頁121
及128。

6. 筆者按：《周禮‧春官‧典瑞》作「以祼賓客」。古「灌」、「祼」二字可通假，
詳朱駿聲，《說文通訓定聲》（上海：上海古籍出版社，續修四庫全書本，1995年），
頁165。

之後，亦即「灌」有「飲」義在「灌」為「獻」義之前，然則投壺
時口稱「賜灌」其起源必早於孔子時。綜合上述，則不妨推論〈投壺〉
篇可能在春秋時即已具有芻形了。

（本文原載《經學研究集刊》，第三期。高雄：高雄師範
　　大學經學研究所，二〇〇七年十月。）

拾肆、冠筓之禮中取字的意義及其
與先秦禮制的關係

一、前言

依據先秦禮書的記載，漢族男女於出生三個月後，由父親親自命名，禮家稱為「三月之名」。[註1] 到了行冠筓之禮，男子在三加冠服之後由「賓」為冠者取「字」，女子則是「許嫁，筓而字」。[註2] 此一取字的習俗至少實行了二千餘年，一直到近數十年仍然不絕如縷，可見是中華文化中一項重要的禮俗。

但此一重要的禮俗，卻存在著若干值得探討的問題。最根本的問題是：三月之名既為父親所命，為何仍須再行取字？從這個問題出發，我們還可以再問：取字禮俗的來源及其原始意義是什麼？在各種禮儀場合中，何時應稱人之名、何時應稱人之字？何以如此？

令人驚訝的是，這些問題，傳統學者並未認真追究。本文寫作的目的，即在為上述問題提供解答，因而先推論取字的來源與意義，再說明取字的意義及其與先秦禮制的對應關係，勾勒出此一禮俗從

---

1. 參考《禮記・內則》。
2. 據《儀禮・士冠禮》言，取字的模式是：男子為「伯某父」，伯仲叔季唯其所當。我們參考金文，其例頗多。至於女字，則作「伯某母」等，詳王國維《觀堂集林》（臺北：河洛圖書出版社，影印本，1975 年），卷 3，〈女字說〉。則〈士冠禮〉所言，具有相當的普遍性。

巫術思維轉化成固定禮制的過程及演變，以印證前文的推論。

二、古漢族取字的來源與意義

　　為何二三千年來漢族有取字的禮俗？前代禮家都以「敬其名」（避諱）來加以詮釋。如《儀禮‧士冠禮》之「記」即謂：「冠而字之，敬其名也。」鄭玄《注》解釋道：「名者，質，所受於父母；冠，成人，益文，故敬之也。」《禮記‧冠義》謂：「已冠而字之，成人之道也。」孔穎達《疏》解釋道：「二十有為父之道，不可復言其名，故冠而加字之，成人之道也。」班固《白虎通‧姓名》稱：「人所以有字何？所以冠德明功，敬成人也。」清人張爾岐《儀禮鄭注句讀》亦稱：「敬其名，敬其所受於父母之名，非君父之前不以呼也。」

　　細審這些詮釋，固然眾口一辭點明「冠而字之」是「敬其名」，是「成人之道」，但其實只說明了「其然」，而未指出「所以然」。換句話說，禮家僅僅說了諱「名」稱「字」是對成人的尊敬這個事實，但未說出為何需要如此，更未探討此一禮俗的來源。當然，經學家有一種傳承已久的態度，即相信大多數的禮儀是聖人制禮作樂時的產物，因此不必深究為何如此或不如此的原因；在這種思維下，自然不會想到取字有古老來源的可能。然而，生於今日，我們無法接受諱「名」稱「字」之禮乃出於聖人所定的說法，何況即使某一禮儀是聖人所定，我們也必須深究它的「禮意」，而不是無條件的接受「禮文」。

　　筆者認為要獲得圓滿的解釋，最關鍵的切入點是要了解：取字前後的男女在生活內容上有何不同？按：取字之前，少男少女受到家族的充分保護；之後，則被視為成人，將進入社會或嫁入他姓，再也不能像以往一樣受到保護，他（她）可能必須面對異姓或其他

人士不善意的對待，因此他（她）需要採取各種防禦措施，包括非面對面的攻擊。筆者認為：遠古漢族之所以有取字的習俗，即起源於防禦某種非面對面的攻擊。

英人弗雷澤在《金枝》[註3]一書中，曾以從世界各地採集而來的大量例證（但採自漢族的極少），說明遠古時代或進化較遲的民族的思維方式可歸納為相似律及接觸律，依相似律而產生順勢巫術的行為或習俗，依接觸律產生接觸巫術的行為或習俗。其第二十二章〈禁忌的詞彙〉，指出許多民族在語言上有所禁忌，此現象可用接觸律來解釋，他說：

> 未開化的民族對於語言和事物不能明確區分，常以為名字和它們所代表的人或物之間不僅是人思想概念的聯繫，而且是實在的物質的聯繫，從而巫術容易通過名字，猶如通過頭髮指甲及人身其他部分一樣，來為害於人。[註4]

換言之，當智慧尚未發展到一定程度時，人們無法分辨「真名」和「我」的區別，因此，他們以為傷害「真名」便可傷害「我」。弗雷澤舉了不少例證，其中之一已足以說明上述的狀況：「西里伯斯的托蘭波人相信只要你寫下一個人的名字，你就可以連他的靈魂和名字一起帶走。」[註5]這是一種接觸巫術的思維。

擁有上述思維的人們，在面對家族以外的他人時，為了防止受害，他們會另取一個「假名」供人稱呼。「假名」因非「我」，故而「我」不會受接觸巫術的傷害。所以許多民族只有親人知其「真名」，外人皆僅知其「假名」。如果外人稱「我」之「真名」，「我」便覺得對方「有敵意」，若稱「假名」，因不會受到威脅，便覺「無

---

3. 英·弗雷澤著，汪培基譯，《金枝》（北京：中國民間文藝出版社，1987 年）。
4. 見《金枝》，第 22 章，頁 362。
5. 同上注。

敵意」。弗雷澤的書中舉出一些民族擁有「真名」、「假名」的實例，以證實以上的理論：

> （古代）每一個埃及人都有兩個名字，一為真名，一為好名，或一為大名，一為小名；好名或小名是為大家知道的，真名或大名則小心隱瞞不讓別人知道。^{（註6）}

> 在中澳大利亞的一些部落中，男女老幼除了公開用的名字以外，每人都有一個祕密的或神聖的名字，是出生後不久由自己的老人給取的，只有個別極親近的人才知道。這個祕密名字只在極莊嚴的時刻才用一下，平時絕不提它。如果說出這個名字，被婦人或外人聽到，就是最嚴重地違犯了本族族規。^{（註7）}

除了上舉二例，弗雷澤又舉出北美印第安人、中澳大利亞部落、印度婆羅門等例，足見擁有兩個或兩個以上的名字的習俗並非罕見。

　　筆者認為：古代漢族男女成年後之所以諱「名」而取「字」，原因與弗雷澤所述其他民族的情況相同，「名」才是「真名」，「字」是「假名」，取「字」習俗的來源，是基於遠古時代的巫術思維，其意義則在避禍遠害。我們有理由相信，古漢族曾有此一習俗，只是到了周代，已轉化為較固定的禮制，人們以禮儀之必然去思維諱「名」取「字」一事，遂逐漸淡忘人們之所以既有「名」又有「字」的原因。而此後的禮家，由於相信這是聖人制禮作樂時的產物，自然不會想到它可能有更古老的來源與意義。

---

6. 見《金枝》，第 22 章，頁 363。
7. 同上註。

三、取字的意義與先秦禮制的對應關係

儘管禮家以尊卑或禮貌來解釋漢族諱「名」取「字」的禮俗，與巫術以避禍遠害的思維模式去了解，二者有所不同，然而筆者認為：二者的精神血脈其實是相通的，其傳承的對應關係可以一一考見。只是到了周代以後，巫術思維淡化，社會對長期以來諱「名」取「字」的習俗的詮釋，已部分的將稱「字」的「無敵意」轉化為「禮貌」，將稱「名」的「有敵意」轉化為「不禮貌」；然而在舉行重要典禮時，除非有其他考量，真正代表本人的仍是「名」，「字」則不能。這就可以說明諱「名」取「字」的禮俗確實是從巫術思維演變來的。

下文將依生命過程的先後次序，就具體的禮儀說明二者的對應關係。要請讀者注意的是，下文強調某些場合稱「名」之必要性時，正可印證「名」代表「我」的理論；強調某些場合稱「名」為不恰當時，正可說明取「字」的意義。

依照上節所述的思維，我們可以如此說：在遠古時代，掌握對方的「名」，等於擁有對方「生命」的處置權。到了周代，這層關係仍很清楚。《禮記·曲禮上》說：「父前，子名。」又說：「子於父母，則自名也。」就子女言，父母是生命的賦予者，父親更是命名之人，擁有子女的生命，因此父母可以直呼子女的名，子女在父母面前自然也無法迴避。反之，子女並未賦予父母生命，也未替父母命名，自然不可稱呼父母之名。這一層要求，可以擴充到親族中的尊長與晚輩，以及老師與學生的關係上。因此先秦古籍中，尊長或老師可以稱晚輩或學生之名，反之則不可。至於同輩之間，由於也無對方生命的處置權，故不可稱人之「名」，只能稱其「字」或以「某子」尊稱之，否則被視為極不禮貌。依此理，若是對外人

自稱己「名」，等於對人表示禮貌，《禮記・少儀》載：「始見君子者，辭曰：某固願聞名於將命者，不得階主。適者，曰：某固願見。」此處「君子」指年德較長者，「適」通「敵」，指年德相當者，為了對年德較長表示禮貌，措辭上強調願意讓對方聞「名」。上述稱「名」稱「字」之禮儀，核以《論語》一書所見，無有例外，而其意義，都可以從前揭的理論加以檢驗。再推而廣之，擁有稱人之「名」的資格卻不稱，也可以表示某種敬意，〈曲禮下〉言：「國君不名卿老、世婦，大夫不名世臣、姪娣，士不名家相、長妾。」鄭玄注：「雖貴於其國家，猶有所尊也。卿老，上卿也。世臣，父時老臣。」這是「郁郁乎文哉」的周文化的表現。相反的，若不應稱他人之「名」卻以之稱呼，則有指斥的意涵，〈曲禮下〉說：「諸侯失地，名；滅同姓，名。」這是歸納《春秋經》的義例，稱「名」用以指斥諸侯的敗德。一直到近代，若非尊長對晚輩，社會上仍然以稱「字」為敬，稱「名」為不敬。當代因別立字號者不多，此一禮俗才稍有改變。

　　〈曲禮上〉又言：「男女非有行媒，不相知名。」古代青年男女並非不可交往，但彼此僅僅知道對方「三月之名」以外的其他稱呼（姓氏、排行等），如孟姜、仲子之類。這是因為「名」代表「我」，若輕易示人，等於輕易讓他人擁有，有虧「名節」。因此《儀禮・士昏禮》中的六禮，有「問名」一節，以便歸卜吉凶。何以需要問「名」？因不問清女子真正的「名」，則男方祖先無法確知談論婚嫁之對象究竟為誰，占卜吉凶便失去了意義。[註8] 結婚以後，婦人

8. 關於「問名」，清人孫希旦之言較孔穎達、賈公彥之說正確，其言曰：「愚謂問名者，問女之名，將以加諸卜也。故〈曲禮〉曰：『男女非有行媒，不相知名。』〈士昏・記〉問名辭云：『敢問女為誰氏？』謙不敢質言，故言『誰氏』。疏家疑婦人不以名通，故孔氏言『問其母所生之姓名』，賈氏又謂『問女之姓氏』，皆非也。既已納采，固無不知其姓氏之理，而母所生之女，非止為一人，而姓氏者，尤非一人之所專也，將何以卜其吉凶乎？」見孫希旦，《禮記集解》（臺北：文史哲出版社，影印沈嘯寰、王星賢點校本，1990 年），〈昏義〉，頁 1417。唯孫氏並不能從理論上印證其說。

更是不以「名」行，後世在公堂上審問女性，也只用「王李氏」、「陳林氏」等稱呼而不稱其「名」。這乃是古代以「名」代表「我」的遺意。

〈曲禮上〉說：「君前，臣名。」古代君臣關係的建立，臣子須「委質」於君主，君主若接受，則將臣子的「名」等資料納入「名籍」，此即所謂「委質策名」。君臣關係成立之後，君主須以俸祿豢養臣子，臣子則須「致命」（奉獻生命）於君主。(註9) 後世「食人之食，死人之事」、「君要臣死，臣不得不死」等語，正反映出這種關係。君主既擁有臣子的生死處置權，臣子自然毋須再擔心「君前，臣名」會不利於自己。相反的，臣子既未擁有君主的生死處置權，自不可稱對方之「名」，否則便是大不敬。這一層關係，可以上推到君主之君主，〈曲禮下〉言：「諸侯見天子，曰：臣某侯某。」孔疏：「下某是名。」〈曲禮下〉又言：「列國之大夫，入天子之國，曰：某士。自稱曰：陪臣某。」孔疏：「擯者稱為某國之士也。……陪，重也，某，名也。其君已為王臣，己今又為己君之臣，故自稱對王曰重臣也。若襄二十一年，晉欒盈辭於行人曰：天子陪臣盈是也。」

據《儀禮·士喪禮》載，士人初死，舉行「復」（招魂）的儀式時，由有司攜帶死者曾穿著的衣裳登上屋之東榮向北呼死者之「名」。這是古人相信「名」才能真正代表初死者，初死者的靈魂聽到自己的「名」，又看到自己的衣裳，有可能「回魂」復活。至於女子之喪，據《禮記·喪大記》載：「凡復，男子稱名，婦人稱字。」婦人之「復」，不稱名而稱字，似乎與上述的理論不合，但這是進入禮制時代的禮儀，原來是稱名不稱字的（說詳下文）。因為女子只屬於

9.《史記·仲尼弟子列傳》「儒服委質」句下《索隱》引服虔注《左傳》：「古者始仕，必先書名於策，委死之質於君，然後為臣，示必死節於其君也。」此說正確。《左傳》僖公 23 年「策名委質」下孔《疏》：「質，形體也。拜則屈膝而委身於地，以明敬奉之也。」按：古人跪拜不限於臣之對君，此說誤。

丈夫及其家族，礙於名節因素，有司可能根本不知其「名」，鄭玄注就說：「婦人不以名行。」一直到後世，儘管女子的墓誌銘往往央託男性文士撰寫，但每不奉告該女子之「名」，因而文集中女性墓誌銘的「諱」往往是空白的。[註10]

我們主張婦人之復稱「字」是進入禮制時代的禮儀，其實前人已先言之。〈喪大記〉「凡復，男子稱名，婦人稱字」下孔疏云：「自殷以上，貴賤復，同呼名。周則天子稱『天子』；諸侯稱『某甫』，且字矣；大夫、士稱名，而婦人並稱字。」[註11]據此可知，殷代以前，無論男女貴賤，招魂時都稱「名」，這完全符合上節所述的理論。至於其他稱法，乃是周代所演變出來的，天子、諸侯尊，因而異於常稱，婦人不主外，故不以名行，這種變質為文的情形，在講究尊尊的周代禮儀中是常見的。

人死後，應訃告於君主及親友，據禮書所載，其訃辭也可以印證上述有關「名」、「字」禮儀的意義。《禮記・雜記上》言：「凡訃於其君，曰：君之臣某死。父母妻長子，曰：君之臣某之某死。君訃於他國之君，曰：寡君不祿，敢告於執事。夫人，曰：寡小君不祿。大子之喪，曰：寡君之適子某死。大夫訃於同國適者，曰：某不祿。訃於士，亦曰：某不祿。訃於他國之君，曰：君之外臣寡大夫某死。訃於適者，曰：吾子之外私寡大夫某不祿，使某實。訃於士，亦曰：吾子之外私寡大夫某不祿，使某實。士訃於同國大夫，曰：某死。訃於士，亦曰：某死。訃於他國之君，曰：君之外臣某死。訃於大夫，曰：吾子之外私某死。訃於士，亦曰：吾子之外私某死。」

---

10. 如北周・庾信著，清・倪璠注，《庾子山集注》（臺北：源流出版社，1983年），卷16皆為婦人之墓誌銘，其中無有實寫名諱者。今出土六朝以來婦人墓誌有名諱者，乃喪家自填或倩人填諱。
11. 《禮記・曲禮下》：「（天子）復，曰：天子復矣。……（諸侯）復，曰：某甫復矣。」孔《疏》所言天子、諸侯復，當據此。

此段文字中，君對君不稱「某」，則非稱其「名」可知。大夫、士對適（敵）者稱「某」，孔疏以為或稱官號、或稱姓名，然先秦（特別是春秋時代以前）男子自稱不連姓(氏)帶名，故當指官號。其餘下之對上，則「某」是「名」無疑。

至於祭祀，〈曲禮下〉說：「天子未除喪，曰：予小子。生名之，死亦名之。」所謂「生名之，死亦名之」，指先王生前，嗣子當其面須自稱「名」；先王既崩，祭祀時嗣子亦須自稱「名」。天子如此，自諸侯大臣以下之祭祀、祈禱，更須如此。《尚書・金縢》載周公祭告太王、王季、文王之禱辭，周公自稱「旦」，即其一例。可見稱「名」稱「字」的禮儀，也適用於生者與死者的關係。

四、結論

若以上的論證可取，我們可以做一簡略的結論：諱「名」取「字」的禮俗，起源於巫術思維下的遠古時代，最初反映的是安全的顧慮，因為「名」代表「我」，而「字」則否，因此除親族、君主外，對外只以字行，以避免他人以巫術加害。到了周代，習慣仍存，且廣泛運用在各種人際關係上。只是文明漸進，巫術思維漸淡，禮家遂以禮貌或尊敬與否來詮釋稱「名」稱「字」之俗，而忘其來源。然而，巫術思維的某些遺意卻在若干場合一直被強調著，譬如犯了帝王之諱，罪為大不敬，直呼本身或他人父母尊長之名，也被認定為極不禮貌。這種禮俗，倘依據上揭理論加以了解，自能獲得較周延的解釋。

（本文原載葉國良、李隆獻、彭美玲合著《漢族成年禮及其相關問題研究》。臺北：大安出版社，二〇〇四年八月。）

拾伍、從婚喪禮俗中的異族文化成分論禮俗之融合與轉化

一、前言

　　民族之融合乃人類演化進程之重要事件，然其意義尚非血統之交融而已，而在文化之融合與轉化之上。此種融合與轉化，乃促使文化愈形豐富之最重要因素。故觀察此民族與彼民族接觸後，在政治制度、禮俗乃至文學、藝術等面向之融合和轉化，無疑為文化研究之重要課題。

　　漢族與異族之接觸，自古有之。西晉末年，五胡入華，此後政權與文化呈現之多元狀態，最為明顯。以漢族言，固嘗稱之為「五胡亂華」，然經各民族血統與文化長期之融合，實為漢族注入新活力，故唐朝可繼漢朝之後再度建立文明昌盛且聲名遠播之帝國，而宋朝亦經著名學者王國維、陳寅恪等稱許為文化最燦爛之朝代。以此一觀點立論，南北朝唐宋文化實包含眾多異族文化之因子。

　　上述事實，學者曾自各種角度多方論述，包括政治制度、文學、神話、工藝等。筆者近年則較關心歷代禮俗中異族文化之成分，尤其該成分影響普及於後世者。蓋漢族本東亞強勢民族，基於驕傲之本位主義心理，以及視禮樂制度為聖人制定之觀念，自來不願正視

或討論此一禮俗融合與轉化之現象，故此一主題儘管已有若干成績，而可繼續研究之空間尚不少也。

　　本文擬以婚喪禮俗之演進史為著眼點，選擇南北朝及唐宋時期為範圍，考察其禮俗中異族文化之成分，以說明外來禮俗如何在中土融合與轉化而豐富中華文化之內涵。選擇此一範圍之理由，乃因南北朝時民族大融合已有一段時間，至唐宋則告一個段落，此前則各民族正在接觸，雖有若干融合之現象，但資料零星，轉化之程度亦不甚明顯，而宋代以後之婚喪禮俗又大致已經定型，故此一時期最能說明禮俗融合與轉化之現象。

　　專門研究唐宋婚姻禮俗之著作，較完整者有呂敦華《唐代婚禮研究》^{（註1）}及彭利芸《宋代婚俗研究》^{（註2）}，二書對具體儀節之說明頗為詳細，關於異族婚俗之影響亦略有涉及，但因主題及斷代討論之限制，對本文關心之融合與轉化缺乏完整及深入之論述。馬之驌《中國的婚俗》^{（註3）}成書較早，其上篇對個別習俗之演變雖有歷史性之觀察，但對異族文化的成分著墨不多。大陸學者呂一飛《胡族習俗與隋唐風韻——魏晉南北朝北方少數民族社會風俗及其對隋唐的影響》^{（註4）}一書頗有論述，但就此一主題言，亦不完整。本文挑選唐宋婚俗中「就婦家成禮」、「障車下婿」、「百子帳」、「坐鞍」、「催妝」、「婿騎馬繞婦車三匝」、「卻扇」、「戲弄女婿」等雜有異族文化之儀節加以討論。至於傳統喪禮，論著汗牛充棟，但仍缺乏觀察其異族文化成分之有系統論著，本文僅論南北朝喪禮

1. 呂敦華，《唐代婚禮研究》（臺北：國立臺灣大學中國文學研究所碩士論文，1995年）。

2. 彭利芸，《宋代婚俗研究》（臺北：新文豐出版公司，1988年）。按：此書原係臺灣師範大學國文所碩士論文，周何指導。

3. 馬之驌，《中國的婚俗》（臺北：經世書局，1981年）。

4. 呂一飛，《胡族習俗與隋唐風韻——魏晉南北朝北方少數民族社會風俗及其對隋唐的影響》（北京：書目文獻出版社，1994年）。

中做「七七」及「百日」之俗,乃基於此俗至今仍普遍存在漢人甚至兄弟民族之社會中,例證最為明顯。由於有關資料繁多,本文僅舉最具代表性之文獻,作最必要之陳述,不擬辭費,而將重點置於融合與轉化之過程或方式之觀察,並討論觀察所得是否有助於豐富中華文化之內涵。

　　至於本文所謂「融合」,指異族禮俗楔入漢族原有禮俗體系中。所謂「轉化」,指異族禮俗經漢族加以變形,已與原本之異族禮俗有明顯差異。

二、唐宋婚俗中異族文化成分之融合與轉化

　　唐宋昏禮儀節至為繁複,其中有承襲先秦古禮者,如納采、納徵、親迎等六禮,有興於漢代者,如撒帳等,名目不少;而其中隨社會習俗、觀念之改變而改變者亦夥,如問名後世改為合八字等等;此類皆為值得研究之課題。然其中一部分,則乃融合或轉化異族禮俗而來,國人亦不可不知。本文既論唐宋婚俗中異族文化成分,則凡承襲或改變先秦古禮者,皆不及之。下文依儀節舉行之先後順序,分八項論各該儀節融合及轉化之過程。

(一)就婦家成禮

　　漢人乃父系社會,昏禮原無在女家舉行之理。遊牧民族則因有勞役婚之習俗,昏禮或在女家舉行。《三國志‧魏書‧烏丸鮮卑東夷傳》注引《魏書》云:

> 為妻家僕役二年,妻家乃厚遣送女,居處財物,一出妻
> 家。

此即所謂勞役婚。該傳既言「居處財物,一出妻家」,則婚後夫妻

雖獨立生活，實與居妻家無異，僅別置穹廬耳。又，《北史·高車傳》
載其婚俗云：

> 迎婦之日，男女相將，持馬酪熟肉節解。主人延賓，亦
> 無行位，穹廬前叢坐，飲宴終日，復留其宿。明日，將
> 婦歸。

此言「飲宴終日，復留其宿。明日，將婦歸」，則婚夕在婦家行禮
可知。六朝以來社會既染胡風，且仕子往往遊食四方，因而就婦家
成禮之例頗多，見於六朝志怪、唐人傳奇者比比皆是，當能反映其
時習俗之一端。

　　既在女家成禮，則與傳統親迎之禮牴觸，於是二者遂產生巧妙
之融合，即先以車自女家迎婦出門，在附近稍事繞行後，再入女家
成禮。《太平廣記》卷三四三「寶玉」條載寶玉就婚於表丈家云：

> 丈人曰：「君生涯如此，身落然，蓬遊無抵，徒勞往復。
> 丈人有侍女，年近長成，今便合奉事。衣食之給，不求
> 於人。可乎？」玉起拜謝。丈人喜曰：「今夕甚佳，又
> 有牢饌，親戚中配屬，何必廣召賓客？吉禮既具，便取
> 今夕。」謝訖復坐。又進食，食畢，憩玉於西廳。……
> 俄而禮輿香車皆具，華燭前引，自西廳至中門，展親御
> 之禮。因又繞莊一周，自南門入及中堂，堂中惟帳已滿，
> 成禮訖。

此條所記，固屬小說家言，然對當時如何調合衝突禮俗之具體方式
而言，則屬難得之資料，故錄於此。唯漢族長久以來屬父系社會，
男婚女嫁，終落夫家。上文所載之事，自屬權宜措施，故無法長久。

（二）障車、下婿

先秦昏禮^{（註5）}，親迎時女父迎婿於門外，禮甚隆重，未有刁難女婿前來親迎之事。唐時則有之，唐人封演《封氏聞見錄》^{（註6）}卷五云：

> 近代婚嫁有障車、下婿、卻扇及觀花燭之事。

所謂「障車」，即婿親迎時女家加以阻攔。其法，有人出面誦障車文攔車，其目的在「故來遮障，覓君錢財。君須化道，能罷萬端」^{（註7）}。此開後世親迎時應以紅包給予女家前來招呼之親戚之先聲。所謂「下婿」，即在言語或行動上屈折或考驗女婿，女婿入門，每至一處，輒被要求賦詩或答話，否則不予放行，此與障車為同一思維。考若干北方遊牧民族及西南少數民族，由於社會進程甫由母系社會轉入父系社會，對於女子嫁入男家，有種種抗拒之習俗^{（註8）}，其中之一即要求男方卑辭遜禮。宋人宇文懋昭《金國志》^{（註9）}卷三十九「婚姻」條記女真婚俗云：

> 婦家無大小皆坐炕上，婿黨羅拜其下，謂之男下女。

此俗意在屈折女婿之銳氣，故漢人謂之「下婿」，敦煌所出〈下女夫詞〉即嫁娶雙方對話之作品。^{（註10）}

---

5. 以下言「先秦昏禮」之儀節，皆據《儀禮·士昏禮》及《禮記·昏義》，不另注。
6. 唐·封演，《封氏聞見錄》（臺北：廣文書局，1968年）。
7. 見敦煌所出伯3909《今時禮書本》，收入黃永武編，《敦煌寶藏》（臺北：新文豐出版公司，1986年），第131冊。
8. 諸如哭嫁、產後方落夫家等皆是，大陸學者民族學及文化人類學一類著作已多記載，茲不贅。
9. 宋·宇文懋昭，《金國志》（濟南：齊魯書社，二十五別史本，2000年）。
10. 關於「下女夫」三字如何解釋之問題，大陸學者頗有解釋，計有「下」是「戲弄」之意、「下」是「使下馬」之意、「下女」指敦煌女子共三說，呂敦華有所討論，以為前二說皆可成立，見《唐代昏禮研究》，頁58。筆者則以為「下」為「能下人」、「禮賢下士」之「下」，謂使女婿卑辭遜禮。

障車本女家障婿車之行為,而其後又衍生障婦車之事,《新唐書・諸帝公主傳》載:

> 安樂公主,(中宗)最幼女。……崇訓死,主素與武延秀亂,即嫁之。是日,假后車輅,自宮送至第,帝與后為御安福門臨觀。詔雍州長史竇懷貞為禮會使,弘文學士為儐,相王障車,捐賜金帛不貲。

此文既云「自宮送至第,帝與后為御安福門臨觀」,又云「捐賜金帛不貲」,則為障婦車無疑,而障車者之目的亦在邀取酒食財貨以為笑樂,此亦後世新婦甫下轎即應陸續以紅包給予男家親屬之先聲。

至於下婿,至女權復卑之宋代,則漸轉化為請女婿高坐,以適應當時之社會習俗。(詳參下文「坐鞍」段)

(三)百子帳

先秦昏禮,婿來親迎,婦自房中出,降自西階,隨婿登車。漢末社會漸染胡風,北方嫁娶,女家多設青廬於門內西南吉地,東向,婦居其中,以待迎娶。《世說新語・假譎》載:「魏武少時,嘗與袁紹好為游俠。觀人新婚,因潛入主人園中,夜叫呼云:『有偷兒賊!』青廬中人皆出觀,魏武乃入,抽刃劫新婦。與紹還出,失道,墜枳棘中,紹不能動。復大叫云:『偷兒在此!』紹遑迫自擲出,遂以俱免。」此所謂「青廬」,即游牧民族之穹廬,漢人亦稱之為百子帳,《三國志・魏書・烏丸傳》注引《魏書》:「居無常處,以穹廬為宅,皆東向。」《南史・河南王傳》:「其國多善馬,有屋宇,雜以百子帳,即穹廬也。」《南齊書・魏虜傳》:「以繩相交絡,紐木枝根,覆以青繒,形制平圓,下容百人坐,謂之為『繖』,一云『百子帳』也,於此下宴息。」蓋穹廬在游牧民族言,諸事皆可用之,不僅昏禮也。漢人既染胡俗,則於昏禮用之,唐人段成式《酉

陽雜俎》^{（註11）}《續集》卷四引江德藻《聘北道記》^{（註12）}所記復加論斷云：

> 北方，昏禮必用青布幔為屋，謂之青廬。於此交拜。…
> 江德藻記此為異，明南朝無此禮也。

按：段氏之意，江德藻乃南朝陳人，其聘北朝而記此，是當時胡族繁多之北朝行此，而南朝尚無之。然至唐，此俗已極普及，《酉陽雜俎》同卷云：

> 今士大夫家昏禮，露施帳，謂之入帳，新婦乘鞍，悉北
> 朝餘風也。

士大夫家外，皇家亦然，唐人陸暢〈雲安公主下降奉詔作催妝詩〉^{（註13）}云：

> 催鋪百子帳，待障七香車。

《唐會要》^{（註14）}卷八十三「嫁娶」條，載德宗建中元年（780），禮儀使顏真卿等奏曰：

> （嫁娶）相見行禮，近代設以氈帳，堛地而置，此乃戎
> 禮穹廬之制。合于堂室中置帳，請准禮施行。

按：百子帳一般設於宅內庭院吉地，顏真卿則建議改置堂室中，以適應漢人起居習慣，後人多效之，胡俗之痕跡遂漸消泯。

至於百子帳之形制與取義，宋人程大昌《演繁露》^{（註15）}卷三云：

---

11. 唐・段成式，《酉陽雜俎》（臺北：源流出版社，影印本，1982 年）。
12. 《聘北道記》，《陳書・文學列傳》作《北征道理記》，《南史・江革傳》作《北征道里記》。
13. 見《全唐詩》，卷478。
14. 宋・王溥，《唐會要》（臺北：臺灣商務印書館，影印文淵閣四庫全書本）。
15. 宋・程大昌，《演繁露》（臺北：藝文印書館，百部叢書集成本）。

「唐人昏禮多用百子帳，特貴其名與昏宜，而其制度則非有子孫眾多之義。蓋其制本出戎虜，特穹廬、拂廬之具體而微者耳。捲柳為圈，以相連瑣，可張可闔，為其圈之多也，故以百子總之，亦非真有百圈也。其施張既成，大抵如今尖頂圓亭子，而用青氈通冒四隅上下，便於移置耳。白樂天有〈青氈帳詩〉，其規模可考也。」據此，知青廬之稱為百子帳，蓋寓含漢人之觀念，以農業民族富有多子多孫觀念也。

百子帳其後又轉化為百子圖。清人翟灝《通俗編》[註16]卷八「百子圖」條云：

> 《天祿志餘》：「唐宋禁中大婚，以錦繡織成百小兒嬉戲狀，名百子帳。」按程大昌《演繁露》：「唐人昏禮用百子帳，特貴其名與昏宜，而其制度則未有子孫眾多之象，蓋穹廬之具體而微者耳。捲柳為圈，以相連鎖，可張可闔，為其圈之多也，故以百子總之。」《文選·景福殿賦》：「美百子之特居，嘉休祥之令名。」注引《西京雜記》：「百子池，高祖與戚夫人，正月上辰盥濯于此。」亦未言有圖狀也。惟明解縉有〈題百子圖詩〉，又張居正〈應制題百子圖詩〉。

按：翟灝謂唐宋時僅禁中有百子圖，未確。宋人辛棄疾〈鷓鴣天·祝良顯家牡丹一本百朵〉[註17]：「恰如翠幄高堂上，來看紅衫百子圖。」據此，唐宋禁中及士民家婚嫁有因百子帳之名而懸掛百子圖者，後世則更有繡於被單上者。紅衫百子圖，今已成國畫題材之一。

---

16. 清·翟灝，《通俗編》（臺北：藝文印書館，百部叢書集成本）。
17. 宋·辛棄疾，鄧廣銘箋注，《稼軒詞編年箋注》（臺北：華正書局，1975年），卷5，頁478。

（四）坐鞍

先秦昏禮，婿升堂再拜奠雁，女方父母交代其女既竟，婿即引婦出門登車，並無其他儀節。唐時，奠雁之前，則婦有乘鞍之禮，敦煌所出唐代《張敖書儀》[註18]云：「（婿）升堂奠雁，令女坐馬鞍上，以坐障瞞之。」此俗段成式認為出自北方胡人：「今士大夫家昏禮，露施帳，謂之入帳，新婦乘鞍，悉北朝餘風也。」（已見前引）按：唐人蘇鶚《蘇氏演義》[註19]卷上云：

> 婚姻之禮，坐女於馬鞍之側，或謂此北人尚乘鞍馬之義。
>
> 夫鞍者，安也，欲其安穩同載者也。……今娶婦家，新
> 人入門跨馬鞍，此蓋其始也。

據上引文，是婿來女家迎娶時，或坐婦於鞍上，或坐婦於鞍側，其後又衍生婦入婿家時跨馬鞍之俗。按：胡族不操漢語，乘鞍當別有取義，以諧音釋「鞍」為「安」者，自屬漢人之詮釋。

至宋，此俗復轉化加繁。宋人孟元老《東京夢華錄》[註20]卷五「嫁娶」條記北宋婚俗云：

> 新人下車檐，……一人捧鏡倒行，引新人跨鞍、驀草及
> 秤上過。

按：此蓋以「秤」合「鞍」之音取義「平安」[註21]，已純屬漢人之思維矣。[註22]

---

18. 敦煌所出伯2646《張敖書儀》，收入黃永武編，《敦煌寶藏》（臺北：新文豐出版公司，1986年），第123冊。

19. 唐·蘇鶚，《蘇氏演義》（清嘉慶刊本）。

20. 宋·孟元老，《東京夢華錄》（臺北：世界書局，1974年）。

21. 按「秤」有「稱」去聲及「平」兩音，若上引文當讀為「稱」去聲，則當取「相稱」之意。至於「驀草」則不知取義為何，待考。

22. 清代昏禮有以「寶瓶」之「瓶」諧音「平」者，見清·褚人穫，《堅瓠集》（上海：上海古籍出版社，續修四庫全書本，2002年），《廣集》，卷1，「娶婦用鞍」條。

至於婦之乘鞍，其後亦轉化為女婿乘鞍。宋人歐陽修《歸田錄》[註23] 卷二云：

> 劉岳《書儀・昏禮》有「女坐婿之馬鞍，父母為之合髻」之禮。……今之士族當婚之夕，以兩倚（筆者按：「椅」字早期作「倚」，言可倚也）相背，置一馬鞍，反令婿坐其上，飲以三爵，女家遣人三請而後下，乃成昏禮，謂之「上高坐」。

「上高坐」者，椅上加鞍，而上引《東京夢華錄》同卷言：

> 入門於一室內，……婿具公裳，花勝簇面，於中堂昇一榻，上置椅子，謂之高坐。先媒氏請，次姨氏或妗氏請，各斟一盃飲之，次丈母請，方下坐。

據此，則北宋時高坐或有椅無鞍，胡俗之痕跡已漸泯滅，蓋宋時社會男權復高，故昏禮已不似唐人處處「下婿」，而轉為尊榮之矣。

（五）催妝

先秦兩漢昏禮，在親迎前有請期，及期則男方在黃昏前往女家迎娶，女方並無拖延情事。至唐宋，則女方有之，其目的自在增添歡樂氣氛，其中一項為婦待催妝乃肯上車。習俗所自，亦是胡族。至於催妝之具體舉止，《酉陽雜俎》《續集》卷四引江德藻《聘北道記》記北朝風俗云：

> 迎新婦，夫家百餘人挾車（至女家），俱呼曰：「新婦子，催出來！」其聲不絕。（至新婦）登車乃止。今之催妝是也。

---

23. 宋・歐陽修，《歸田錄》，收入《歐陽修全集》（北京：中華書局，2001 年），卷127。

此俗雖樸質，實欠文雅。唐代雅士則多賦催妝詩以催促之，如徐安期〈催妝〉[註24]：「傳聞燭下調花粉，明鏡臺前別作春；不須面上渾妝卻，留著雙眉待畫人。」白居易〈和春深二十首〉[註25]：「催妝詩未了，星斗漸傾斜。」其詩內容多以讚美新娘之美貌不待化妝，以催促及早登車。

　　至宋代，催妝詩外，有催妝詞。催妝詩詞，普通民人非皆擅長，故其後演變為先前送新婦所需衣飾花粉、親迎時作樂催促以代之，上引《東京夢華錄》同卷記北宋之俗云：

　　凡娶婦，先一日，或是日早，下催妝冠帔花粉。……至
　　迎娶日，……作樂催妝上車。

此法顯較適合一般民人，然臨場熱鬧有趣之氣氛已大減矣。

（六）婿騎馬繞婦車三匝

　　先秦昏禮，婦既登車，婿為御，輪三轉，婿下車，另車先行，俟婦於門。唐代則婿騎馬繞婦車三匝，《酉陽雜俎》《前集》卷一云：

　　近代昏禮，……婦上車，婿騎而環車三匝。

今人呂一飛謂：北方游牧民族典禮多有騎馬繞物之俗，此其風俗所染。[註26]按：呂氏舉證頗詳，資料多出史書所載，其說可信。此俗影響所及，後世遂無婿為婦御車之禮，而開後世親迎時婿騎馬、婦乘轎之先聲。

---

24. 見《全唐詩》，卷769。
25. 見《全唐詩》，卷449。
26. 呂一飛，《胡族習俗與隋唐風韻——魏晉南北朝北方少數民族社會風俗及其對隋唐的影響》，第4章，頁128至130。

（七）卻扇

先秦昏禮，親迎既在黃昏，臨場又無賀客，新婦並未障面，故迎入室中後僅有婿脫婦纓之禮，而無去其障面之說。自漢代以後，昏禮乃漸有臨場作樂歡慶之事，[註27] 而障面遂屬必要。南北朝時，新婦登車之前或下車之後，因眾人觀看，故以扇遮面，因而文人有以此為題材賦詩者，如梁代何遜〈看伏郎新婚詩〉[註28]：「霧夕蓮出水，霞朝日照梁；何如花燭夜，輕扇掩紅妝？」婦至婿家，依舊以扇遮面，須於喝過交杯酒後屢屢催請乃肯去扇，顯現容顏，故《世說新語・假譎》載溫嶠娶劉氏女：「既婚，交禮，女以手披紗扇，撫掌大笑曰：『我固疑是老奴，果如所卜。』」庾信〈為梁上黃侯世子與婦書〉[註29]：「分杯帳裡，卻扇床前。」此時預禮者或賦詩讚美，如陳朝周弘正〈看新婚詩〉[註30]：「莫愁年十五，來聘子都家；婿顏如美玉，婦色勝桃花；帶啼疑暮雨，含笑似朝霞；暫卻輕紈扇，傾城判不賒。」

唐代詩風鼎盛，婿往往必須賦詩（亦有請人代作者）乃能使佳人卻扇，如陸暢〈儐相詩六首〉[註31]：「寶扇持來入禁宮，本教花下動香風；姮娥須逐彩雲降，不可通宵在月中。」黃滔〈去

---

27. 《禮記・曾子問》：「嫁女之家，三日不息燭，思相離也。取婦之家，三日不舉樂，思嗣親也。」又〈郊特牲〉：「昏禮不用樂，幽陰之義也；樂，陽氣也。昏禮不賀，人之序也。」均可見先秦以肅穆心情進行昏禮且不作樂不道賀。或引〈曲禮上〉「（嫁娶）為酒食以召鄉黨僚友。……賀取妻者曰：『某子使某，聞子有客，使某羞。』」為據，以證非無宴客或賀客之事，但此資料不能證明在昏禮當日或數日內舉行。至漢代以後，民間昏禮乃漸有作樂慶賀之事。以上另參杜佑《通典》卷59「昏禮不賀議」、「婚不舉樂議」。
28. 梁・何遜，《何水部集》（上海：上海古籍出版社，續修四庫全書本，2002年），卷2。
29. 北周・庾信著，清・倪璠注，《庾子山集注》（臺北：源流出版社，1983年），卷8，頁589。
30. 丁福保，《全漢三國晉南北朝詩》（臺北：藝文印書館，1975年），《全陳詩》，卷2，頁1648。
31. 見《全唐詩》，卷478。

扇〉(註32):「城上風生蠟炬寒,錦帷開處露翔鸞;已知秦女升仙態,休把圓輕隔牡丹。」李商隱〈代董秀才卻扇〉(註33):「莫將畫扇出帷來,擖掩春山滯上才;若道團圓似明月,此中須放桂花開。」故《資治通鑑》卷二○九中宗景龍二年胡三省注云:「唐人成婚之夕,有催妝詩、卻扇詩。」《唐會要》卷八十三載建中元年(780)禮儀使顏真卿等上奏:「近代婚嫁,有障車、下婿、卻扇及觀花燭之事,……上自皇室,下至士庶,莫不皆然。……請停障車、下婿、觀花燭及卻扇詩。」顏真卿之「請停」,顯然因此等習俗「於古無據」。

然則卻扇之俗所自何來?一說以為與蓋頭之俗有關。關於以布蓋頭之俗,或以為此乃「幜」之轉化,但先秦昏禮中婦登車所加之幜,乃披風之屬,為防風塵,非為遮面,故此說不確。或以為乃唐「帷帽」之轉化,然漢代以來早有以扇遮面之俗,自不待帷帽之影響,此說亦無據。或以為此乃宋代道學家所設,以蓋頭之婚俗,出自南宋也,宋人吳自牧《夢粱錄》(註34)卷二十云:「並立堂前,遂請男家雙全女親,以秤或用機杼挑蓋頭,方露花容。」然此說至多可解釋宋代理學普及後之情形,自不能解釋卻扇習俗之起源。或以為蓋頭起源於漢末動亂時期,清人趙翼《陔餘叢考》(註35)卷三十一「初婚看新婦」條謂:「近時娶婦,以紅帕蒙首。按《通典》,杜佑議曰:『自東漢魏晉以來,時或艱虞,歲遇良吉,急於嫁娶,乃以紗縠蒙女首而夫氏發之,因拜舅姑,便成昏禮,六禮悉捨,合巹復乖。』是蒙首之法,亦相傳已久,但或以失時急娶用之,今則為通行之禮耳。」然而中古時代之以布蓋頭乃權變之法,且唐人既有卻扇之俗,

---

32. 見《全唐詩》,卷 706。

33. 見《全唐詩》,卷 540。

34. 宋·吳自牧,《夢粱錄》(臺北:文海出版社,1981 年)。

35. 清·趙翼,《陔餘叢考》(臺北:世界書局,影印本,1960 年),卷 31,「初婚看新婦」條。

當時自不另行蓋頭，因而卻扇之俗與蓋頭無關。以上諸說既非，自當另行考察其來源。

　　論卻扇之俗者，多引李亢《獨異志》^{（註36）}之文，謂此俗肇始於女媧兄妹成婚神話：

> 昔宇宙初開之時，有女媧兄妹二人，在崑崙山，而天下未有人民，議以為夫妻，又自羞恥。兄即與其妹上崑崙山，咒曰：「天若遣我兄妹二人為夫妻，而煙悉合；若不，使煙散。」於煙即合，其妹即來就兄，乃結草為扇，以障其面。今時人取婦執扇，象其事也。

聞一多〈伏羲考〉^{（註37）}主張：此乃受西南民族洪水之後兄妹成婚神話之影響。聞氏之論斷雖有若干細節不為學者所認同^{（註38）}，筆者則以為其基本觀點實具卓見。考古漢族本無新婚蓋頭之俗，漢末所行又非常禮，且古漢族亦無此類洪水之後兄妹成婚之創世神話，依禮俗流傳之常規，並無理由興起此俗，故其形成之原因必有其他較具體之理由，筆者以為此乃漢族與西南諸民族長期通婚後受其影響，故有此一婚俗與神話。

　　近年有學者在六朝敦煌殘卷《天地開闢以來帝王記》^{（註39）}中發現似可成為《獨異志》源頭之記載，並以為漢代之漢族已有此一神話，該文載：

---

36. 唐・李亢，《獨異志》（臺北：藝文印書館，百部叢書集成本，1966年）。關於此書作者，當名李冗或李亢，呂敦華有說，見〈唐代文獻札記三則〉，文載《中國文學研究》，第9期（臺北：國立臺灣大學中國文學研究所，1995年）。

37. 聞一多，《神話與詩》（臺北：里仁書局，1993年），第9~12頁。

38. 如王孝廉，《中國的神話世界》（臺北：時報文化出版企業有限公司，1987年），上冊第5章、鹿憶鹿，《洪水神話》（臺北：里仁書局，2002年），第4章。

39. 黃永武，《敦煌寶藏》（臺北：新文豐出版公司，1986年），第43冊頁195，第123冊頁138，第132冊頁490。郭鋒，〈敦煌寫本〈天地開闢以來帝王記〉成書年代諸問題〉，《敦煌學輯刊》1988年第1、2期。

……復至（逕）百劫，人民轉多，食不可足，遂相欺奪，強者得多，弱者得少。……人民饑國（困），遞相食噉，天之（知）此惡，即下（不：布）共（洪）水，湯（蕩）除萬人死盡，唯有伏義有得（德）存命，遂稱天皇。……（伯 4016、伯 2652、斯 5505）

……爾時人民死，維有伏義、女媧兄妹二人，衣龍上天，得布（存）其命，恐絕人種，即為夫婦。……（伯 4016、伯 2652）

……伏義、女媧……人民死盡，兄妹二人，（衣龍）上天，得在（存）其命，見天下荒亂，唯金崗天神，教言可行陰陽，遂相羞恥，即入崑崙山藏身，伏義在左巡行，女媧在右巡行，契許相逢，則為夫婦，天遣和合，亦爾相知，伏義用樹葉覆面，女媧用蘆花遮面，共為夫妻，今人交禮，戴昌妝花，目（自）此而起。懷娠日月充滿，遂生一百二十子，各議一姓。六十子恭慈孝順，見（現）今日天漢是也；六十子不孝義，走入叢野之中，羌故六已蜀是也。故曰，得續人位（倫）……（伯 4016）

此外，另有學者主張：現代若干調查中，北方各地亦有洪水之後兄妹成婚之傳說，例如陳鈞集之〈伏犧兄妹制人煙〉，可以證明此一神話具有歷時性，且為中國各民族所共有。[註40] 依此邏輯，並參考《天地開闢以來帝王記》，而作如下申論：漢代原有此洪水之後兄妹成婚之神話，故六朝時新婦有以扇遮面之俗。

筆者則以為：此一思維，並不圓滿，因古漢族傳說中，僅有黃

---

40. 如陶陽、牟鍾秀，《中國創世神話》（上海：上海人民出版社，1989 年），頁 51~52。

帝二十五子得姓者十四人之說，見《史記・五帝本紀》，有匈奴為
夏之後裔之說，見《史記・匈奴列傳》，而無類此「生一百二十子，
六十子為漢民、六十子為異族」之民族來源神話，因此《天地開闢
以來帝王記》所載並非漢族原有之神話。筆者以為：《天地開闢以
來帝王記》所載與西南民族極普遍之同類神話酷似，此卷又出於敦
煌，似不能排除其地域性，因敦煌正為漢人、羌人、蜀人混居地區，
上引文第三段「羌故六已蜀」雖有誤字，但指羌人、蜀人等無疑，
此正暗示此一神話與西南民族有關。茲僅引兩條西南民族之同類神
話為證，如栗僳族傳說《岩石月亮》中云：

> 洪水淹沒大地之後，人畜絕跡了。天神降下兩個葫蘆，
> 一個葫蘆裡走出來個男人，名叫西沙；另一個葫蘆裡出
> 來個女人，名叫勒沙。他們生了九個兒子、九個女兒，
> 他們一對對的結合，從而成了漢人、彝人、傣人、藏人、
> 景頗人、緬人、納西人等。[41]

又基諾族《祭祖的由來》云：

> 第一個從葫蘆裡跳出來的是攸樂山邊上小孟養地方的控
> 格人；第二個出來的是漢人，他一出來就到處走，所以
> 漢族佔的地盤多；第三個出來的是傣族，一出來就到芭
> 蕉林，所以住在長芭蕉的地方；第四個出來的是基諾（意
> 即後來擠出來的），地方叫人家佔了，只好住在長葫蘆
> 的地方。[42]

陶陽、牟鍾秀合著《中國創世神話》，第七章頁262至266列有根
據西南各民族神話所製之〈同胞民族起源表〉，其中或摻有漢族，

41. 引自《中國創世神話》，頁81。
42. 引自《中國創世神話》，頁260。

或無。摻有漢族者，正反映某些西南民族與漢族有所接觸或通婚，情況與前引敦煌殘卷《天地開闢以來帝王記》所載相同。換言之，《天地開闢以來帝王記》所記，洪水神話、兄妹成婚神話及各民族來源神話結合為一個體系，此並非漢族原有者至明。至於近年所採集之民間傳說如〈伏犧兄妹制人煙〉等，乃是傳承此前引入西南民族神話之餘波，由於時間上落差至鉅，故在邏輯上不能證明《天地開闢以來帝王記》為出自漢族之神話。

據上所論，知《天地開闢以來帝王記》及《獨異志》應受西南民族神話之影響，而漢人行卻扇禮時，又以此神話詮釋原有之習俗，因而豐富了昏禮中的想像；並非先有此一神話，再據之遮面。然而，兄妹成婚之說終不能與漢族之倫理觀念契合，故宋代以後漸以紅帕覆面替代。以扇遮面以避羞之說既為大多數人所摒棄，故卻扇之俗亦終消泯。

（八）戲弄女婿

先秦昏禮，未見戲弄新婦或女婿之俗。至漢，有之，見仲長統《昌言》（註43）。晉代葛洪《抱朴子》（註44）《外篇》卷二十五〈疾謬〉言戲婦之事尤詳：

> 俗間有戲婦之法，于稠眾之中，親屬之前，問以醜言，責以慢對，其為鄙黷，不可忍論。或屬以楚撻，或繫足倒懸，……致使有傷於流血，踒折肢體者，可歎者也。

---

43. 漢·仲長統《昌言》言：「今嫁娶之會，捶杖以督之，戲謔酒醴，以趣之情欲，宣淫佚于廣眾之中，顯陰私于親族之間，汙風詭俗，生淫長奸，莫此之甚，不可不斷者也。」《群書治要》（上海：上海古籍出版社，續修四庫全書本，2002年），卷45引。又《全上古三代秦漢三國六朝文》，《全後漢文》，卷89引。
44. 晉·葛洪，《抱朴子》（成都：四川人民出版社，諸子集成新編本，1998年）。

葛洪所載，反映漢族社會男尊女卑之情形。至唐代，《酉陽雜俎》《前集》卷一云：「娶婿之家，弄新婦。」則新婚之夕作弄新婦之俗依舊，即前引顏真卿所謂「觀花燭」也。然在三日回門拜閤時，則女家作弄女婿之劇亦不下於此，前書同卷復云：

> 北朝昏禮，……婿拜閤日，婦家親賓婦女畢集，各以杖
> 打婿為戲樂，至有大委頓者。

考游牧民族女權遠較中原漢族為高，故有戲弄女婿之舉，漢族因之。如此，舉行昏禮之數日內，既戲婦，又弄婿。後世鬧洞房兼戲雙方，即其遺意也。

三、南北朝喪禮中異族文化成分之融合與轉化

傳統漢族喪禮屬保守性較強之禮儀，若不計信教而從西俗者，則自古迄今，並無巨大變化。但二千餘年來亦有異族文化成分融入，如火葬、撿骨葬等明顯異於古漢族之喪葬觀念者亦不少，今不具論。然而亦有鮮為人知而誤以為出自本土文化者，故亦可視為在集體認知上之轉化。

據先秦禮書記載，喪禮之儀節舉其大者可分為：始死奠、小斂奠、大斂奠、殯、朔月奠、薦新奠、啟奠、祖奠、遣奠、葬、虞、祔、小祥、大祥、禫。又依死者地位之高低而有停殯三月、五月、七月之分，虞祭有三虞、五虞、七虞之別。後世則在以上諸儀節之外，普遍自始死起又做七七、做百日，此為最大區別。

做七七、做百日起於何時？從何而來？禮意如何？近千年來，學者大多莫明所以，此可以從清人趙翼《陔餘叢考》[註45]卷三二「七七」條所收明清學者之臆測看出：

---

45. 清·趙翼，《陔餘叢考》（臺北：世界書局，影印本，1960年）。

俗以人死每第七日為忌，至七七四十九日則卒哭，此不得其說。田藝蘅《春雨逸響》云：「人之初生，以七日為臘，死以七日為忌，一臘而一魄成，一忌而一魄散。」楊用修亦云：「人生四十九日而七魄全，死四十九日而七魄散。」郎仁寶云：「天以二氣五行生物，而有七政，人得陰陽五常，而有七情。天之道惟七，而氣至六日有餘為一候，人之氣亦惟七，凡六日有餘而行十二經。」又引《論衡·訂鬼篇》曰：「鬼者，甲乙之神，甲乙者，天之別氣，人病且死，甲乙之神至矣。假令甲乙之日病，則死見庚辛之神，蓋甲乙鬼，庚辛報，故甲乙之日病者，死期嘗在庚辛也。而因以推五行相剋之理，如木日鬼，則金為之殺，金日鬼，則火為之殺，皆隔七日也。」是數說者皆有理，大抵陰陽往來，多以七日為候，如世人病傷寒者，其輕重每七日為一候，或一候、二候、三候，有按節不爽者。《易》曰：「七日來復。」此固天之道也。《禮記》：「水漿不入口者七日。」其後做七之始歟？然以七日為限，經傳並無明文。王棠謂：「古禮，諸侯七虞，以七日為節，春秋末，大夫皆僭用七虞，今逢七日必祭，凡七祭，蓋因虞禮而誤用之也。」又引皇甫湜所撰〈昌黎神道碑〉云：「遺命喪葬無不如禮，凡俗習畫寫浮屠，日以七數之，及陰陽家所謂吉凶，一無污我，云云」，棠謂：「日以七數之者，即今世逢七設奠是也。」然七七之數，實不始於唐，按：《北史》，胡國珍死，魏明帝為舉哀（原注：國珍，胡太后之父也，故死而太后為之行喪禮），詔自始薨至七七，皆為設千僧齋，齋令七人出家。閹人孟鑾死，靈太后為其設二百僧齋。北齊武成帝寵和士開，將幸晉陽而士開母死，帝聽其過七

日後續發。又，孫靈暉為南陽王綽師，綽死，每至七日，靈暉為請僧設齋。此則做七之明證，蓋起於元魏、北齊也。按：元魏時道士寇謙之教盛行，而道家鍊丹拜斗，率以七七四十九日為斷，遂推其法於送終，而有此七七之制耳。唐《李翱集》有楊垂譔《喪儀》，其一篇云〈七七齋〉，翱以為非禮，特論去之。韓琦〈君臣相遇傳〉：「仁宗崩，英宗初即位，光獻后謂琦曰：『當初立他為皇子時，臣僚多有言不當立者，恐他見後心裡不好，昨因齋七，並焚於錢爐矣。』」齋七即做七也，此又近代做七故事也。

筆者按：趙翼所引諸家說及己說，皆誤，說詳下。

考中土做七七及百日始於北朝，其時佛教大盛，《魏書·外戚下·胡國珍傳》載靈太后父胡國珍之薨：

> 詔自始薨至七七，皆為設千人齋，令七人出家；百日設萬人齋，二七人出家。

同書〈釋老志〉載沙門道登之卒，高祖下令：

> 設一切僧齋，并命京城七日行道。

又《北齊書·孫靈暉傳》云：

> 南陽王綽死，每至七日至百日，靈暉恆為請僧，設齋行道。

按當時所以做七七及百日者，乃受佛教影響。《法苑珠林》[註46]卷九七《瑜伽論》云：

> （中有）若未得生緣，極七日住，死而復生，乃至七七日受死生，自此已後，決得生緣。

---

46. 唐·道世，《法苑珠林》（臺北：新文豐出版公司，1993年）。

《瑜伽論》所謂「中有」亦名「中陰」或「中陰身」^{（註47）}等，乃同辭異譯，《法苑珠林》卷六二云：「命終之人，在中陰中，身如小兒，罪福未定，應為修福。」以「應為修福」，故信佛者作七七，以超度亡魂，早得生緣。至今藏傳佛教，對中陰身尤為關心。趙翼以為七七出自中土道教，印證史實，其說非是，他如臘忌、七魄、七氣、七日為候、七日來復、七虞諸說之誤尤大。至於百日，亦出印度，然今不得其說，萬斯同《群經疑辨》^{（註48）}卷四「七七百日」條云：

> 古之喪禮，無所謂七七、百日之說也。降及後世，自天家以迄民俗，靡不用之。愚嘗欲究其所始而不可得。迨觀漢明帝營壽陵之詔，有云「過百日惟四時設奠」。百日之說，始見於史，意者爾時佛法初入，明帝即用其教耶？不然何以有百日之說也？或者謂：「古禮三月而葬，三月而卒哭，百日正合三月之期。」不知三月乃大夫、士之禮，明帝，天子也，而用大夫、士之禮乎？則非三月之期明矣。

按：百日絕非自三月而來，萬氏所辨甚確。明帝是否襲用佛俗，今不可知，而佛經中亦無何以百日之說，或謂亡者須經十殿閻王拷問，各十日，故為做百日。然該等文獻遠晚於百日之出現，茲不取。

至於此俗確出於印度或佛教，可從佛教傳入中土之途徑加以證明。查考當時中土周邊佛教國家之喪俗即可看出，《北史·西域傳·焉耆》載：

> 去代一萬二百里，……死亡者，皆焚而後葬，其服制滿

47. 據各種佛經，漢魏六朝時有關中陰身之學說頗多，詳參羅因，〈漢魏六朝中陰身思想研究〉，文載《臺大中文學報》，第23期（臺北：臺灣大學中國文學系，2005年2月）。

48. 清·萬斯同，《群經疑辨》（臺北：廣文書局，1972年）。

七日則除之。，⋯⋯俗事天神，並崇信佛法也。尤重二
月八日、四月八日，是日也，其國咸依釋教，齋戒行道焉。

《北史・林邑傳》云：

王死，七日而葬；有官者，三日；庶人，一日。皆以函盛屍，
鼓舞導從，輿至水次，積薪焚之。收其餘骨，王則內金
罌中，沈之於海；有官者，以銅罌，沈之海口；庶人以瓦，
送之於江。男女皆截髮，哭至水次，盡哀而止，歸則不哭。
每七日，燃香散花，復哭盡哀而止，百日、三年皆如之。
人皆奉佛，文字同於天竺。

蓋佛教文化中，「七」為一神秘數字，故做功德亦以七之倍數計算。
《太平御覽》卷五一九引《宋齊語錄》云：「張元，字孝始，祖喪
明三年，元每憂涕，讀佛書以求福祐，後見《藥師經》云『盲者得
視』，遂請七僧，燃燈七日七夜，轉《藥師經》，行道每自責曰：『為
孫不孝，使祖喪明，今以燈施，普照法界，願祖目見明，元求代暗。』
其夜夢一老人以金鏃治其祖目，謂之曰：『勿悲，三日之後必差。』
元於夢中喜躍驚覺，乃遍告家人，居三日，祖目果漸見明，從此遂
差。」同書卷六五六引《高僧傳》：「釋僧苞建三七日普賢齋懺，
至第十七日，有白鵠飛來，集普賢座前，至行香畢乃去；至二十一
日將暮，有黃衣者四人，繞塔數匝，忽然不見。」而《大唐西域記》
屢見「七日供養」、「七日說法」、「寂滅七日」、「七日經行」
等語。綜合上論，足見「七」與佛教之關係，而做七七及百日
確出於印度。及此禮行之既久，世俗中人遂逐漸忘卻其本意，
《開元禮・卒哭篇》注云：「古之祔在卒哭，今之百日也。」據此，
唐時已有學者將做百日附會於古禮之卒哭與祔，亦難怪明清學者臆
測層出，蓋其誤解由來久矣。

四、結論

　　據上所述，唐宋昏禮儀節遠較先秦昏禮繁複，其中一部分原因，乃是融合或轉化異族婚俗所致。經上文之討論，該等融入漢族昏禮之異族婚俗，部分在唐代完成轉化，部分則至宋代完成轉化或消失。至於喪禮中做七七及百日，南北朝時逐漸融入中土喪禮之中，至唐時已有學者不知其意而誤以為出自古禮，可視為轉化成功，吾人若捨棄宗教成見不論，則後世喪禮在儀節及意涵方面確較先秦漢魏為豐富。

　　筆者以為：凡一民族，若其原本禮俗未能提供空間容納其他禮俗，則無法有效融合。而融合後是否能夠轉化為本民族之禮俗，則視此一民族原本之禮俗是否居於強勢。

　　以此假設檢驗上二節所述各項禮俗之變遷，若合符節。以昏禮中就婦家成禮言，唐人雖能巧妙融合親迎、親御之禮，但因宋代以後漢族本位主義轉盛，男尊女卑之觀念趨強，終無法轉化成功，除非特例，在婦家成禮之俗大抵消失。以障車、下婿言，其意原在屈折女婿以為笑樂，情節較就婚誰家為輕，而亦因社會轉而重男輕女，故轉化為敬婿、索紅包之俗。以百子帳言，該物乃是胡人於草原或沙漠所用之穹廬，其制本不適合漢人之堂屋住宅，故唐代先自庭院移入堂室，至宋代則漸消失於無形，而漢族本有文王百子之傳說[註49]，提供想像之空間，故百子帳遂轉化為百子圖、百子被。以坐鞍言，漢人本非騎馬民族，坐鞍之俗自無法維持長久，宋代家庭起居席榻漸為桌椅取代[註50]，故其禮亦改女之乘鞍為婿之坐椅以敬

---

49. 按此傳說蓋出自《詩經・大雅・思齊》：「思齊大任，文王之母，思媚周姜，京室之婦，大姒嗣徽音，則百斯男。」

50. 參拙著，《古代禮制與風俗》（臺北：臺灣書店，1997年），〈可憐夜半虛前席〉，頁16~17。

之。以催妝言，唐人已改北朝胡族之喧嘩催促，至宋代，社會既缺乏唐時鼎盛之詩風，一般民人遂改送花粉冠帔及作樂以催之。以婿騎馬繞婦車三匝言，因社會多以轎代車，後世遂轉化為婿騎馬、婦乘轎。以卻扇言，古漢族婦女外出本有障面之俗，故能以西南民族神話附會之，然漢人終無法接受兄妹成婚之說，故改以扇遮面為以紅帕覆首。以戲弄女婿言，亦因男尊女卑，傳至今日其情節已微不足道。至於喪禮之做七七及百日，由於漢族往往停殯三個月以上，恰可提供南北朝以來篤信佛教者充分時間加以融合，及時間既久，道教科儀及泛神論者之喪葬活動亦行之不疑，故可視為轉化成功。蓋異族禮俗與漢民族之道德文化相牴觸者，雖能一時穿插融合，終必無法轉化而消失於無形，其能轉化者，異族文化之痕跡亦必日漸淡薄。

漢人本為農業民族，性文雅、尚禮節，與北方胡族之性樸質、尚武勇者不同。南北朝隋唐民族大融合時，異族挾其政治及武力之優勢，廣泛與漢族通婚，故若干異族婚俗尚能融入漢族婚俗中。至唐宋，大多數進入中原之異民族既漸為人數眾多且文化優勢之漢族所同化，故不能轉化之異族婚俗因子遂逐漸消失泯滅，而能轉化之因子亦多趨文雅。如催妝之大呼小叫轉化為賦催妝詩詞，亦即由喧嘩之舉動轉化為藝文活動，明顯趨向文雅。又如以跨秤加上坐鞍，以諧聲取「平安」之意，將百子帳轉化為百子圖，皆可視為禮俗中之藝文創作活動。又如後世在洞房中已無以扇遮面之俗，而文人每稱洞房花燭夜為「卻扇之夕」，卻扇一事遂成為文人之共同記憶。而此種種轉化，無疑已豐富漢族文化之內涵。

總括論之，唐宋婚俗，或傳承古來之儀節，或融合、轉化異族之習俗，然整體言之，仍以古漢族之六禮為骨幹，異族婚俗為枝葉，並未喪失傳自先秦之基本架構。南北朝以來喪禮雖做七七、百日，

亦以先秦古禮為骨幹，異族喪俗為枝葉。此乃漢族融合、轉化異族文化最常見之模式，而華夏文化之能傳承不絕且逐漸豐富之理由也。

（本文有關唐宋婚俗部分，原以〈禮俗之融合與轉化——以唐宋婚俗中異族文化成分為例〉之名發表於《遨遊在中古文化的場域——六朝唐宋學術研討會論文集》。臺北：里仁書局，二〇〇四年十一月。本稿增入南北朝喪禮部分，前後文亦有改動。特此聲明。）

引用書目

古代專著

※ 本書目不列入十三經注疏與二十五史

1. 《今時禮書本》,（臺北：新文豐出版公司,《敦煌寶藏》,1986 年）。

2. 《張敖書儀》,（臺北：新文豐出版公司,《敦煌寶藏》,1986 年）。

3. 宋・朱熹,《儀禮經傳通解》（臺北：臺灣商務印書館,影印文淵閣四庫全書本）。

4. 宋・黃幹、楊復,《儀禮經傳通解續》（臺北：臺灣商務印書館,影印文淵閣四庫全書本）。

5. 宋・衛湜,《禮記集說》（臺北：臺灣大通書局,影印通志堂經解本）。

6. 舊題宋・鄭樵,《六經奧論》（臺北：臺灣大通書局,影印通志堂經解本）。

7. 宋・朱熹,《四書或問》（上海：上海古籍出版社,2001 年）。

8. 元・敖繼公,《儀禮集說》（臺北：臺灣大通書局,影印通志堂經解本）。

9. 元・吳澄,《儀禮逸經傳》（臺北：臺灣大通書局,影印通志堂經解本）。

10. 元・陳澔,《禮記集說》（上海：上海古籍出版社,1987 年）。

11. 元・吳澄,《禮記纂言》（臺北：臺灣商務印書館,影印文淵閣四庫全書本）。

12. 元・熊朋來,《經說》（臺北：臺灣商務印書館,影印文淵閣四庫全書本）。

13. 明・陳選,《小學集注》（臺北：臺灣中華書局,四部備要本）。

14. 清・張爾岐,《儀禮鄭注句讀》（臺北：藝文印書館,影印乾隆八年和衷堂藏板）。

15. 清・張爾岐,《儀禮鄭注句讀》（臺北：學海出版社,1997 年）。

16. 清·萬斯大，《儀禮商》（臺北：廣文書局，影印經學五書本，1977年）。

17. 清·吳廷華，《儀禮章句》（臺北：藝文印書館，影印皇清經解本）。

18. 清·邵懿辰，《禮經通論》（臺北：藝文印書館，影印皇清經解本）。

19. 清·凌廷堪，《禮經釋例》（臺北：中央研究院中國文哲研究所，彭林點校本，2002年）。

20. 清·盛世佐，《儀禮集編》（臺北：臺灣商務印書館，影印文淵閣四庫全書本）。

21. 清·胡培翬，《儀禮正義》（臺北：藝文印書館，影印皇清經解續編本）。

22. 清·萬斯大，《禮記偶箋》（臺北：廣文書局，影印經學五書本，1977年）。

23. 清·孫希旦，《禮記集解》（臺北：文史哲出版社，影印沈嘯寰、王星賢點校本，1990年）。

24. 清·萬斯同，《群經疑辨》（臺北：廣文書局，1972年）。

25. 清·惠士奇，《禮說》，（臺北：藝文印書館，影印皇清經解本）。

26. 清·毛奇齡，《經問》（臺北：藝文印書館，影印皇清經解本）。

27. 清·王引之，《經義述聞》（臺北：世界書局，1963年）。

28. 清·皮錫瑞，《經學通論》（臺北：臺灣商務印書館，1969年）。

29. 清·朱彝尊，《經義考》（臺北：臺灣中華書局，四部備要本）。

30. 清·朱彝尊，《經義考》（臺北：中央研究院中國文哲研究所籌備處，點校補正本，1999年）。

31. 清·惠棟，《讀說文記》（臺北：藝文印書館，百部叢書集成本）。

32. 清·朱駿聲，《說文通訓定聲》（上海：上海古籍出版社，續修四庫全書本，1995年）。

33. 清·蘇輿，《春秋繁露義證》（北京：中華書局，2002年8月）。

34. 宋·王溥，《唐會要》（臺北：臺灣商務印書館，影印文淵閣四庫全書本）。

35. 宋·王應麟，《漢藝文志考證》（清光緒11年刻本，藝六藝園叢書）。

36. 宋·宇文懋昭，《金國志》（濟南：齊魯書社，二十五別史本，2000年）。

37. 宋·孟元老，《東京夢華錄》（臺北：世界書局，1974年）。

38. 宋·吳自牧，《夢粱錄》（臺北：文海出版社，1981年）。

39. 宋・李燾，《續資治通鑑長編》（北京：中華書局，點校本，第 2 版，2004 年）。

40. 晉・葛洪，《抱朴子》（成都：四川人民出版社，諸子集成新編本，1998 年）。

41. 唐・李亢，《獨異志》（臺北：藝文印書館，百部叢書集成本）。

42. 唐・封演，《封氏聞見錄》（臺北：廣文書局，1968 年）。

43. 唐・段成式，《酉陽雜俎》（臺北：源流出版社，1982 年）。

44. 唐・道世，《法苑珠林》（臺北：新文豐出版公司，1993 年）。

45. 唐・蘇鶚，《蘇氏演義》（清嘉慶刊本）。

46. 宋・朱熹，《近思錄》（臺北：臺灣中華書局，四部備要本）。

47. 宋・周敦頤，《通書》（臺北：臺灣中華書局，1965 年）。

48. 宋・章如愚，《群書考索》（臺北：新興書局，影印明正德三年刻本，1969 年 9 月）。

49. 宋・程大昌，《演繁露》（臺北：藝文印書館，百部叢書集成本）。

50. 宋・黎靖德編，《朱子語類》（北京：中華書局，1986 年）。

51. 清・王懋竑，《朱子年譜》（臺北：臺灣商務印書館，新編中國名人年譜集成，1982 年）。

52. 清・惠棟，《九曜齋筆記》（臺北：臺灣學生書局，1971 年）。

53. 清・馬國翰，《玉函山房輯佚書》（臺北：文海出版社，1967 年）。

54. 清・崔述，《豐鎬考信錄》（臺北：藝文印書館，百部叢書集成本）。

55. 清・陳澧，《東塾讀書記》（臺北：臺灣商務印書館，1970 年）。

56. 清・趙翼，《陔餘叢考》（臺北：世界書局，1960 年）。

57. 清・李慈銘，《越縵堂讀書記》（臺北：世界書局，1961 年）。

58. 清・翟灝，《通俗編》（臺北：藝文印書館，百部叢書集成本）。

59. 清・褚人穫，《堅瓠集》（上海：上海古籍出版社，續修四庫全書本，2002 年）。

60. 《群書治要》（上海：上海古籍出版社，續修四庫全書本，2002 年）。

61. 梁・何遜，《何水部集》（上海：上海古籍出版社，續修四庫全書本，2002 年）。

62. 北周・庾信，清・倪璠注，《庾子山集注》（臺北：源流出版社，1983 年）。

63. 唐・韓愈，《韓昌黎文集》（臺北：河洛圖書出版社，影印本，1975 年）。

64. 宋・劉敞,《公是集》（臺北：臺灣商務印書館，影印文淵閣四庫全書本）。

65. 宋・歐陽修,《歐陽修全集》（北京：中華書局，2001 年）。

66. 宋・程顥、程頤,《二程文集》（臺北：臺灣商務印書館，影印文淵閣四庫全書本）。

67. 宋・程顥、程頤,《二程遺書》（臺北：臺灣商務印書館，影印文淵閣四庫全書本）。

68. 宋・陳埴,《木鍾集》（臺北：臺灣商務印書館，影印文淵閣四庫全書本）。

69. 宋・陳淳,《北溪大全集》（臺北：臺灣商務印書館，影印文淵閣四庫全書本）。

70. 宋・朱熹,《朱子文集》（臺北：財團法人德富文教基金會，2000 年）。

71. 清・李光地,《榕村全集》（臺北：力行出版社，1969 年）。

72. 清・凌廷堪,《校禮堂文集》（上海：上海古籍出版社，續修四庫全書本，2002 年）。

近人專著

※ 以下以姓氏筆畫多寡為序

73. 丁福保,《全漢三國晉南北朝詩》（臺北：藝文印書館，1975 年）。

74. 甘肅省博物館、中國科學院考古研究所編,《武威漢簡》（北京：中華書局，2005 年新版）。

75. 王孝廉,《中國的神話世界》（臺北：時報文化出版企業有限公司，1987 年）。

76. 王國維,《觀堂集林》（臺北：河洛圖書出版社，1975 年）。

77. 王鍔,《禮記成書考》（北京：中華書局，2007 年）。

78. 余英時,《朱熹的歷史世界》（臺北：允晨文化事業股份有限公司，2003 年）。

79. 呂一飛,《胡族習俗與隋唐風韻——魏晉南北朝北方少數民族社會風格及其對隋唐的影響》（北京：書目文獻出版社，1994 年）。

80. 呂敦華,《唐代婚禮研究》（臺北：國立臺灣大學中國文學研究所碩士論文，1995 年）。

81. 周鳳五,《敦煌寫本太公家教研究》（臺北：明文書局，1986 年）。

82. 屈萬里，《先秦漢魏易例述評》（臺北：臺灣學生書局，1969 年）。

83. 洪國樑，《王國維著述編年提要》（臺北：大安出版社，1989 年）。

84. 徐復觀，《中國藝術精神》（臺北：臺灣學生書局，1983 年 8 刷）。

85. 馬之驌，《我國婚俗研究》（臺北：經世書局，1979 年）。

86. 馬之驌，《中國的婚俗》（臺北：經世書局，1981 年增訂版）。

87. 高亨，《周易古經今注》（臺北：樂天出版社，1972 年）。

88. 商璦，《一代禮宗──凌廷堪之禮學研究》（臺北：萬卷樓圖書股份有限公司，2004 年）。

89. 康有為，《孟子微》（北京：中華書局，1987 年）。

90. 康有為，《禮運注》（北京：中華書局，1987 年）。

91. 康有為，《孔子改制考》（北京：中華書局，1988 年）。

92. 康有為，《新學偽經考》（北京：中華書局，1988 年）。

93. 張心澂，《偽書通考》（臺北：明倫出版社，1971 年）。

94. 張岱年等著，《國學今論》（瀋陽：遼寧教育出版社，1992 年）。

95. 張壽安，《以禮代理──凌廷堪與清中葉儒學思想之轉變》（臺北：中央研究院近代史研究所，1994 年）。

96. 梁啟超，《古書真偽及其年代》（臺北：臺灣中華書局，1963 年）。

97. 莊雅州，《夏小正新論》（臺北：文史哲出版社，1985 年）。

98. 許倬雲，《西周史》（臺北：聯經出版公司，1984 年 10 月）。

99. 陶陽、牟鍾秀，《中國創世神話》（上海：上海人民出版社，1989 年）。

100. 鹿憶鹿，《洪水神話》（臺北：里仁書局，2002 年）。

101. 彭利芸，《宋代婚俗研究》（臺北：新文豐出版公司，1988 年）。

102. 彭林，《中國禮學在古代朝鮮的播遷》（北京：北京大學出版社，2005 年）。

103. 黃沛榮，《新譯三字經》（臺北：三民書局，2006 年）。

104. 黃季剛，《黃季剛先生論學名著》（臺北：九思出版社，影印《黃侃論學雜著》更名，1977 年）。

105. 萬仕國編著，《劉師培年譜》（揚州：廣陵書社，2003 年）。

106. 楊寬，《西周史》（臺北：臺灣商務印書館，1999 年）。

107. 葉國良，《宋人疑經改經考》（臺北：國立臺灣大學文學院，《文史叢刊》，第 55 種，1980 年）。

108. 賈宜瑮，《先秦禮儀中「介」的研究》（臺北：國立臺灣大學中國

文學研究所碩士論文，1998 年）。

109. 劉夢溪主編，《廖平蒙文通卷》（石家莊：河北教育出版社，1996年）。

110. 聞一多，《神話與詩》（臺北：里仁書局，1993 年）。

111. 劉師培，《劉申叔先生遺書》（臺北：華世出版社，1975 年）。

112. 鄧廣銘箋注，《稼軒詞編年箋注》（台北：華正書局，1975 年）

113. 鄭良樹，《續偽書通考》（臺北：臺灣學生書局，1984 年）。

114. 錢穆，《中國近三百年學術史》（臺北：臺灣商務印書館，1966 年）。

115. 錢穆，《朱子新學案》（臺北：三民書局總經銷，1971 年）。

116. 錢穆，《先秦諸子繫年》（臺北：聯經出版股份有限公司，1995 年）。

專書論文

117. 李學勤，〈郭店簡與樂記〉，《中國哲學的詮釋與發展：張岱年先生九十壽慶紀念論文集》（北京：北京大學出版社，1999 年）。

118. 沈文倬，〈略論禮典的實行和《儀禮》書本的撰作〉，《宗周禮樂文明考論》（杭州：杭州大學出版社，1999 年）。

119. 沈文倬，〈讀未刊稿記·宋書升《夏小正箋疏》〉，《菿闇文存》（北京：商務印書館，2006 年）。

120. 姜廣輝，〈評元代吳澄對《禮記》的改編〉，《元代經學國際研討會論文集》（臺北：中央研究院中國文哲研究所籌備處，2000 年），下冊。

121. 郭沫若，〈公孫尼子與其音樂理論〉，《青銅時代》（重慶：文治出版社，1945 年 3 月）。

122. 陳來，〈荊門竹簡之《性自命出》篇初探〉，《中國哲學》，第20輯《郭店楚簡研究》（瀋陽：遼寧教育出版社，1999 年 1 月）。

123. 陳來，〈郭店竹簡儒家記說續探〉，《中國哲學》，第 21 輯《郭店簡與儒家研究》（瀋陽：遼寧教育出版社，2000 年 1 月）。

124. 彭林，〈郭店楚簡性自命出補釋〉，《中國哲學》，第 20 輯《郭店楚簡研究》（瀋陽，遼寧教育出版社，1999 年 1 月）。

125. 程克雅，〈乾嘉禮學學者解經方法中「文例」之建立與運用——以凌廷堪《禮經釋例·飲食之例》三篇為主的探討〉，蔣秋華主編，《乾嘉學者的治經方法》（臺北：中央研究院中國文哲研究所，2000 年）。

126. 葉國良，〈石例著述評議〉，《石學蠡探》（臺北：大安出版社，1989 年）。

127. 葉國良，〈鴻門宴的坐次〉，《古代禮制與風俗》（臺北：臺灣書店，1997 年）。

128. 葉國良，〈可憐夜半虛前席〉，《古代禮制與風俗》（臺北：臺灣書店，1997 年）。

129. 葉國良，〈二戴《禮記》與《儀禮》的關係〉，《經學側論》（新竹：國立清華大學出版社，2005 年 11 月）。

130. 葉國良，〈郭店儒家著作的學術譜系問題〉，《經學側論》（新竹：國立清華大學出版社，2005 年 11 月）。

131. 葉國良，〈從名物制度之學看經典詮釋〉，《語言文獻知識與經典詮釋的關係》（臺北：國立臺灣大學出版中心，2004 年）。

132. 廖名春，〈荊門郭店楚簡與先秦儒學〉，《中國哲學》，第 20 輯《郭店楚簡研究》（瀋陽：遼寧教育出版社，1999 年 1 月）。

期刊論文

133. 丁四新，〈論性自命出與公孫尼子的關係〉，《武漢大學學報》（哲學社會科學版），1999 年第 5 期。

134. 孔德成，〈儀禮十七篇之淵源及傳授〉，《東海學報》，第 8 卷第 1 期，1967 年 1 月。

135. 吳靜安，〈公孫尼子學說源流考〉，《南京教育學院學報》，1985 年第 1 期。

136. 呂敦華，〈唐代文獻札記三則〉，《中國文學研究》，第 9 期，1995 年。

137. 李學勤，〈公孫尼子與易傳的作者〉，《文史》，第 35 輯，1992 年 6 月。

138. 周法高，〈家訓文學的源流〉上、中、下，分載《大陸雜誌》22 卷 2 期、3 期、4 期，1961 年 1 月 31 日、2 月 15 日、2 月 28 日。

139. 孫星群，〈樂記研究百年回顧〉，《中國音樂》，2004 年第 4 期。

140. 張光裕，〈士相見禮成篇質疑〉，《孔孟月刊》，第 6 卷，第 4 期，1967 年 12 月。

141. 張麗珠，〈淩廷堪「以禮代理」的禮治理想暨乾嘉復禮思潮〉，《國文學誌》，第 2 期，1998 年。

142. 郭鋒，〈敦煌寫本〈天地開闢以來帝王紀〉成書年代諸問題〉，《敦煌學輯刊》，1988 年第 1、2 期。

143. 楊儒賓，〈論公孫尼子的養氣說——兼論與孟子的關係〉，《清華學報》，新 22 卷 3 期，1992 年 9 月。

144. 鄒華，〈郭店楚簡與樂記〉，《西北師大學報》（社會科學版），第 41 卷第 6 期，2004 年 11 月。

145. 劉心明，〈禮記樂記作于公孫尼之說辨誤〉，《山東大學學報》（人文社會科學報），2002 年第 1 期。

146. 蔡仲德，〈與李學勤先生辯樂記作者問題〉，《星海音樂學院學報》，1995 年第 1、2 期。

147. 薛永武，〈從先秦古籍通例談樂記的作者〉，《文學遺產》，2005 年第 6 期。

148. 龐樸，〈孔孟之間——郭店楚簡的思想史地位〉，《中國社會科學》，1998 年第 5 期。

149. 羅因，〈漢魏六朝中陰身思想研究〉，《臺大中文學報》，第 23 期，2005 年 2 月。

外國著作

150. 英·弗雷澤著，汪培基譯，《金枝》（北京：中國民間文藝出版社，1987 年）。

151. 日·吉本道雅，〈曲禮考〉，小南一郎編，《中國古代禮制研究》（京都：京都大學人文科學研究所，1995 年）。

152. 日·武內義雄，〈曲禮考〉，江俠庵編譯，《先秦諸子考》（臺北：河洛圖書出版社，1975 年），上冊。

153. 日·武內義雄，《諸子概說》，《武內義雄全集》（東京：角川書店，1979 年 6 月）。

154. 韓·鄭麟趾，《高麗史》（漢城：延世大學校東方學研究所，1961 年）。

155. 韓·權近，《禮記淺見錄》，《韓國經學資料集成》（首爾：成均館大學校出版部，1998 年）。

156. 韓·崔錫鼎，《禮記類編》，《韓國經學資料集成》（首爾：成均館大學校出版部，1998 年）。

157. 韓·金在魯，《禮記補註》，《韓國經學資料集成》（首爾：成均館大學校出版部，1998 年）。

158. 韓・丁若鏞，《檀弓箴誤》，《韓國經學資料集成》（首爾：成均館大學校出版部，1998 年）。

159. 韓・丁若鏞，《與猶堂全書》（韓國・肅蘭市：民族文化推進會，影印標點韓國文集叢刊）。

書名索引

單篇論文索引

人名索引

二十二畫

國家圖書館出版品預行編目資料

《禮學研究的諸面向》

葉國良著作

初版，新竹市清華大學出版社，民99(2010).12

面：342 17＊23 公分

ISBN 978-986-85667-5-0　　　　　　　　　（平裝）

1.禮記 2.研究考訂

531.27　　　　　　　　　　　　99021629

《禮學研究的諸面向》

作　者：葉國良

發行人：陳力俊

出版者：國立清華大學出版社

社　長：陳信文

地　址：新竹市光復路二段 101 號

電　話：03-5714337　03-5715131 轉 35050

傳　真：03-5744691

http://thup.et.nthu.edu.tw/

E-mail:thup@my.nthu.edu.tw

行政編輯：陳文芳

出版日期：2010 年 12 月初版

　　　　　2019 年 5 月二刷

定　　價：平裝本新台幣 350 元

ISBN 978-986-85667-5-0

GPN　1009903767